AF392772

RECUEIL DE MÉMOIRES

ET DE PROCÉDÉS NOUVEAUX

CONCERNANT LA

PHOTOGRAPHIE

SUR PLAQUES MÉTALLIQUES ET SUR PAPIER

PUBLIÉ

PAR CHARLES CHEVALIER,

(FILS ET SEUL SUCCESSEUR DE FEU VINCENT CHEVALIER),

Ingénieur-opticien, membre de la Société d'Encouragement, *fournisseur de l'Académie des Sciences*, du Collége de France, de la Faculté des Sciences, du Cabinet du Roi, du Conservatoire, de l'École polytechnique, etc.; *premier constructeur des microscopes achromatiques* (1823), auteur du *Manuel du Micrographe*, de celui des *Myopes et des Presbytes*, etc.; *seul opticien de ce nom ayant reçu des* MÉDAILLES D'OR aux Expositions nationales et à la Société d'Encouragement,

————————

PARIS.

CHARLES CHEVALIER, PALAIS-ROYAL, 163.

<table>
<tr><td>BAILLIÈRE, LIBRAIRE,
RUE DE L'ÉCOLE-DE-MÉDECINE, 17.</td><td>RORET, LIBRAIRE,
RUE HAUTEFEUILLE, 10 *bis*.</td></tr>
</table>

Décembre 1847.

TABLE DES MATIÈRES.

—

———

N. B. En 1848, il paraîtra divers supplémens.

———

ERRATA.

—

Page 35, lignes 20 et 21, au lieu de : de manière à ce qu'il ne plonge dans le brôme seulement que lorsque, *lisez* : de manière à ce qu'elle plonge dans le brôme seulement lorsque.

Page 36, ligne 4, au lieu de : qui lui font, *lisez* : qui lui fait.

Page 44, ligne 6, au lieu de : telle que nous, *lisez* : telle que celle que nous.

— ligne 10 : morceaux de nitrate de chaux, *lisez* : morceaux d'hydrate de chaux.

— ligne 14, volatiliser, *lisez* : vaporiser.

— ligne 22, foncé, *lisez* : foncée.

PRÉFACE.

Les progrès incessans de la photographie ne laissent plus
de repos aux amateurs zélés, aussi je consacre une partie
de la journée à répondre à de nombreux visiteurs ou
à des correspondans avides de renseignemens nouveaux.
Mais comme il serait impossible de satisfaire à toutes les
questions qui me sont adressées et que mieux vaut garder
le silence que donner des renseignemens incomplets, j'ai
pris la résolution de publier tous les ans un petit recueil des
procédés les plus nouveaux éprouvés par des amateurs distingués et dignes d'inspirer toute confiance aux personnes qui
voudraient mettre leurs préceptes en pratique.

Aujourd'hui, j'ai non seulement à remplir ma tâche
annuelle, mais il faut encore que je réponde quelques mots à
de singulières attaques lancées contre moi dans une brochure
publiée par M. Paymal-Lerebours. Que le public se rassure,
je n'ai pas le moindre désir d'entamer une polémique indus-
trielle que l'on cherche parfois à provoquer et dont le princi-

pal profit est pour les courtiers d'annonces, qui encaissent joyeusement le produit le plus net de toute l'affaire. Je le déclare donc formellement, j'éviterai les combats à coups de brochures et jamais, surtout, je ne me laisserai entraîner à injurier ceux qui exercent comme moi une profession dont j'ai une trop haute idée, pour ne pas éviter scrupuleusement tout ce qui pourrait porter atteinte à la considération qu'elle mérite.

Ceci posé, j'abrégerai cette préface, que j'aurais entièrement supprimée si je n'avais tenu surtout à témoigner publiquement ma gratitude profonde aux amateurs qui, de tout temps, m'ont donné de nombreuses et sincères marques d'une affection que j'ai pu mettre à l'épreuve dernièrement encore ; tous m'ont fourni avec empressement des armes loyales et honorables dont on est fier de se servir au grand jour.

Les procédés nouveaux, les renseignemens précieux que les amateurs les plus distingués ont bien voulu me communiquer, tant sur la photographie daguerrienne que sur le calotype, ont été soumis à des épreuves consciencieuses, et les magnifiques résultats obtenus par ces Messieurs ne peuvent laisser aucun doute sur leur efficacité.

Toutes les communications sont transcrites textuellement, et je ne revendique dans ce travail que le titre d'éditeur, titre fort honorable pour moi et dont j'espère l'an prochain reprendre les agréables fonctions.

QUELQUES MOTS A M. PAYMAL-LEREBOURS,

EN RÉPONSE A SON DERNIER ARTICLE.

Il est impossible de nier l'heureuse influence exercée sur la photographie par les efforts réunis des savans, des amateurs et des artistes. La daguerréotypie, jadis si capricieuse, hérissée de si grandes difficultés, est maintenant une opération que peut exécuter toute personne intelligente.

Ainsi que la plupart de mes confrères, je publie à peu près annuellement quelques feuilles destinées surtout à tenir mes cliens au courant des nouveautés photographiques. Cette année, je croyais n'avoir rien à leur communiquer et le petit opuscule était remis à l'an prochain, lorsque je reçus de plusieurs amateurs distingués, des notes fort intéressantes qui modifièrent mes dispositions silencieuses ; mais, je l'avouerai tout d'abord, ce qui contribua le plus puissamment à me faire prendre la plume, ce fut l'apparition d'un TRAITÉ DE PHOTOGRAPHIE, publié par MM. P. Lerebours et Secrétan. Avide de tout ce qui est relatif à ce sujet, je m'empressai d'acheter cette cinquième édition, *entièrement refondue,* espérant y puiser une foule de connaissances nouvelles, Déception des déceptions!.... Au lieu de renseignemens nouveaux, je n'y trouvai, et dès les premières pages, que *des injures* adressées à qui?.... à moi, à moi-même, réduit à lire une foule — de facétieuses épigrammes, d'accusations bizarres exprimées en termes fort peu convenables! Concevez-vous mon étonnement? Ne vous semble-t-il pas voir ce pauvre Charles Chevalier frappé de stupeur, et forcé de s'arrêter par momens, pour reprendre haleine et se remettre de la pénible sensation qu'aurait éprouvée comme lui, et qu'éprouvera certainement tout homme quelque peu délicat dans le choix de ses lectures, lorsqu'il jettera les yeux sur cet opuscule. Oh! **M. P.** Lerebours (car je ne puis associer **M.** Secrétan à tout ceci), n'eût-il pas mieux valu, puisque vous vouliez répondre à ce qui ne s'adressait *qu'à l'appareil de M. Martens*, n'eût-il pas mieux valu, en même temps que l'édition nouvelle, refondre toutes ces choses qui ne servent qu'à prouver la pénurie d'argumens sérieux et produisent toujours un fort mauvais effet. Mais enfin, puisque vous avez cru qu'une petite discussion pourrait intéresser le public, voyons s'il est possible de réfuter vos terribles argumens, en se tenant toutefois dans les limites que l'on ne doit jamais franchir entre gens bien appris.

J'entre donc en matière et je vous suivrai pas à pas.

Vous prétendez répondre à des attaques dirigées contre vous (*page* IV, *Avertissement*). —Contre vos intérêts mercantiles, peut-être, puisque à cette époque vous construisiez l'appareil panoramique ; mais contre vous personnellement, non, car vous n'avez nécessairement pas inventé l'appareil de **M.** Martens.

Depuis que j'exerce, dites-vous (*id. id.*), je ne cite que pour dénigrer et sans avoir le courage de nommer. Puis vous ajoutez, pour mettre habilement en opposition votre bénignité admirable : que malgré plusieurs attaques de ma part, je n'ai jamais eu à vous reprocher une parole désobligeante ou un jugement défavorable.

Ceci serait grave, si toutefois c'était vrai. Comment, j'ai dénigré mes confrères lorsque, dans mon MANUEL DU MICRO-GRAPHE, j'écrivais : « Depuis que MM. Reichenbach, Frauen-
» hofer et Gambey ont fait faire de si beaux progrès à la
» construction des instrumens de précision, on a dû recon-
» naître qu'il ne pouvait exister que de bons ou de mauvais

» appareils, car lorsqu'il s'agit de recherches délicates, la
» médiocrité n'est pas admissible » (*page* 257). Et ne lit-on
pas, page 93 de mon *Manuel des myopes et des presbytes?*
« Nous devons citer les travaux de Dollond, de Ramsden,
» de Cauchoix. » Ouvrez mon catalogue de 1842, vous trouverez dans la préface le passage suivant : « Les beaux
» travaux de M. Gambey ont donné une impulsion nouvelle
» à notre art ; les ingénieurs en instrumens de précision
» pour les sciences, jaloux de leur réputation, s'empressèrent
» de suivre les traces de leur confrère. »—Ai-je dénigré MM.
Lerebours père et Cauchoix, en les citant pages 79 et 83 du
Manuel des myopes et des presbytes?... Voilà, Monsieur,
comment j'ai parlé des hommes exerçant ou ayant exercé la
même profession que moi. — Mais lorsque vous m'accusez de
dénigrer , serait-ce parce que votre nom ne figure pas au
nombre de ceux que j'ai cités ? — Il est évident, M. P. Lerebours, que vous ignorez la valeur du mot dénigrer.

Je porte mes coups dans l'ombre, je dénigre sans avoir le
courage de nommer (*id. id., voir la note*), et vous prétendez
n'avoir pas hésité à me rendre justice pour les *seuls travaux*
de quelque mérite que j'aie exécutés!

Comment aurais-je porté des coups dans l'ombre, puisque
les diverses brochures qui *sans doute portaient ces fameux
coups*, ont été tirées à 1,000 et 2,000 exemplaires et sont
presque entièrement épuisées! On les a lues et *les coups*
ont paru au grand jour ; il ne vous reste donc pas même la
satisfaction d'avoir lancé une épigramme contre mes ouvrages.

Je n'ai pas, dites-vous, le courage de nommer? Ceci est une
injure et je ne puis lui faire que l'accueil qu'elle mérite. Vous,
M. P. Lerebours, ne manquez pas d'un certain courage, lorsque vous affirmez m'avoir rendu justice pour *les seuls travaux* de quelque mérite que j'aie exécutés. Ecoutez ce que

vous avez écrit dans votre brochure sur les microscopes, page
12 : « Tandis que Wollaston, MM. Goring et Pritchard ap-
» portaient en Angleteterre des perfectionnemens notables ou
» au moins très intéressans au microscope simple, etc... Plu-
» sieurs opticiens parmi lesquels nous citerons MM. Vincent
» et Charles Chevalier (1), s'appliquaient à la construction
» des microscopes achromatiques. » Mais puisque vous écri-
viez cela dans une TROISIÈME ÉDITION, vous avez dû penser qu'on pourrait retrouver quelques exemplaires de votre
ancienne brochure et qu'alors, la magnanimité de circonstance dont vous vous targuez aujourd'hui avec un aplomb
vraiment remarquable, serait réduite à sa juste valeur ;
pourquoi n'avez-vous pas ajouté que le premier bon microscope horizontal , système d'Amici , fut construit par
Vincent et Charles Chevalier, et que, sur le rapport de
M. Arago, le jury nous a décerné la seule médaille qui fut
accordée à ce genre d'instrumens, au même concours où
M. N. Lerebours reçut le rappel de ses précédentes médailles,
pour ses grandes lunettes (*Voir le rapport du jury de* 1827,
cité à la fin de votre catalogue).

Maintenant , Monsieur, prenez la peine de lire les pièces
annexées à ce recueil, elles vous apprendront que j'ai
légitimement mérité le titre d'artiste inventeur dont vous me
gratifiez ironiquement, et que vous aurez beau faire, vous ne
parviendrez jamais à persuader, même « *aux personnes qui
vous connaissent particulièrement,* » que votre savoir et
votre jugement soient supérieurs à ceux de MM. les Membres
de l'Institut, de la Société d'encouragement, etc. Au surplus,
faites comme moi — publiez une note exacte des inventions
ou travaux qui vous sont propres, à vous M. P. Lerebours ;

______

(1) Il vous serait impossible d'en citer d'autres !

dites les récompenses qui ont été décernées par un jury, non à M. Noël Lerebours, votre prédécesseur, mais toujours à vous M. Paymal-Lerebours; le public jugera en dernier ressort.

Mais laissons cela et arrivons à mon objectif à verres combinés, que vous cherchez à germaniser le plus possible, sans doute par excès de patriotisme. Vous reconnaissez, comme MM. les Membres de la Société d'encouragement, que ces objectifs sont supérieurs aux autres, et ceci me flatte infiniment ; *comme moi, vous employez un troisième objectif de rechange* pour portraits ; vous insistez particulièrement sur la rapidité d'exécution que procure cet appareil, et vous citez, à ce propos, l'opinion émise par M. de Valicourt dans son — *excellent traité,* — dites-vous aujourd'hui. Si j'ai bonne mémoire, au mois de juin 1843, cet excellent traité n'était, suivant vous, « qu'un manuel rempli d'assertions au moins » hasardées, d'épigrammes, d'insinuations qui n'étaient guère » du goût du public. (1) » Je serais mal venu à vous reprocher ce changement d'opinion, puisque cet *excellent traité* recommande surtout mes appareils dont, au reste, M. de Valicourt fait usage exclusivement; et puisque vous paraissez avoir lu ce livre, vous souvenez-vous bien de ce que dit l'auteur (*page* 392)? eh! mon Dieu, vous me prêtez beaucoup d'aplomb, pourquoi ne citerais-je pas.....

« Nous voulons parler de l'objectif à deux verres, *impro-* » *prement appelé système allemand.* Cette invention est d'ori- » gine française et nous la devons à un de nos plus habiles » opticiens, M. Charles Chevalier; il est fâcheux que l'engoue- » ment, si commun en France pour tout ce qui nous vient de » l'étranger, ait fait contester à M. Charles Chevalier le

(1) Ce livre a été tiré à deux éditions et à plusieurs milliers d'exemplaires.

» mérite selon nous incontestable de cette utile invention.
» Mais ce que nous devons surtout déplorer, c'est que la plu-
» part des opticiens de Paris se soient joints sciemment à une
» croyance populaire erronée, pour attribuer aux Allemands
» la priorité du système à double objectif. Il est pénible de
» voir que le sentiment de la prééminence nationale se
» soit effacé devant un intérêt de mesquine rivalité com-
» merciale. Que M. Charles Chevalier se console, ses titres
» ont été appréciés par tous les hommes compétens, le jour
» de la justice est venu pour lui, et la supériorité incontesta-
» ble de son double objectif est un fait admis aujourd'hui par
» tous les véritables amateurs de la photographie. C'est aussi
» le jugement qu'en a porté la Société d'encouragement, en
» accordant à l'inventeur de l'objectif à verres combinés, la
» palme du concours ouvert par elle pour le perfectionnement
» de la photographie. » Du moment que vous citiez les paragra-
phes précédens, vous n'auriez pas dû *hésiter à me nommer
et à me rendre justice*, en copiant aussi le dernier passage.

En résumé, vous donnez la préférence aux objectifs à verres
combinés, mais vous ne pouvez vous résoudre à me reconnaître comme leur inventeur. Je serai donc réduit à me contenter de l'opinion des savans et des tribunaux scientifiques.

Vous ne chercherez sans doute pas à nier que les amateurs
les plus distingués de l'art photographique, se servent presque
tous d'objectifs de mon invention. MM. Daguerre, Talbot,
Choiselat et Ratel, James Odier, baron Gros, de Valicourt,
Bacot, Bayard, Lewitski, Belfield-Lefèvre, Calvert, Foucault, et presque toutes les personnes qui obtiennent les plus
belles épreuves (1), font usage de mes appareils.

(1) Page 131. Vous dites : « Peut-on voir de plus belles vues
que celles de M. Choiselat? » — Cette admiration rejaillit bien un
peu sur mes objectifs. — M. Eynard (p. 26) fait les plus belles

Mais abordons maintenant la question principale, *la fameuse réponse* à laquelle je tiens surtout à répondre.

C'est une œuvre vraiment merveilleuse que ce terrible chapitre XV! j'essaierai pourtant, audacieux inventeur que je suis, de rectifier quelques petites infidélités de mémoire, certains raisonnemens vicieux, laissant de côté des expressions, neuves, il est vrai, mais auxquelles manquent encore quelques petites formalités pour qu'elles aient droit d'existence. Pour la partie scientifique, vous avez fort adroitement cherché vos principaux argumens dans l'ouvrage d'un de nos physiciens les plus distingués et je ne suis pas assez malavisé pour m'attaquer si haut; je ne puis toutefois me résoudre à renoncer aux leçons de nos grands maîtres pour devenir votre disciple.

Vous établissez d'abord que l'*objectif panoramique* est regardé comme un grand perfectionnement en photographie dans l'opinion *des personnes raisonnables* et désintéressées; vous gémissez sans doute de rencontrer si peu de personnes raisonnables. Pauvre espèce humaine!

Mais *voici venir* un opticien de Paris (vous savez, Palais-Royal.) « qu'on désignerait suffisamment en disant que » son seul talent incontestable consiste à dénigrer ses con- » frères, qui, dans un écrit récent sur la photographie, *fou-* » *droie et abîme* le procédé de M. Martens. » Je ne savais pas encore que le procédé de M. Martens eût été foudroyé, telle n'était pas mon intention : il faut toutefois recon- naître que si l'appareil panoramique a souffert à ce point, c'est qu'évidemment il y avait quelque chose de vrai dans

épreuves que l'on puisse voir. » — « Il est impossible de rien voir de plus beau que les épreuves de cet amateur, » dites-vous de M. Thierry (p. 30). Je dois vous rappeler que ces Messieurs em- ploient aussi mes objectifs. (Voyez, page 163.)

ma critique ; cependant cela m'étonne venant d'un homme aussi *naïf* que moi, toujours *selon vous*. Et ceci me fournit l'occasion de faire remarquer combien vous êtes logique lorsque vous signalez ma naïveté, après m'avoir dénoncé, quelques lignes plus haut, comme un homme doué d'un talent incontestable pour dénigrer ses confrères. Quoi ! parce que j'ai placé ma *philippique* dans un chapitre intitulé *derniers perfectionnemens*, je suis naïf ? Eh bien ! soit, je reconnais ma faute et je me repens d'avoir fait figurer la tentative ingénieuse de M. Martens dans cet article ; imitez-mon humilité et ne croyez plus qu'une *critique* mérite le titre de *philippique*, parce qu'elle porte sur un appareil construit par vous.

Il paraît que vous espériez produire un grand effet avec votre accusation de *coups portés dans l'ombre*, puisque vous y revenez de plus belle : je me vois forcé, quoiqu'à regret, de faire comme vous, au risque de fatiguer le lecteur, et je vous réponds encore que l'article qui vous cause tant de déplaisir, a été tiré à 1,000 exemplaires, nombre plus que suffisant pour que votre imputation n'ait pas plus de portée que toutes ses compagnes.

Vous voyez que je ne cherche pas à me justifier, ainsi que vous le pensiez ; bien plus, je vous accuse, oui, Monsieur, je vous accuse de vous creuser l'esprit à chercher une multitude de petites méchancetés que vous voudriez bien faire prendre pour des argumens solides. Ne craignez-vous pas, en évoquant le souvenir de Bazile, que le public ne trouve votre façon de discuter tant soit peu conforme à celle de ce personnage ? — Vous faites partie de la Société d'encouragement et vous feignez d'ignorer que cette *Société m'a toujours reconnu comme l'inventeur de l'objectif à verres combinés*, ainsi que le prouvent surabondamment son

rapport et la médaille qu'elle a cru devoir me décerner!
Et mon support à chlorurer! vous ne pouvez m'en refuser
la paternité, aussi m'accusez-vous de le vendre 20 francs.
Ajoutez, si vous voulez, que j'en vends beaucoup. — Et ce
pied si solide que je ne vends pas moins de 50 francs, quel
crime! (1) Mon compte-secondes ne vous échappe pas et vous
cherchez encore le moyen de m'en dépouiller ; c'est, dites-
vous, M. Lacroix qui a construit cet instrument; est-ce donc
vous, Monsieur, qui polissez vos verres? construisez-vous
les tubes de vos lunettes? limez-vous et ajustez-vous, en
personne, les instrumens que vousvendez, etc.? Quant à moi,
je me borne à les *inventer*, à les *perfectionner* à les faire
construire sous mes yeux, et ensuite à les vérifier *par moi-
même*. — C'est un fait que vous attesteront tous mes *confrères* et ensuite tous mes ouvriers, opticiens et mécaniciens,
auprès desquels je suis constamment. Quant au compteur,
lisez en note ce qu'en dit M. Lacroix (2), je pense que cela
suffira pour vous démontrer que vous avez eu tort de vous
avancer ainsi.

J'oubliais ma lunette dont vous prétendez qu'on ne parle
pas. Ceci prouverait tout au plus que mon nom et mes
annonces ne figurent pas trop fréquemment à la quatrième

(1) Vous espériez sans doute épouvanter les personnes éloignées
de la capitale qui ne sont pas à même de comparer, et leur donner
à entendre que vos instrumens sont d'un prix moins élevé que les
miens. Cependant, vous savez très bien, Monsieur, que je puis
fournir aux mêmes prix que vous (toutes choses égales d'ailleurs)
les appareils portés sur votre catalogue.

(2) « Je certifie avoir construit sur la demande *et les indications*
» de M. *Charles Chevalier*, le premier modèle de compteur à son-
» nerie pour Daguerréotype.

» Lacroix.

» Ce 19 novembre 1846. »

page des journaux, et tout le monde ne pourrait pas en dire autant, n'est-il pas vrai, M. P. Lerebours? je suis donc plus modeste que vous ne voudriez le donner à entendre; si vous ne parlez pas de mes lunettes, il est possible qu'on en parle ailleurs ; en attendant, je puis vous rappeler ce qu'on en a dit jusqu'à présent.

M. Pouillet, membre de l'Institut, dans le rapport du jury cen'ral de l'exposition de 1844, dit bien clairement : « M. Charles Chevalier est toujours l'un de nos plus habiles » opticiens pour la construction des lunettes terrestres, des » appareils de toute espèce et surtout des microscopes; » et plus loin il ajoute : « Il a donné de nouveaux développemens » à *l'idée qu'il avait eue* (permettez-moi de souligner) de » construire des lunettes à deux objectifs, et l'on peut espérer » qu'elle recevra de lui d'utiles applications. »

J'ai fourni plusieurs de mes nouvelles lunettes à M. James Odier, et voici ce qu'il m'écrivait le 16 décembre 1846 :

« C'est au mois de juin 1839 que vous m'avez fourni la » première lunette de ce genre, je m'en sers toujours avec le » plus grand avantage et le plus grand plaisir ; bien que » l'objectif n'ait que 18 lignes de diamètre et que la lon- » gueur totale de la lunette soit moindre d'un pied, elle » donne une parfaite netteté et un grossissement des plus » remarquables, bien supérieur à celui de toutes les lunettes » du même diamètre et de la même longueur.

» Depuis lors, vous m'avez livré une lunette de 42 lignes » du même système ; toutes les personnes qui s'en sont » servies chez moi s'accordent, ainsi que moi, à la trouver » excellente ; elle donne également un grossissement beau- » coup plus fort que toutes les autres lunettes du même dia- » mètre. De plus, elle est d'une extrême netteté et très lumi- » neuse ; elle admet des oculaires de différentes forces et

» d'une puissance bien supérieure à ceux généralement em-
» ployés pour des objectifs de ce diamètre. En outre de ce,
» le système d'oculaires microscopiques que vous y avez
» adapté leur donne plus de clarté et de puissance ; je ne
» puis donc que vous répéter ce que je vous ai déjà dit main-
» tes fois, que votre lunette est la meilleure et la plus puis-
» sante à diamètre égal que j'aie vue. Ce qu'il y a encore de
» plus remarquable dans votre système, c'est qu'il vous per-
» met à diamètre égal de diminuer la longueur des lunettes.

» J'attends avec impatience que vous ayez terminé votre
» lunette de 5 1/2 pouces que vous êtes occupé à monter ; je
» suis sûr qu'elle répondra à ce que vous pouvez en espé-
» rer. »

Lisez maintenant le rapport du jury de l'exposition de
1839 (1), et vous serez forcé de reconnaître qu'on me
doit effectivement une nouvelle lunette terrestre et astronomique, et qu'on ne la trouve pas trop mauvaise. Vous
n'ignorez pas que j'ai présenté deux lunettes de ce genre à
l'Académie des sciences ; si l'illustre assemblée n'a pas encore donné son opinion sur ces instrumens, cela tient sans
doute à ce que MM. les rapporteurs étaient occupés d'autres
travaux plus importans ; peut-être, est-ce parce que ces lunettes n'étaient pas assez grandes.

Quant à la première reproduction galvanoplastique d'une
épreuve daguerrienne, dont vous cherchez à m'enlever le
bien faible mérite, je croyais que la publication dans un
ouvrage imprimé et surtout dans un JOURNAL, devait suffire
pour constater une *priorité* de ce genre ; persistant dans cette
idée, je vous renvoie à la fin de ce volume. — Voyez l'extrait du JOURNAL l'*Artiste*. Je comptais passer ainsi sur cette

(1) Signé : Mathieu, Savart, Pouillet, Séguier, Savary.

affaire ; mais la lettre que vous trouverez en note, mérite bien , je crois , d'occuper une place dans ce recueil (1).

Oserais-je vous prier de publier la liste nombreuse d'instrumens déjà connus que je prétends avoir imaginés ?

(1) « Mon cher Monsieur, le hasard m'ayant fait jeter les yeux sur une brochure de M. Lerebours où il est très souvent question de vous, *car il parait que vous l'intéressez vivement*, j'ai trouvé un passage dans lequel il vous conteste d'avoir été le premier qui ait eu l'idée de reproduire et qui ait reproduit des épreuves daguerriennes par la galvanoplastie. Pour le prouver, il cite une réclamation d'un certain M. Krasner, relative à un sujet pareil, faite à l'Académie des sciences dans la séance du lundi 2 novembre 1840. Or, moi étant la personne dont il s'agit et dont l'imprimeur estropia le nom, je crois de mon devoir de vous écrire ces lignes par lesquelles je tâcherai d'établir les choses telles qu'elles se passèrent, et que vous pourrez publier à votre justification, si vous le jugez convenable.

» En 1840, lors de mon voyage à Paris, j'allais vous trouver et bientôt notre conversation roula sur la galvanoplastie qui, alors, était à l'ordre du jour. Je vous montrai de très belles épreuves que j'avais faites à Milan d'après la méthode de M. Tito-Puliti, de Florence, et que lui-même avait eu la bonté de m'enseigner. Voyant l'intérêt que vous preniez à ces essais, je vous proposai de faire quelques expériences chez vous, pour vous montrer toutes les manipulations relatives. Mon offre ayant été acceptée, nous nous mîmes de suite à l'ouvrage, et je me rappelle très bien qu'en causant du fini extraordinaire des épreuves obtenues par la galvanoplastie, vous proposâtes d'essayer de prendre comme moule une petite plaque sur laquelle il se trouvait une image daguerrienne (quelques maisons et la tour de l'église Saint-Eustache, que vous aviez sur votre cheminée. La reproduction galvanoplastique de cette image réussit parfaitement, et, que je sache, c'était bien là la première épreuve de ce genre qui avait été faite. Cette expérience avait eu lieu pour ainsi dire en présence de M. Richoux, votre ami, qui, s'étant ensuite occupé de reproduction de gravures en taille-douce, donna ainsi lieu, par un malentendu, à une réclamation de ma part qui fut présentée en mon nom par M. Melloni et que j'ai vivement regretté depuis. Dans ma lettre à M. Melloni, j'exposais les faits tels que je viens de les indiquer, tout en réclamant pour vous et pour moi, conséquemment, la réclamation

— Jusqu'à ce que vous ayez fourni *cette preuve*, je considérerai votre assertion comme une *pure calomnie* (1).

Voilà donc la marche que vous suivez ? Aussi, voyez tomber successivement toutes vos insinuations, l'une suivant l'autre ! En me comparant à *Bazile*, vous n'avez pas pris garde que vous saisissiez l'épée par la lame, ce que l'on doit toujours éviter.

du 2 novembre 1840, est un témoignage en votre faveur, et ne saurait servir d'appui à M. Lerebours pour vous contester d'avoir fait déjà, avant cette époque, une reproduction galvanoplastique d'images photographiques.

» Agréez, mon cher Monsieur, l'assurance de ma considération distinguée.   » Votre très dévoué,

    » Ce 21 octobre 1847.   » ANT. DE KRAMER. »

(1) Pour vous éviter des recherches, je donnerai ici la liste des principaux appareils ou instrumens dont je suis l'inventeur.

(1823) Première construction en France des microscopes achromatiques, *considérée jusqu'alors comme impossible* (*); ces instrumens ont obtenu un tel succès, qu'ils ont donné naissance à une nouvelle industrie (dont vous n'avez pas à vous plaindre, ni vous, ni les autres!) Le jury national de 1834 s'exprime en ces termes : « M. Charles Chevalier, en portant le microscope à un plus haut degré de perfection, *rend aux sciences un service important*. Le jury lui décerne la médaille d'or. »

Première construction et applications diverses du verre concave achromatique, objectif variable, prisme redresseur, etc.

Invention du NOUVEAU SYSTÈME DE LUNETTES A VERRES COMBINÉS.

Invention du DAGUERRÉOTYPE A VERRES COMBINÉS.

Invention du polariscope et du *mégascope réfracteur*, entièrement achromatique (cet appareil a été présenté à l'Institut).

NOUVEAU MICROSCOPE SOLAIRE, — avec verre concave achromatique. — M. Pouillet dit dans son *Traité de Physique*, page 247 : « *Le microscope solaire de Chevalier est le plus parfait.* »

Machine pneumatique à mouvement continu.

Enfin, pour éviter des répétitions, je vous invite à consulter les rapports à la fin de cette brochure, mon *Manuel du Micrographe* et la liste publiée à la fin du *Manuel des Myopes et des Presbytes*.

(*) Biot, *Traité de physique*, page 348.

N'est-il pas probable qu'après avoir lu votre article et le mien, les gens sensés se diront : « Voilà, d'une part, des accusations, des insinuations passionnées, qui ne répondent pas, il est vrai, aux articles, origine de cette discussion (1), *mais qui seraient pourtant assez graves si elles s'appuyaient sur une base solide ;* de l'autre, voici des réponses précises, faites, autant que possible, avec calme et modération, appuyées sur des documens *nombreux et authentiques* prouvant que les accusations sont hasardées, pour ne pas dire plus. Evidemment, la lutte est inégale, l'accusateur s'est fourvoyé. »

Passons sur le reste et abordons votre remarquable leçon d'optique à laquelle je reprocherai tout d'abord, de traiter d'une foule de choses étrangères au sujet principal.

A votre dire, Monsieur, j'ignore parfaitement ce que l'on entend par *aberration de sphéricité* (*page* 74), et vous partez de là *pour m'instruire* à ce sujet. Tout en vous remerciant de votre zèle, je dois vous prévenir que vous perdez et votre peine et votre temps. Lorsqu'on a, comme moi, construit et perfectionné un grand nombre d'instrumens réfracteurs, il est probable que l'on sait quelque chose de l'aberration de sphéricité ; aussi, j'avais d'abord l'intention de ne pas répondre à votre singulière leçon, mais en y réfléchissant, j'ai reconnu qu'il serait curieux de prendre son professeur en défaut, le tout pour l'édification du public, si toutefois le public se donne la peine et l'ennui de lire votre article et le mien.

Croyez-vous, Monsieur, que j'aurais construit les *premiers bons microscopes achromatiques,* perfectionné le microscope

---

(1) Critique de l'appareil panoramique iuventé par M. Martens, et des plaques cylindriques. Voir la brochure intitulée : *Mélanges photographiques* (1844), page 40, et les *Nouveaux renseignemens,* page 39 (1846).

simple, inventé ma lunette et mon objectif double achromatique, si j'avais attendu votre venue pour savoir ce qu'on
entendait par *aberration de sphéricité?* était-il bien nécessaire de citer ou d'analyser ce qu'en dit M. Biot dans son
traité d'astronomie, puisque vous avouez, vous-même, que
malheureusement la théorie de l'éminent physicien « ne
s'applique guère qu'aux objectifs de lunettes achromatiques
et de télescopes. »

A vous entendre, il semblerait que la théorie de la formation des images est encore à faire ; cependant personne n'i-
gnore qu'un objectif bien achromatique et *exempt d'aberration de sphéricité*, donne des images parfaites sur une surface
plane d'une *certaine étendue*.

Voici, d'après Herschell, les conditions indispensables :

« La perfection de l'image produite par une lentille ou un
» réflecteur, sa parfaite ressemblance avec l'objet, et sa net-
» teté, dépendront de la convergence plus ou moins exacte
» de tous les rayons du faisceau émané de chaque point
» physique de l'objet, et de leur réunion en un seul point
» *mathématique* ou approchant le plus possible de cette pré-
» cision rigoureuse. Si l'on a fait usage d'une lentille d'un
» diamètre trop considérable, surtout si les courbures des
» surfaces sont mal choisies et produisent une forte aberra-
» tion, l'image sera confuse ; car chaque point de l'objet for-
» mera, non un autre point, mais une petite tache circulaire
» dans l'image ; et, comme toutes ces taches se couvriront
» en partie, il n'y aura plus aucune netteté.

» Pour obtenir des images parfaites, LA DESTRUCTION DE L'A-
» BERRATION EST DONC DE RIGUEUR; quelques irrégularités dans
» la figure des surfaces de la lentille ou du réflecteur, quel-
» ques défauts dans la matière même dont ils sont formés,
» suffisent pour jeter les rayons hors de leur direction géo-

» métrique et pour rendre les images confuses. Il y a donc
» trois points principaux que l'on doit tâcher d'atteindre dans
» la formation des images optiques : 1° le poli parfait des
» surfaces; 2° la parfaite homogénéité des matières em-
» ployées; 3° la stricte conformité des surfaces réfléchis-
» santes ou réfractantes avec les figures de la géométrie et
» les résultats de l'analyse. »

Je sais bien que cela ne vous conduirait pas à vos plaques
courbes cylindriques, point essentiel pour vous, puisque
c'est là votre production chérie, votre *invention*, pour vous
renvoyer le compliment que vous m'adressez si volontiers et
si souvent.

Et à propos de plaques courbes, vous prétendez *que ce
n'est pas l'aberration de sphéricité que vous avez voulu
corriger*. Qu'est-ce donc? Vos objectifs posséderaient-ils
quelque nouvelle aberration dont je n'aurais pas eu le talent
de doter les miens?

Vous me demandez « si je suppose qu'un objectif tout-à-
fait exempt des aberrations de sphéricité et de chromaticité, »
c'est à dire *aplanétique*, produit nécessairement une image
très nette dans la chambre noire, sur un espace de quelque
étendue? Oui, j'ai cette audace, surtout si vous daignez
m'expliquer ce que vous entendez par *quelque étendue*; en
attendant, je vous dirai que cet espace, pour moi, c'est
la plaque, et qu'en matière de daguerréotype, il ne faut
pas s'occuper des rayons qui tombent en dehors de la plaque, à moins qu'on ne veuille déraisonner.

Si maintenant vous avancez que l'on ne peut obtenir une
image nette sur une plaque plane, en raison des variations
de forme des objets et de leurs distances, je vous répondrai,
en admettant provisoirement la proposition : que votre plaque
cylindrique ne saurait remédier à cet inconvénient et qu'il

faudrait pour chaque objet, construire une plaque présentant autant de plans qu'il en existe dans l'objet même, c'est à dire un moulage réduit de cet objet. Voyez où peut conduire un raisonnement vicieux ! Si vous vous étiez laissé moins aveugler par la passion, vous auriez vu que je reprochais précisément *au daguerréotype panoramique,* d'être entaché des défauts produits par les causes mêmes que vous signalez, et pour qu'il ne reste aucun doute à cet égard, je crois devoir reproduire ce passage de ma brochure :

« Ce daguerréotype ne peut donner une image complète-
» ment nette, à moins qu'on ne cherche à reproduire des ob-
» jets situés sur une portion de cercle ayant pour centre l'axe
» de l'objectif ; cet axe est en même temps le centre de cour-
» bure de la plaque : quelle que soit donc la position de l'ob-
» jectif, il se trouvera toujours à égale distance de la plaque.
» Mettons l'appareil en jeu et cherchons à reproduire une
» grande étendue de terrain, couverte de maisons, d'ar-
» bres, etc. Si tous ces objets sont situés sur une ligne droite
» ou à peu près, l'image ne peut être nette à la fois au centre
» et aux extrémités de la plaque ; car d'après les lois les
» plus simples de la dioptrique, le point où vient se peindre
» l'image d'un objet, change de place, se rapproche où
» s'éloigne de l'objectif, suivant que l'objet lui-même s'éloi-
» gne ou se rapproche. L'objectif restant toujours à la même
» distance de la plaque, quoiqu'on le fasse pivoter sur son
» axe, il en résulte que si les objets placés au centre de la
» ligne se trouvent au point, il n'en sera plus de même pour
» ceux qui sont plus à droite ou plus à gauche, puisque les
» objets s'éloignant de l'objectif, le foyer s'en rapproche, et
» cet effet sera d'autant plus sensible que l'on braquera
» l'instrument sur un point de la ligne plus éloigné du cen-
» tre. On me répondra, je le sais, qu'au moyen d'une multi-

» tude de vis, on modifie la courbure de la plaque de manière
» à placer ses différentes parties au foyer. Voilà donc pour-
» quoi les épreuves présentent ces ondulations, ces lignes bri-
» sées ou courbées, ce défaut de proportions, de perspective
» et d'harmonie dont on est frappé tout d'abord. Comment
» n'en serait-il pas ainsi puisqu'il faut mettre au point, en
» quelque sorte, ligne par ligne, en faisant voyager un mor-
» ceau de glace dépolie sur lequel il est impossible de pren-
» dre une idée exacte de l'ensemble ; comment espérer que
» les ondulations de la plaque correspondront exactement
» aux différens foyers ? Au surplus, si l'on m'accuse d'exagé-
» ration, j'invoquerai le témoignage des épreuves panora-
» miques. »

J'ajouterai que si vous comprenez bien le principe sur lequel est basé mon objectif double, vous avez dû reconnaître
qu'en partageant les courbures entre deux verres, j'atténue
nécessairement les causes de déformation, et cela est si vrai,
que l'on obtient avec mon appareil optique, des images parfaitement nettes sur toute l'étendue de la plaque, grande ou
petite, dont on fait usage ; j'ai même eu soin d'adapter à mes
photographes des verres antérieurs de rechange, et vous n'a-
vez pas dédaigné de faire comme moi, dès que vous avez
construit des objectifs *à verres combinés d'après mon système*. Je crois ne pouvoir mieux faire pour vous édifier complètement à cet égard, que de vous citer l'opinion de sir Williams Herschell, opinion dont je doute que vous révoquiez
l'autorité.

« Quoique l'aberration de sphéricité d'une seule lentille ne
» puisse être détruite entièrement qu'en supposant un indice
» de réfraction qui n'existe pas dans la nature, on peut cepen-
» dant atteindre ce but de différentes manières en combinant
» deux ou plusieurs lentilles..., et plus loin : *si l'on donne les*

» *courbures de trois surfaces dans un système composé de*
» *deux lentilles; celle de la quatrième surface pourra tou-*
» *jours être prise de manière à ce qu'elle détruise l'aberra-*
» *tion de sphéricité*(1). »

Vous avouez (*pages* 76 et 77) « qu'en faisant l'objectif
» double et l'une de ses lentilles périscopique, on parvient
» bien, il est vrai, à allonger les distances focales des objets
» latéraux et à rapprocher ainsi leurs foyers de la glace dépo-
» lie; mais, — ajoutez-vous, — cet effet ne va pas jusqu'à
» les placer rigoureusement sur sa surface. Pour avoir une
» image en même temps nette et étendue, il est donc *abso-*
» *lument indispensable* qu'elle soit formée sur un tableau
» *courbe et concave*. C'est là un fait mille fois connu et qu'il
» ne faut rappeler qu'à M. Chevalier ; tous les auteurs l'ad-
» mettent, et dans leurs descriptions de la chambre obscure,
» parlent d'une surface *sphérique concave* pour recevoir
» l'image. »

MM. Pouillet et Brewster ont effectivement parlé d'une surface sphérique concave ; mais *sphérique* n'est pas synonyme
de *cylindrique*, du moins je le pense, et si le fait est mille
fois connu, vous avez mille fois tort de le citer en faveur de
vos plaques *cylindriques*. Que signifieraient d'ailleurs toutes
vos dissertations sur *votre planitude*, si la plaque sphérique-
concave, ou plutôt, cylindrique, selon vous, remplissait parfaitement le but?

Doit-on vous croire lorsque vous professez que « si l'on
» parvient à annuler dans l'objectif toute aberration sphéri-
» que et chromatique, les couleurs de l'image sont alors na-
» turelles, mais toujours invariablement les bords manquent
» de netteté. Voilà ce que la théorie, l'examen des images

(1) *Traité de la lumière*, par Herschell. Page 158 et 314.

» formées par les objectifs les plus parfaits, et celui des plus
» belles épreuves s'accordent pour confirmer (*page* 73). »
Non, Monsieur, non, les bords de l'image ne manquent pas
toujours et invariablement de netteté ; j'ai vu, et tout le
monde a pu voir comme moi, des images daguerriennes d'une
netteté irréprochable, et sans parler des magnifiques épreuves que les plus habiles opérateurs m'ont confiées, il y en
a plusieurs qui ont figuré dans votre étalage, en sorte que
vous me fournirez vous-même les moyens de combattre vos
assertions erronnées. Faut-il vous rappeler d'ailleurs que les
objectifs pourraient donner des images beaucoup plus étendues que la surface des plaques dont on fait usage, et que la
netteté des épreuves dépend surtout de ce qu'on a soin d'ex-
clure tous les rayons trop obliques, en combinant les courbures et en allongeant le foyer convenablement. Et les
diaphragmes, quel rôle jouent-ils donc?

Je laisse de côté *votre planitude*, je me bornerai à construire mes objectifs *achromatiques et aplanétiques* d'après
le conseil des savans ; — mais il m'est impossible de ne pas
vous engager, au nom du bon goût, à renoncer aux jeux de
mots dont vous faites vraiment un usage immodéré et déplacé
dans une discussion quelque peu sérieuse. — Comment,
parce que j'ai affirmé que mon objectif donne des images
aussi nettes sur les bords qu'au centre de la plaque, vous
trouvez bien de retourner cette phrase et de dire que :
— « Mon objectif donne des images aussi peu nettes
» au centre que sur les bords de la plaque. » Ceci est complètement démenti par les certificats que vous trouverez
ci-joints ; *puis-je faire mieux que de vous opposer le témoignage de mes cliens?*

Et l'objectif que j'ai *donné*, c'est à dire *rendu très cher* à
M. Claudet!!... Vous savez fort bien, Monsieur, que lorsqu'on

emploie des disques de Flint et de Crown de premier choix, on doit faire payer un peu plus que ceux qui achètent et emploient du verre au hasard. Du reste, jamais les connaisseurs ne se sont plaints, aussi M. Claudet n'a-t-il jamais fait une réclamation ni pour le prix , ni pour la qualité ; — il me semble même lui avoir fourni depuis divers objets et avoir reçu de lui une lettre qui me prouvait qu'il n'avait rien à me reprocher.

J'ai hâte d'en finir , et pourtant je ne puis laisser passer inaperçu ce paragraphe si remarquable (*page* 77).

« Malgré cela , notre adversaire prétend que c'est un très
» mauvais moyen de correction. Voudrait-il bien nous dire
» pourquoi? En connaît-il un meilleur? Il ne le dit point.
» Ensuite il reproche à l'auteur des planchettes courbes et à
» M. Martens de l'avoir encore dénaturé en remplaçant la
» surface sphérique par une surface cylindrique. Voyons s'il
» est mieux fondé ici qu'ailleurs? Lorsqu'on regarde un pay-
» sage, un groupe de personnes, et généralement une vue
» quelconque, on a toujours, dans le sens vertical , un pre-
» mier plan ou plan avancé, un plan principal, celui où se
» trouvent les objets qui fixent plus particulièrement l'at-
» tention , et un arrière-plan ou lointain. L'œil humain est
» conformé de manière que, s'il fixe avec attention les objets
» placés dans le plan intermédiaire, ceux qui se trouvent en
» deçà et au delà ne lui apparaissent pas avec la même netteté.
» L'épaisseur de la couche d'air contribue encore à affaiblir
» la distinction des contours et l'éclat des couleurs des ob-
» jets éloignés. Les peintres et les dessinateurs qui entendent
» les premiers élémens de la perspective aérienne, ont grand
» soin d'imiter ces effets de la nature pour produire quelque
» illusion. IL SERAIT DONC ABSURDE, dans les épreuves daguer-
» riennes, de chercher à avoir partout la même netteté DANS

» LE SENS VERTICAL. C'est donc là un avantage, et non pas
» un inconvénient des plaques cylindriques, de laisser sub-
» sister en hauteur ce que M. Chevalier appelle l'aberration,
» tout en la détruisant dans le sens horizontal. »

Cette dissertation artistique sur la perspective, prouve
évidemment que vous possédez des connaissances variées ;
mais si elle signifie quelque chose dans le cas où il s'agit de
copier un paysage d'une vaste étendue, que devient-elle
lorsque l'objet à reproduire est un monument, un portrait,
un tableau, un objet d'art, etc., etc. ? Notez bien que je ne
parle pas ici de l'appareil panoramique, mais des plaques
cylindriques employées avec le daguerréotype ordinaire.
Comment, il est ABSURDE, dites-vous, dans les épreuves
daguerriennes, de chercher à avoir partout la même netteté
DANS LE SENS VERTICAL ? Que cherchez-vous donc lorsque vous
reproduisez « un groupe de personnes, » pour citer un de vos
exemples ? Prétendez-vous que les terrains du premier plan
doivent seuls être nets, ou bien que ce privilége doit être réservé
aux bottes et aux pantalons de vos personnages, tandis que
leurs bustes et leurs visages nageraient vaporeusement dans
la perspective aérienne ? En copiant un monument, ne vous
efforcerez-vous pas d'obtenir avec la même finesse de détails,
dans l'absurde sens vertical, la base et le sommet de l'é-
difice ? S'il n'en est pas ainsi, à quoi serviraient les reproductions des beaux monumens antiques ? Et qui pourrait, en
admettant vos propositions, compter sur la fidélité des
planches de vos *excursions* daguerriennes ?

Que si vous dites, en manière de justification : « Si c'était
» ici le lieu, nous montrerions que les images données par
» les meilleurs objectifs et reçues sur des plans, SONT ALTÉ-
» RÉES LÉGÈREMENT DANS TOUS LES SENS, » je dois d'abord
vous demander si vous croyez *à la surface cylindrique* pour

corriger DANS TOUS LES SENS CETTE LÉGÈRE ALTÉRATION produite sans doute par une légère aberration *sphérique*. Avec mes appareils, ces altérations sont tellement *légères*, que les plus difficiles prétendent qu'elles n'existent pas. Comment osez-vous demander sérieusement si je puis faire avec mon objectif quart, double et fixe, ce que l'on fait avec l'objectif quart, mobile de M. Martens. Je préfère de beaucoup une petite plaque d'une belle exécution, à vos longs rubans ondulés, toujours entachés d'imperfections nombreuses.

Voulez-vous maintenant que je mette en évidence la franchise dont vous vous targuez? Écoutez ceci : « J'ai » écrit, page 31 de ma brochure : — ne se trompe-t-il pas » (l'auteur de l'article du journal l'*Epoque*) en affirmant » qu'avec un *appareil très médiocre*, on obtient des épreuves » d'une netteté exquise ? Je sais qu'en sortant de l'objectif » panoramique, les rayons lumineux sont forcés de traverser » une fente ou diaphragme linéaire, etc., avant de tomber sur » la plaque, et que, par conséquent, les rayons les plus voisins » de l'axe peuvent seuls agir sur la couche sensible ; je sais » aussi que l'aberration de sphéricité n'existe pas que dans » un sens, mais bien pour toute la circonférence de l'ob-» jectif, surtout quand il est d'une *bonté ordinaire*, et que » le diaphragme linéaire laisse subsister l'aberration verti-» cale, et qu'il en résulte la déformation des objets situés » près des grands côtés de la plaque. »

Vous, M. P. Lerebours, vous m'accusez d'inexactitude en ces termes : « Il reproche ensuite à l'auteur de l'article du » journal sur le procédé Martens, auteur qu'il se serait bien » gardé d'attaquer s'il avait su que ce fût M. l'abbé Moigno, » d'avoir dit qu'on pouvait obtenir les mêmes résultats avec » un objectif *très médiocre*. Cela n'est pas exact, l'auteur a » dit d'*une bonté ordinaire*, ce qui n'est pas la même chose. »

Lisez et relisez, M. Lerebours, j'ai écrit et je souligne aujour-
d'hui : — *un appareil très médiocre*, puis, *un objectif d'une
bonté ordinaire*, je n'ai donc pas écrit *un objectif très médiocre*. Espérez-vous faire passer cela pour une plaisanterie ?
Non, Monsieur, le public ne tolère pas de pareilles choses,
guidé par le bon sens et la droiture , il n'hésite pas à en
faire justice.

Puis-je maintenant m'arrêter à vos petites plaques où *tout
est bord à peu près* ? à votre conclusion relative au polissage ?
à votre dissertation sur le foyer chimique ? Dissertation inutile (1), parce qu'*un bon objectif véritablement achromatique n'exige pas de si profondes connaissances de la
part de l'opérateur* et que, pour mettre au point, il lui suffit tout simplement d'y voir clair et de consulter la netteté de l'image sur la glace dépolie ! Tout cela ne mérite
pas qu'on s'y arrête, je préfère vous remercier de m'avoir
fait connaître l'auteur de l'article publié dans le journal
l'*Epoque* ; c'est M. l'abbé Moigno, que je me serais bien
gardé d'attaquer , dites-vous, si j'avais su à qui j'avais affaire.

D'abord je n'ai pas attaqué M. l'abbé Moigno, j'ai seulement
critiqué l'appareil de M. Martens, appareil que je me plais à
reconnaître comme fort ingénieux, tout en maintenant ce que
j'ai dit au sujet de ses imperfections. J'ai eu l'avantage de fournir plusieurs instrumens à M. l'abbé Moigno et un objectif à
M. Martens lui-même, et nos relations ont toujours été très
agréables.

Quant à ne pas oser réfuter un article de journal , serait-il

(1) Cundell a publié , dans le *Journal Technologique de Din-
gler*, tome 92, page 571, des expériences sur le foyer chimique des
lentilles *non achromatiques*. Pourquoi revenir sur ce sujet ?

signé en toutes lettres, comme le sont d'habitude les articles scientifiques, cette accusation ne peut m'atteindre, parce que je ne me forme pas des opinions à la légère, mais bien après avoir mûrement réfléchi, et qu'une fois convaincu, je les soutiens sans crainte, envers et contre tous, jusqu'à ce qu'on me démontre évidemment que je suis dans l'erreur, si erreur il y a. Vous comprenez qu'avec une pareille manière de voir, loin d'éprouver de la crainte, je préfère me trouver en face d'un homme instruit et répondre à des argumens sérieux plutôt qu'à des injures.

Maintenant, M. Paymal-Lerebours, vous ne direz plus que je porte des coups dans l'ombre, que je n'ai pas le courage de nommer ni vous ni d'autres, que je n'ai rien inventé, et que mon seul talent incontestable consiste à dénigrer mes confrères ; mais ramené à de meilleurs sentimens de *confraternité*, vous avouerez franchement que je ne pouvais vous nommer en critiquant un appareil inventé par M. Martens ; convenez que vous avez surtout été blessé de ce que mes *coups mystérieux* ont été portés au grand jour de la publicité, et avouez enfin que le titre *d'artiste inventeur*, si heureusement tombé de votre plume, me convient sous tous les rapports, et parce que je suis *artiste* ou *artisan*, comme il vous plaira, et parce que je suis l'auteur de plusieurs inventions auxquelles les *hommes compétens* ont eu l'indulgence de reconnaître quelque mérite. J'ai pour moi les témoignages des personnes les plus honorables et celui de ma conscience. Que les honnêtes gens, que les hommes savans prononcent entre nous, je m'engage d'avance à ne pas interjeter appel de leur jugement.

Paris, 1er octobre 1846.

M. LE BARON GROS

A M. CHARLES CHEVALIER.

Vous m'avez demandé, Monsieur, si je faisais un secret des procédés dont je me sers pour obtenir de belles épreuves daguerriennes, et dans le cas où je vous les ferais connaître, si je vous autoriserais à les communiquer aux amateurs de photographie qui ont souvent recours à vos conseils. Laissez-moi vous dire, en commençant, que je n'ai point de secret, que je n'ai rien inventé, rien découvert, mais qu'il m'est arrivé, en faisant d'innombrables essais, de combiner les nouvelles substances avec les anciennes et de produire ainsi sur la plaque métallique une couche sensible qui s'impressionne facilement et profondément à la lumière, et qui donne au mercure des tons *gras* et chauds dans les parties éclairées, et des ombres et des demi-teintes laissant apercevoir jusqu'au moindre détail.

Je crois difficile, en effet, d'obtenir des résultats plus satisfaisans que ceux que je vous ai montrés, et les vues du Panthéon, de Sainte-Croix d'Orléans, d'Amboise, de Chambord, de Notre-Dame, de l'Arc de l'Etoile, de la porte Saint-Denis, etc., etc., etc., me paraissent ne rien laisser à désirer.

Voici donc comment je prépare mes plaques. Publiez-le si vous le jugez à propos. Je suis convaincu que bien des amateurs découragés voudront essayer encore une combinaison à laquelle ils n'avaient peut-être pas songé, et que

1

s'ils n'obtiennent pas de prime-abord de magnifiques épreuves, ils n'auront jamais, du moins, de ces résultats négatifs si désolans pour celui qui opère.

Quand je veux avoir la vue d'un monument ou d'un paysage, j'emporte six plaques bien polies, et souvent même toutes prêtes à recevoir l'impression lumineuse, et je suis sûr d'avance que je ne rentrerai pas chez moi sans rapporter au moins deux ou trois belles épreuves, et les deux autres très passables. Quant à la première, par exemple, elle est ordinairement ou solarisée ou trop noire ; vous voyez déjà que c'est elle qui me sert à connaître l'intensité de la lumière, si variable d'un jour à l'autre, si différente selon les localités, l'exposition ou l'heure du jour ; que c'est elle enfin qui me sert à déterminer le temps nécessaire aux autres plaques pour que la lumière puisse les impressionner convenablement.

Encore quelques mots, Monsieur, pour bien vous faire connaître le point d'où je pars.

J'opère toujours sur grande plaque et je n'ai jamais fait de portraits.

Je redresse les objets avec une glace parallèle, bien préférable, selon moi, au prisme le plus parfait. La lumière réfléchie par la glace est plus intense que celle qui traverse une masse de verre assez épaisse, et par conséquent il lui faut moins de temps pour agir sur la couche sensible et l'altérer ou la modifier.

Je me sers toujours enfin de votre excellent objectif à verres combinés, si net et si lumineux, et je laisse la plaque exposée dans la chambre noire à l'action de la lumière, depuis vingt jusqu'à soixante ou soixante et quinze secondes, suivant l'état du ciel, l'époque de l'année et l'heure à laquelle j'opère.

Le temps ne paraîtra peut-être pas trop long, si l'on considère que c'est sur une grande plaque que j'obtiens une image redressée et que mon objectif est par conséquent à long foyer. Il faudrait réduire ce temps de plus de la moitié si l'image était produite *directement* par un objectif à court foyer. J'ai copié une gravure en plein soleil, à la verité, et sur une terrasse, en trois secondes. Tous ces chiffres sont rigoureusement exacts et comptés sur une bonne montre.

Je reviens à la manière de préparer la plaque.

Lorsqu'elle a été parfaitement polie, je l'expose aux vapeurs de l'iode jusqu'à ce qu'elle prenne une belle couleur d'or jaune foncé. Je la place alors sur une boîte en bois, au fond de laquelle une cuvette de porcelaine contient quelques gouttes de chlorure d'iode pur, recouvertes d'un petit matelas de coton, et je retire cette plaque lorsque ces nouvelles vapeurs, combinées avec celles déjà absorbées, lui ont donné une couleur rose très prononcée, les bords commençant à passer au violet. J'injecte ensuite dans une boîte à cuvette de verre, un centimètre cube de cette vapeur rougeâtre qui remplit l'espace vide d'un flacon contenant de l'eau distillée saturée de brôme, et ensuite deux centimètres cubes de vapeurs de brômoforme pur.

Je laisse pendant deux minutes ces vapeurs se répandre et se mêler uniformément dans la cuvette, bien fermée par une glace rodée ; et après ce temps, j'expose pendant vingt ou trente secondes la plaque rose au contact de ces vapeurs. Je la retire alors avec toutes les précautions nécessaires pour que la lumière ne frappe pas dessus, et elle est prête à être mise dans la chambre noire. Elle peut être gardée ainsi plusieurs heures, du jour au lendemain même, si on la garantit parfaitement de la lumière, de la poussière et de l'humidité. Elle peut donner, après ce temps, d'assez belles épreuves ; mais il vaut toujours mieux, si on le peut, ne préparer une plaque qu'au moment de l'employer.

En sortant de la chambre noire je la passe au mercure.

J'éteins la lampe lorsque le thermomètre marque soixante degrés, et je ne retire la plaque que lorsqu'il est redescendu à trente. Je la chauffe souvent une seconde fois, mais alors j'éteins la lampe lorsque le thermomètre est à cinquante, et tout est terminé quand il est revenu à quarante-cinq. Je la retourne aussi dans la boîte à mercure au moment de ce second chauffage, c'est à dire que si le ciel était d'abord en bas, c'est le premier plan que j'y place la seconde fois; ma cuvette contient au moins cinq cents grammes de mercure.

En sortant de la boîte au mercure, l'image est très prononcée, très nette et d'un ton très chaud. Si on l'examine en lui faisant refléter une feuille de papier blanc, les parties dans l'ombre et dans la demi-teinte paraîtront comme dorées et lumineuses, tandis que les blancs et le ciel offriront au contraire des tons violets foncés, tirant sur le bleu.

Il est essentiel de ne pas l'exposer à la lumière, et de la laver et de la fixer au chlorure d'or dès qu'on le pourra. Le procédé employé à cet effet est trop facile et trop connu pour que j'en parle ici, je dirai seulement que le chlorure d'or acheté au gramme et préparé dans de l'eau distillée avec de l'hyposulfite de soude, le tout employé au moins vingt-quatre heures après avoir fait le mélange, et alors que ce dernier est absolument incolore et parfaitement filtré, me semble préférable aux autres préparations dont l'utilité cependant est incontestable lorsque l'on voyage ou que l'on ne veut pas faire toutes ces manipulations soi-même. Le chlorure d'or demande à être manié avec précaution, non seulement il tache les doigts d'une manière fâcheuse, mais il se décompose au contact des matières organiques.

Maintenant, Monsieur, il faut que j'appelle votre attention sur deux points principaux. Le premier, c'est que je n'ai plus besoin de toutes ces liqueurs contenant toujours une quantité considérable d'eau, ce qui non seulement sim-

plifie le procédé surtout en voyage , mais ce qui a encore
l'avantage de ne pas exposer les plaques à un dégagement
d'humidité toujours nuisible aux épreuves, quelque faible
qu'il soit. J'ai essayé cent fois de remplacer le chlorure d'iode
pur par du chlorure étendu d'eau, et j'ai toujours eu des
épreuves grises et bleuâtres; chaque fois que je suis revenu
à mes gouttes de chlorure pur, j'ai retrouvé ces tons chauds
et vigoureux que l'on obtient si rarement. N'est-il pas inappréciable aussi de n'avoir à employer que des substances
qui s'altèrent à peine et dont on ne prend à la fois que de si
faibles quantités ? N'y a-t-il pas là encore une chance heureuse de rester toujours dans les mêmes conditions, et d'a-
gir par conséquent avec plus de certitude?

Le second point , c'est que je n'emploie pas le brômoforme comme l'indiquent MM. Choiselat et Ratel. Je puise
la vapeur du brôme dans un petit flacon, et celle du brômoforme pur dans un autre flacon pareil au premier. Je mêle
ces deux vapeurs, soit dans la cuvette de verre, en les y
projetant l'une après l'autre, soit dans la même petite seringue de cristal en pompant deux centimètres cubes de vapeur de brômoforme pur lorsqu'elle contient déjà un centimètre cube de vapeur de brôme. La partie du tube de cristal , où se trouvent ces trois centimètres de vapeurs , présente une teinte rougeâtre semblable à celle des vapeurs
de l'eau saturée de brôme , mais nécessairement un peu
moins foncée.

Je vais entrer maintenant dans quelques détails et reprendre l'opération dès son principe , sans appuyer cependant
dant sur ce que tout amateur de photographie sait aussi bien
que moi, si ce n'est mieux.

Je polis mes plaques avec de la pierre ponce et du tripoli
porphyrisé. L'eau, l'alcool, les essences , donnent de bons
résultats. J'emploie habituellement l'huile de pétrole acidulée, et je finis avec de l'alcool à 36°. L'essentiel , c'est de

mettre à nu une surface d'argent aussi pure que possible. J'obtiens après cela un beau bruni avec un peu de rouge d'Angleterre et du velours de coton blanc, et j'évite autant que possible de donner à la plaque ce que l'on appelle un sens. Je ne la considère bonne que lorsqu'elle est également noire, quel que soit le côté que l'on présente au jour, et lorsque l'haleine projetée sur sa surface la ternit d'un voile mat, bien égal, bien blanc, et disparaissant avec rapidité.

Je ne chauffe la plaque que lorsque j'ai des taches de mercure à enlever ou que c'est une épreuve fixée au chlorure d'or que j'ai effacée. Le feu la fait reparaître si elle a été mal poncée. En général, je considère une plaque sur laquelle une épreuve a été fixée au chlorure d'or comme perdue, et il m'est arrivé de retrouver dix ou douze fois la même image après avoir poncé la plaque de manière à arriver au cuivre. Il semble que le chlorure pénètre et altère dans toute son épaisseur la pellicule d'argent appliquée sur le cuivre. Je ne passe maintenant au chlorure d'or que les belles épreuves que je veux garder.

Boîte à iode.

(Fig. 1.)

Ma boîte à iode est celle de M. Séguier, sauf une légère modification qui empêche l'iode de se déplacer par le cahot de la voiture. J'ai fait au moyen de petites bandes de verre collées dans le fond de la boîte, une espèce de cuvette de quatre ou cinq millimètres d'épaisseur. Je la remplis bien exactement d'iode réduit en petit morceaux aussi égaux que possible, et je la ferme par une glace épaisse et qui entre bien juste dans la boîte et vient se poser sur l'arrête des petites bandes de verre. J'ai donc ainsi au fond de ma boîte

comme une plaque d'iode de quatre à cinq millimètres
d'épaisseur et par suite une évaporation égale sur toute cette
surface. La glace épaisse qui ferme le fond et comprime
l'iode, porte au centre de sa surface supérieure un bouton
plat de verre qui sert à l'enlever lorsqu'on veut mettre l'iode
à découvert. Il est bon de placer entre elle et l'iode, qu'elle
touche, un morceau de mousseline claire qui empêche l'iode
de se coller à la glace et ne nuit pas à l'évaporation.

J'iode mes plaques soit directement, soit au moyen d'une
glace mince recouverte de papier collé à sa surface, on le
sature de vapeurs d'iode en le laissant exposé au dessus de
la cuvette dont on a enlevé la glace, et on met ensuite ce
papier saturé en regard de la plaque de doublé.

Boîte au chlorure d'iode.

(Fig. 2.)

La boîte au chlorure est beaucoup plus haute que la précédente. Il faut qu'il y ait au moins douze centimètres de
distance entre les gouttes de chlorure et la surface de la
plaque. Sans cette précaution elle se colore trop vite et
inégalement.

Le fond de la boîte n'est fixé à ses parois que par six petits
crochets, afin de pouvoir l'isoler. Sur ce fond est placée et
bien au centre une de ces cuvettes de porcelaine rodées
qui se vendent sous le nom de cuvettes demi-plaques. Dans
cette cuvette, j'ai mis un morceau de glace épaisse qui y
entre et en sort facilement quoiqu'il en couvre tout le fond,
et dans lequel j'ai fait creuser, à distances égales et symétri-
quement disposées, dix-huit petits godets de la grandeur à
peu près d'une noisette coupée en deux (*Fig.* 2). Vous com-
prendrez facilement quel était mon but. Je voulais pour obtenir une évaporation également répartie dans toute la boîte,

faire rester à la même place les gouttes de chlorure que je voulais employer. Chacune d'elles se trouvant ainsi dans un petit creux dont elle ne peut sortir, même quand la boîte n'est pas de niveau, devient un centre d'évaporation qui ne change jamais de place, et, comme il y en a dix-huit distribués à distances égales dans le fond de la cuvette, il existe d'assez bonnes conditions pour obtenir une évaporation uniforme. Mais elle serait encore trop violente si on ne la modérait pas en plaçant sur cette plaque à godets un petit matelas de coton de deux centimètres d'épaisseur. Il s'imprègne bientôt des vapeurs du chlorure, et prend un ton d'un rouge sale qui passe au jaune le lendemain ou le surlendemain. On couvre la cuvette par une glace rodée et un peu lourde qui la ferme hermétiquement, et qui peut s'enlever au moyen d'un morceau de marocain collé à sa surface.

Cette plaque de glace à godets est assez chère ; mais il serait bien simple et nécessaire même de la supprimer et de faire faire des cuvettes de porcelaine dont le fond, un peu plus épais qu'à l'ordinaire serait parsemé de petits creux. Rien ne serait plus aisé, lorsque la pâte est encore molle, de faire ces petits godets en appuyant aux endroits déterminés une de ces petites billes d'agate dont les enfans se servent dans leurs jeux.

Boîte à brôme et à brômoforme.

Cette boîte est celle que tout le monde connaît ; celle dont M. Foucault se sert pour employer l'eau brômée. Elle contient une cuvette de verre ou de porcelaine recouverte d'une glace rodée, et elle est percée d'une petite ouverture par où l'on introduit les vapeurs. Les cuvettes faites de bandes de glace ajustées et collées, sont moins bonnes que celles qui sont d'une seule pièce, et dans lesquelles, par conséquent, les vapeurs de brôme ou de brômoforme ne trouvent ni colle ni résine qui puissent les altérer. Je ferme la petite ouverture avec un bouchon de verre bien ajusté à l'émeri.

La petite pompe ou seringue que j'emploie pour puiser les vapeurs, est un tube de cristal gradué en centimètres cubes (*Fig.* 7). Il est effilé à l'une de ses extrémités et se termine par un orifice presque capillaire. Le piston est garni d'un liége moelleux et élastique et ajusté de manière à ce que la pompe fasse bien le vide. Je l'essaie toujours avant de m'en servir, en appuyant le bout de la pompe sur l'extrémité de l'index de la main qui la tient. En tirant le piston, il faut que le doigt adhère à l'orifice et ne s'en détache qu'avec un petit effort et un léger bruit causé par l'air qui rentre dans la pompe. A l'extérieur et à trois centimètres à peu près du petit bout, je place une rondelle de liége à surface bien unie qui, en s'appuyant sur le goulot du flacon ou sur les bords de l'ouverture de la cuvette, les ferme aussi bien que possible.

Flacon de brôme et de brômoforme.

(Fig. 3 et 4.)

Dans un flacon de neuf centimètres de hauteur y compris le bouchon, et de trois centimètres de diamètre, je verse de l'eau distillée de manière à le remplir à moitié; puis je laisse tomber dans cette eau assez de brôme pur pour qu'il y en ait au fond une couche de cinq millimètres d'épaisseur.

Dans un autre flacon pareil à celui dont je viens de parler, j'ai fait mettre dix grammes de brômoforme pur, liquide pesant et presque incolore lorsqu'il vient d'être préparé, mais qui, à la longue, prend une teinte de rouille grisâtre. Je n'y ajoute rien. Les vapeurs qui remplissent l'espace vide du flacon sont invisibles, mais elles se font sentir fortement lorsqu'on vient à l'ouvrir.

Ces deux flacons sont parfaitement bouchés à l'émeri. La partie supérieure de leurs goulots a été rodée de manière à former une surface plate contre laquelle vient s'appuyer la rondelle de liége traversée par l'extrémité de la petite seringue de cristal. Ceux que j'ai me servent depuis dix-huit mois. Je n'y ai rien changé, et je ne remarque pas encore aujourd'hui la moindre altération.

Toutes mes boîtes ont été faites et repassées avec le plus grand soin, et les rodages sont si exacts, qu'un centimètre cube de vapeur de brôme injecté dans les cuvettes s'y retrouve encore plus de vingt-quatre heures après y avoir été mis.

J'ai à vous dire maintenant, Monsieur, comment je me sers de la grande boîte à chlorure d'iode.

Lorsque je veux la garnir, ce qu'il faut faire un quart-d'heure au moins avant de l'employer, j'ôte la boîte de dessus son fond, et avec une petite pipette à ouverture presque capillaire (*fig.* 5) que je plonge dans un flacon rempli de chlorure d'iode, j'en retire une certaine quantité qui reste dans le tube, parce que j'ai le soin d'en boucher l'extrémité supérieure avec le doigt, avant de l'enlever. Je vais alors posant une goutte de ce chlorure dans chacun de mes petits godets, et si j'en laissais tomber plus d'une dans le même, j'aurais soin d'enlever ce qu'il y aurait de trop avec un morceau de papier buvard, qui pompe le chlorure en le touchant. Lorsque chaque godet contient une égale quantité de chlorure, je place au fond de la cuvette, et en contact avec la glace à godets, le petit matelas de coton que j'ai préparé d'avance. Il faut qu'il soit d'une égale épaisseur partout et qu'il couvre parfaitement le fond de la cuvette. Je la ferme alors avec la glace rodée, et je replace la boîte sur son fond en l'y fixant avec ses crochets.

Lorsque je veux passer aux vapeurs du chlorure la plaque déjà iodée à la teinte convenable, j'ôte le couvercle à coulisse de la boîte à chlorure, et je place sur un support quelconque, à peu près à la même hauteur de l'ouverture de cette boîte et à droite devant moi, le châssis qui contient la planchette où est fixée la plaque ; je prends de la main gauche la glace qui ferme la cuvette au fond de la boîte, et de la droite je saisis la planchette, mais sans l'ôter encore de son châssis. J'enlève de la main gauche la glace rodée et je la laisse deux ou trois secondes suspendue intérieurement au bord même de la boîte, de manière à la boucher encore et à donner le temps aux vapeurs qui sortent alors avec abondance de l'intérieur de la cuvette, de se répandre dans la boîte. Je l'enlève ensuite tout-à-fait, et, de la main droite, je ferme vivement la boîte avec la planchette qui s'y ajuste parfaitement, la plaque en dessous. Au bout de huit ou dix secondes, je regarde la plaque pour en voir la couleur, et je la replace, en la retournant bout à bout, sur la boîte, si elle n'a pas encore pris cette teinte rose velouté, toujours si favorable. Je recommence de nouveau jusqu'à ce que j'aie obtenu la nuance voulue. Je la remets alors dans son châssis, en même temps que je replace de la main gauche la glace rodée sur la cuvette. La plaque est alors disposée à recevoir les vapeurs de brôme et de brômoforme.

Pendant l'été, dans les grandes chaleurs surtout, dix gouttes réparties convenablement dans dix des petits godets peuvent suffire. Dans l'hiver, j'ai dû quelquefois mettre deux gouttes dans chacun d'eux pour obtenir promptement la couleur dont je viens de parler.

Je ne puis pas préciser le temps que la plaque devra rester sur le chlorure d'iode, la température et surtout la teinte plus ou moins foncée de la première couche d'iode, le modifient singulièrement. Quelquefois quinze ou vingt secon-

des suffisent, d'autres fois il m'a fallu jusqu'à deux minutes. C'est donc la couleur qui doit servir de guide.

Si la plaque avait pris sur l'iode un ton jaune d'or un peu
trop foncé, il faudrait l'amener par le chlorure d'iode à un
rose presque violet ; on aurait encore une belle épreuve,
mais un peu plus lente à venir.

La boîte à chlorure, chargée comme je l'ai dit plus haut,
peut servir pendant deux ou trois jours. Cependant, dès le
lendemain, elle me paraît être moins bonne. Le coton, non
seulement prend une teinte jaune clair, mais il se remplit
de petits cristaux d'iode très caractérisés. Il y a donc décomposition du chlorure, puisque l'iode se précipite, et par
conséquent les conditions primitives ne sont plus les mêmes. Aussi je n'hésite jamais à garnir ma boîte le jour où
je veux l'employer, et quand j'ai fini je jette le petit matelas et je fais laver à grande eau la cuvette et la glace à
godets.

La plaque étant prête à recevoir les vapeurs de brôme et
de brômoforme, je place devant moi les deux flacons qui
contiennent ces vapeurs : le brôme à ma gauche et le brômoforme à ma droite ; j'enlève de la main gauche le bouchon du flacon à brôme et je le pose sur la table pendant
que de la main droite j'introduis dans le flacon la pointe de
la petite seringue de manière à ce que la rondelle de liége
pose bien horizontalement sur la surface plate du goulot ;
je tire lentement le piston et je l'arrête lorsque j'ai pompé
un peu moins d'un centimètre cube de vapeurs. Je reprends
alors le bouchon de la main gauche et je le remets en place
au moment où de la droite je retire la petite seringue dont
je bouche immédiatement l'ouverture avec l'index de cette
même main.

Je passe ensuite au flacon de brômoforme, et je procède de la même manière et avec la même seringue contenant déjà un faible centimètre cube de vapeur de brôme,

seulement j'aspire deux centimètres cubes de vapeur de
brômoforme, et j'ai encore le soin de boucher l'extrémité
de la petite seringue avec l'index de la main droite. L'intérieur du tube où sont les trois centimètres de vapeurs est
faiblement coloré en rouge. J'introduis alors la pointe de
cette seringue dans la petite ouverture de la boîte à vapeurs, en appuyant la rondelle de liége sur les bords de cette
ouverture, mais au lieu de pousser tout de suite le piston
pour injecter les vapeurs, je le tire, au contraire, jusqu'aux
deux tiers de sa longueur. Je le pousse ensuite lentement
jusqu'au terme de sa course, et je recommence une seconde
fois à le tirer et à le repousser pour bien chasser dans la
cuvette toutes les particules de vapeur que le piston n'a pu
atteindre dans la partie effilée de la petite seringue. Je la
retire et je bouche vivement avec un bouchon ajusté à
l'émeri la petite ouverture de la cuvette. Je porte la boîte
dans un endroit obscur et je l'y laisse reposer pendant deux
minutes. Il est essentiel que la boîte soit placée bien horizontalement, car les vapeurs qu'elle contient étant très
lourdes tendraient à se porter naturellement vers le côté de
la boîte qui pencherait un peu.

Je place la planchette, qui porte la plaque déjà iodée et
chlorurée, sur le rebord pratiqué exprès au dessus de la
glace, que je tire vivement, mais sans secousses. La plaque
rose velouté reçoit alors et absorbe, pendant vingt ou trente
secondes, pendant cinquante en hiver, une partie des vapeurs mélangées, et je la replace ensuite dans son châssis.
Au moment où je découvre ainsi la boîte aux vapeurs, il
s'en exhale une odeur assez forte de brômoforme, que l'on
sent parfaitement en s'approchant de la cuvette.

La plaque est alors toute prête à être placée dans la
chambre noire.

Il faut bien se garder, pendant la dernière opération que
je viens de décrire, de laisser la lumière, même diffuse, ar-

river sur la plaque ; d'abord, parce que celle-ci ne changeant pas de couleur par l'absorption du brôme et du brômoforme, il est inutile de la regarder, mais surtout, parce qu'ayant acquis son maximum de sensibilité, la plus faible lumière l'altérerait assez pour qu'elle se couvrît, au mercure, d'un léger voile blanc.

Sur la boîte à l'iode, et sur celle au chlorure d'iode, il n'y a pas le même inconvénient. Il faut au contraire opérer dans une chambre assez éclairée pour pouvoir bien juger de la couleur que prend la plaque.

En voilà bien long, Monsieur, et je suis peut-être entré dans de bien minutieux détails, j'allais presque me servir du mot de ridicules, si je ne m'étais rappelé combien, de l'autre côté de l'Océan, j'avais *maudit* les auteurs de notices qui avaient paru trop compter sur mon intelligence. Je suis bien loin, assurément, de vouloir dire par là que je ne compte guère sur celle des personnes auxquelles vous montrerez ceci ; mais s'il se trouve parmi elles des commençans qui veulent qu'on leur dise à peu près, tout et c'est, je crois, le plus grand nombre, peut-être me sauront-ils bon gré au moins de ma bonne volonté.

En résumé, j'iode la plaque au jaune d'or foncé, je la fais passer au rose prononcé par le chlorure d'iode pur ; je lui fais ensuite absorber pendant vingt ou trente secondes un centimètre cube de vapeur de brôme, mêlé pendant deux minutes à deux centimètres cubes de vapeur de brômoforme pur. Ainsi préparée, je l'expose à la chambre noire, de vingt à soixante ou soixante et quinze secondes, suivant l'intensité de la lumière. Je la chauffe au mercure et j'éteins la lampe lorsque le thermomètre est à soixante; je la retire lorsqu'il est redescendu à trente degrés. Je chauffe une seconde fois, mais moins fortement que la première, et en la retournant bout à bout. Je la lave à l'hyposulfite et je la fixe au chlorure d'or comme tout amateur sait le faire. Enfin je

n'opère jusqu'à présent que sur grande plaque; je redresse toujours les objets avec une glace parallèle, et je n'ai
pas encore fait de portraits.

Voilà peut-être ce qu'il fallait seulement dire, au lieu de
me laisser entraîner à noyer ces douze ou quinze lignes dans
les vingt pages que je vous envoie. Faites-en du reste ce que
bon vous semblera. Tant mieux si elles peuvent être utiles
à quelque amateur découragé; si, au contraire, elles ne si-
gnifiaient pas grand'chose, je n'aurais pas encore perdu mon
temps, puisque j'ai eu un véritable plaisir à vous les
écrire.

Recevez, je vous prie, Monsieur, l'assurance de tous mes
sentimens.

Baron GROS.

EXPLICATION DES FIGURES.

PLANCHE 1.

Fig. 1. **BOITE A IODE.**

    a Boîte en bois renfermant les trois autres boîtes en verre
        qui la doublent.

    b Planchette avec la plaque en dessous, fermant herméti-
        quement la première boîte en verre, après avoir rem-
        placé le couvercle à coulisse de la boîte en bois.

    c Plaque de verre recouverte des deux côtés de papier
        collé ; elle s'enlève au moyen d'un petit trou pratiqué
        à l'une de ses deux extrémités et en y introduisant une
        petite pointe de métal recourbée.

    d Glace épaisse fermant la petite cuvette plate pleine
        d'iode.

e Iode remplissant la petite cuvette de manière à ne pas remuer lorsque la glace pose dessus.

Fig. 2. GLACE PLACÉE dans le fond de la cuvette ; il serait mieux de faire pratiquer les petits godets dans le fond même de la cuvette.

Fig. 3. FLACON DE BROMOFORME.
a Brômoforme pur.
b Vapeurs invisibles.

Fig. 4. FLACON DE BROME.
c Vapeur rouge.
d Eau distillée.
e Brôme pur.

Fig. 5. PIPETTE qui sert à puiser le chlorure d'iode et à verser les gouttes dans les petits godets.

Fig. 6. BOITE A CHLORURE D'IODE PUR.
a Cuvette demi-plaque bien rodée.
b Fond de la boîte se détachant des parois.
c Glace lourde et rodée fermant la cuvette.
e Planchette avec la plaque fermant hermétiquement la boîte à la glace du couvercle à coulisses.
d Parois de la boîte, ne tenant au fond que par des crochets.

Fig. 7. PETITE POMPE DE CRISTAL graduée, garnie d'une rondelle de liége.

M. SERGE LEWITSKY

A M. CHARLES CHEVALIER.

Monsieur,

Vous me demandez des renseignemens sur les **différens** procédés photographiques qu'il m'est arrivé d'étudier pendant mon voyage en Allemagne et en Italie, et de vous communiquer en même temps les procédés que j'emploie pour mes propres expériences.

POLISSAGE.

Je commencerai par vous communiquer la manière de préparer les plaques, employée par les meilleurs photographistes de Vienne et par quelques amateurs en Allemagne : ce polissage commence par l'huile d'olive et le rouge d'Angleterre; après avoir enlevé le cambouis, on prend quelques gouttes d'ammoniaque liquide concentré, avec lequel on enlève toute l'huile restée sur la plaque; on continue à polir toujours en rond avec l'ammoniaque et le rouge, en n'employant que très peu d'ammoniaque, il suffit même de mouiller un peu le coton avec le bouchon humide; on répète ce polissage trois ou quatre fois : après on enlève l'humidité par un polissage à sec toujours en rond, — la plaque est prête à recevoir le

dernier coup, quand l'haleine projetée présente des nuances
irisées sur toute la surface de la plaque; le dernier poli est
donné avec un tampon de velours ou en peau très douce; il
ne faut pas appuyer trop fort le tampon, ce n'est qu'en le
promenant légèrement qu'on reçoit sur la plaque ce ton noir
velouté, qui contribue beaucoup à la beauté de l'épreuve;
— une bonne brosse est indispensable pour tenir le tampon toujours très propre; toutefois, avant de toucher la
plaque avec le tampon, je tâche de le nettoyer avec une
brosse, pour être plus sûr du dernier bruni qu'il donne à
l'argent. Pour recevoir sur la plaque la couche sensible parfaitement uniforme et égale, on fera bien de l'exposer immédiatement après le polissage aux vapeurs des substances
photographiques.

IODAGE.

Généralement en Allemagne l'emploi de l'iode est aban-
donné. L'iodage simple est remplacé par le chloro-iodage, c'est à dire par l'exposition aux vapeurs du chlorure
d'iode convenablement préparé; nécessairement cela doit accélérer l'effet de la lumière et en même temps produire un
dessin d'un ton et d'une netteté admirables; je pense que tous
les amateurs qui ont eu occasion d'opérer avec le chlorure
d'iode, même comme substance accélératrice, ont pu constater les précieuses qualités de cette substance pour la photographie. Jusqu'à présent quelle était la manière de préparer le chlorure d'iode enseignée par tous les traités? on faisait arriver un courant de chlore gazeux sur l'iode pur, jusqu'au moment où il se formait un liquide rouge vif, suivant
les uns, brun foncé, suivant les autres. Il n'y avait rien
de certain dans ce qu'on nous enseignait, la quantité de

chlore était volontaire, n'étant pas déterminée positivement ;
quelques uns préparent le chlorure d'iode en saturant l'iode
de chlore jusqu'au moment où il se forme des cristaux qu'on
laisse ensuite se liquéfier à l'air ; dans tous ces chlorures
d'iode la présence de l'acide chlorhydrique est inévitable, et
la présence des trois acides iodhydrique, chlorhydrique et
bromhydrique sont, suivant plusieurs photographistes éclairés,
l'unique raison de toutes les non-réussites dans la daguerro-
typie. Les chimistes allemands ont résolu ce problème avec
succès. Voilà leur manière de préparer le chlorure d'iode à
effet constant, où la combinaison du chlore avec l'iode s'est
effectuée en proportions équivalentes (1). On prend *une partie*
(*en poids*) *de sulfate de soude* en poudre. qu'on broie parfaitement avec *deux parties de chlorate de potasse*, après
on continue à broyer (2), en ajoutant à ce mélange *peu à
peu trois parties d'iode ;* quand ces trois corps forment une
poudre bien fine, couleur grise, on arrête le broiement et on
les introduit dans une cornue, à laquelle est adapté un réci-
pient entouré de substances réfrigérantes ; on commence à
chauffer la cornue à un feu bien doux, ou mieux sur un bain
de sable. La distillation commence par un développement de
vapeurs violettes d'iode, qui se convertissent peu à peu en
vapeurs d'un brun très foncé de chlorure d'iode ; c'est
alors qu'on diminue la chaleur, parce que quelquefois il
peut arriver un dégagement si brusque de chlorure d'iode,

(1) Il paraît que la liqueur dite allemande est aussi un chlorure
d'iode produit par la distillation d'un mélange de chlorure de
soude, peroxide de manganèse avec l'acide sulfurique sur l'iode sec.

(2) Le sulfate de soude paraît jouer le rôle de substance cataly-
tique dans l'opération.

que la cornue ne manquerait pas d'éclater et par suite occasionnerait un mal très grave ; je ne saurais recommander aux amateurs qui désireront faire cette expérience, toutes les précautions à prendre avec une substance aussi explosive que le chlorate de potasse. Il est toujours préférable de s'adresser dans ce cas à un chimiste expérimenté. Lorsque les vapeurs commenceront à se condenser dans le récipient en un liquide couleur café fort, on augmentera un peu la chaleur et on laissera la distillation s'opérer pendant cinq à six heures (suivant le degré de chaleur), jusqu'à ce que le mélange dans la cornue présente un résidu tout-à-fait blanc. Pour être employé, ce chlorure d'iode doit être dissous dans l'eau, quelques gouttes suffisent pour donner à un litre d'eau la couleur vin de Madère et former un précipité très abondant d'iode ; après avoir agité fortement le liquide, on le verse dans la cuvette, où il peut servir un temps indéterminé. La couche (la couleur violette est la meilleure) qu'il produit sur la plaque donne une image d'un objet éclairé par le soleil avec l'objectif 4|6 dans 8 secondes. Je crois que ce chlorure d'iode remplace l'iode pur avec d'autant plus de succès, que sa constance est à toute épreuve, les tons qu'il donne sont d'un blanc chaud admirable, les ombres sont très prononcées, le dessin se forme avec une netteté et une précision qui ne laissent rien à désirer.

J'ai essayé de composer le brômure d'iode par le même procédé, en substituant le chlorate de potasse par le brômate de potasse, mais ce dernier sel est si dangereux à manipuler au feu, que j'ai refusé d'aller plus loin, cependant je suis persuadé que si on parvenait à distiller un mélange d'iode avec le brômate de potasse, le résultat donnerait un brômure d'iode très constant.

SUBSTANCES ACCÉLÉRATRICES.

Pour augmenter la sensibilité de la première couche, formée par le chloro-iodage, on emploie différentes substances, généralement c'est un chloro-brômure d'iode, préférable pour sa constance, préparé de la manière suivante : on introduit de 3 à 5 gouttes de brôme pur dans 1 litre d'eau distillée, qui prend de suite une teinte jaune, après quoi on y ajoute du chlorure d'iode, mais lentement goutte par goutte (2 à 4 gouttes suffisent), jusqu'au moment où le liquide commence à s'éclaircir ; on ne doit pas trop dépasser ce moment, car c'est alors que le liquide donne une couche extrêmement sensible, surtout quand la plaque étant chloroiodée jusqu'au violet est poussée sur ce chloro-brômure d'iode jusqu'à la couleur bleue; avec cette substance, j'ai fait en plein soleil des vues instantanées.

On peut remplacer ce chloro-brômure d'iode par le brômure d'iode, l'eau brômée et le brômo-forme avec plus ou moins de succès ; j'ai essayé le chlore étendu d'air, qui donnait à la plaque une sensibilité surprenante, mais l'inconstance et les difficultés du procédé me l'ont fait rejeter.

PROCÉDÉ POUR LES VOYAGEURS.

Comme voyageur, je cherche constamment à réduire autant que possible le bagage daguerrien, et j'ai toujours en vue la simplification du procédé ; les voyageurs-daguerréotypistes connaissent bien l'emploi du brôme et du chlore dans différentes localités, sous différentes températures; quelquefois on voudrait faire une vue d'un lieu où on ne s'arrête que quelques instans, et l'idée seule des cuvettes, pipettes,

seringues, pompes, vous oblige de vous en refuser le plaisir.
Je me fais un devoir agréable de communiquer un procédé,
qui m'a toujours satisfait par sa simplicité, sa constance remarquable et la sensibilité de la couche qu'il donne ; j'ai
pris pour base l'éther sulfurique, jouissant d'une si grande
affinité pour le brôme. Voilà la manière dont je prépare le
liquide, qui peut être nommé éther iodo-brômé : 1° prenez
13 grammes d'éther sulfurique et versez-y 1 centimètre
cube de brôme pur ; 2° dans un autre flacon, prenez 13
grammes d'éther et jetez-y autant d'iode (4 grammes) qu'il
peut dissoudre, agitez fortement le flacon, s'il y a trop d'iode
le superflu restera en précipité, il vaut toujours mieux avoir
trop d'iode. Quand ces deux éthers sont prêts, versez-les ensemble, excepté le précipité d'iode, dans le second flacon, et
vous aurez l'éther iodo-brômé concentré ; pour l'employer,
je n'ai qu'à verser quelques gouttes de cet éther dans l'eau
distillée, dont je prends pour 1[6 de plaque 200 grammes,
pour grande plaques 1 litre ; j'agite fortement le liquide, qui
prend une couleur rouge safran ; s'il se formait un précipité
d'iode, il faudrait filtrer la solution. Cette substance peut
servir sans s'altérer, en été une semaine, en hiver de quatre
à six semaines (1) ; il est bien entendu que tous les soirs je
reverse le liquide dans un flacon, bouché à l'émeri et gardé
dans un lieu frais.

Si on remarque que sa sensibilité s'affaiblit, on n'a qu'à

(1) Un flacon de ce liquide est resté dans le cabinet de **M. Chevalier** pendant trois semaines sur une cheminée, chauffée constamment. Le liquide a perdu de sa sensibilité, cependant il donnait encore une vue en plein soleil dans six secondes, avec l'objectif 1[6 de plaque de **M. C. C.**

ajouter quelques gouttes de la liqueur concentrée, en se gar-
dant toutefois d'y ajouter du brôme pur ou de l'eau saturée
de brôme. Avec cette substance je ne me sers que d'une
seule cuvette, parce que l'iodage préalable de la plaque n'est
pas nécessaire, l'éther iodo-brômé réunit dans lui l'iode et
la substance accélératrice. La teinte de la couche, qui m'a
paru la plus convenable est le violet passant au bleu. Voilà
le temps nécessaire pour la formation d'une vue en plein soleil en été.

Objectif Voigtlaender grande plaque,   1 seconde.
Charles Chevalier 1|6 de plaque,   2 secondes.
Grande plaque,   6 secondes.

Si quelqu'un prépare cet éther exactement, comme il est
indiqué plus haut, s'il compte bien le temps, en opérant
avec les appareils que j'ai nommés, il sera certain de recevoir une belle épreuve du premier coup (il est sous entendu
que la plaque sera bien polie). L'éther iodo-brômé est si
facile à manipuler, que chacun pourra le préparer. S'il est
trop faible, on se prépare encore de l'éther brômé et on
ajoute au liquide concentré; s'il est trop fort, c'est de l'é-
ther iodé qu'on ajoute. Peut-être la couche, formée par cette
substance, ne donnera pas un blanc aussi intense que le
chlorure d'iode. — On remédiera à cela en tenant la plaque plus de temps dans la boîte à mercure, et en fixant plus
fortement (voir pour cela le paragraphe sur le fixage). Il me
paraît que cet éther iodo-brômé pourrait être d'une grande
utilité aux voyageurs et aux commençans. L'éther brômé
seul, dissout dans l'eau, peut être employé avec succès comme
substance accélératrice très énergique et très constante,
après l'iodage simple ou le chloro-iodage.

M. Uhlenhut, de Berlin, a publié un petit manuel de da-

guerréotypie en allemand ; en outre, il recommande une
substance composée par M. Graff, opticien à Berlin, elle est
remarquable par sa constance, sa sensibilité et les tons
blancs qu'elle donne. Sa composition est la suivante : on
dissout 24 grammes de dissolution alcoolique d'iode dans
320 grammes d'eau distillée ; on y verse 32 grammes de
chlorure d'iode, dissous dans l'eau jusqu'à ce qu'elle prenne
une couleur vin de Madère. La solution ne tarde pas à se trou-
bler ; alors, on y ajoute 32 grammes d'eau saturée de brôme.
Avant d'être employé, le liquide doit rester dans un flacon
bouché pendant deux jours au moins. M. Uhlenhut insiste
beaucoup sur l'emploi de cette substance ; mais il me paraît
que la constance de cette solution ne peut pas être de longue
durée à cause de trop d'ingrédiens qui le forment. Nous
avons cru remarquer que, moins il y a de différentes substances, plus la préparation est simple et ses effets cons-
tans.

CHAMBRE OBSCURE.

Depuis que j'ai votre grand photographe à verres combinés, je ne cesse de vous en remercier ; car la netteté générale de l'image, l'absence d'aberration sphérique me prouvent, que ce n'est qu'avec vos objectifs qu'on peut faire
des paysages aussi admirables que ceux que j'ai eu le plaisir
de voir chez M. le baron Gros. Avec les objectifs allemands,
la netteté générale est trop sacrifiée à la rapidité de l'action
lumineuse et à la netteté du centre de l'image. — Il est
vrai que le diaphragme peut répandre la netteté sur la plaque ; mais malgré cela, jamais je n'ai pu recevoir une vue
d'une régularité irréprochable, et l'image paraissait toujours
effacée vers les bords quand j'opérais sur grande demi-pla-

que; cependant je dois lui rendre justice, et dire que cet objectif (1) me donne des portraits admirables sur 1|6 et quelquefois sur 1|4 de plaque.

EXPOSITION AU MERCURE ET LAVAGE.

L'exposition aux vapeurs mercurielles est peut-être trop négligée par les photographes. Ayant, Monsieur, l'espoir de pouvoir vous donner, plus tard, quelques notes sur ce sujet, je me bornerai à dire ici que je chauffe ordinairement mon mercure jusqu'à 60 degrés, je le laisse retomber jusqu'à 20 ou 25 et répète le même chauffage deux ou trois fois (2). Quant à ce qui concerne le lavage, j'emploie la solution prescrite par M. de Brebisson. Il me paraît que la présence de l'acool dans la solution hyposulfite est indispensable, ce que tant d'amateurs et photographes habiles ont déjà approuvé.

FIXAGE.

Voici ce qu'un photographe très habile, de Moscou, a bien voulu me communiquer sur la manière de fixer les pla-

(1) Remarquez bien grande plaque.

(2) Ne serait-ce pas plus commode de construire des boîtes à mercure, où la cuvette avec le mercure se trouverait dans une autre cuvette avec de l'eau toujours bouillante, alors le mercure ne pouvant monter qu'à 80 degrés, et conservant toujours la même température, on pourrait déterminer le temps de l'exposition aux vapeurs mercurielles. Certainement que les vapeurs aqueuses devront avoir une issue qui ne leur permette pas de se condenser sur la plaque.

ques, et leur donner ces tons blancs qui font le désir unique
de tant d'opérateurs. Ce soi-disant secret est très important pour ceux qui préparent eux-mêmes la substance
fixatrice ; c'est à peu près la préparation de la substance
pour le fixage à froid, inventée par M. Gaudin. La quantité
d'hyposulfite (4 gram. dans 500 ou 200 gram. d'eau), donnée par M. Fiseau, demande tout au plus 1 gramme de chlorure d'or, dissous dans 500 ou 800 grammes d'eau, ces deux
solutions doivent être versées ensemble avec les plus grandes
précautions, et, malgré cela, elles s'altèrent si promptement,
et cette substance fixatrice ne permet pas de chauffer trop
long-temps la plaque, de peur que l'image ne saute. En ajoutant à la solution d'hyposulfite quelques gouttes d'ammoniaque liquide concentré, on pourra y verser, sans crainte de
gâter le mélange, une dissolution de 2, 3, 4 et même plus,
de grammes de chlorure d'or. — Plus on met d'or, plus il faut
d'ammoniaque. — Si l'on verse trop d'ammoniaque, des
buées peuvent se former sur l'image, alors c'est de la soluiton
d'hyposulfite qu'il faut ajouter. Alors l'épreuve gagne une
richesse de ton admirable ; — cependant je dois faire remarquer que la blancheur des clairs dépend aussi de l'épaisseur
de la couche sensible, car on a remarqué que la couche jaune
pâle, formée par l'iode et passée à l'eau brômée au jaune
d'or, ne donne jamais que des tons bleus, malgré tous les
efforts. Comme maintenant on opère généralement sur des
couches très épaisses, couleur bleue, bleu-vert même, on
aura rarement besoin de mettre dans la substance fixatrice
plus d'un gramme de chlorure d'or ; c'est pourquoi je me
sers, avec beaucoup de succès, du sel Fordos et Gélis. —
Mais malgré cela j'y ajoute toujours quelques gouttes d'ammoniaque, de 10 à 11 gouttes pour 1 litre de solution, parce

qu'alors je puis chauffer ma plaque autant que je le veux,
et jamais le sel ne se précipite sur les ombres et l'épreuve
saute peut-être une fois sur vingt-cinq. On fera bien de
ne fixer avec cette substance ammoniacale, que des épreuves
vraiment dignes d'être fixées, car la plaque après ce fixage,
peut rarement servir pour une autre épreuve.

Voilà, Monsieur, ce que j'avais à vous communiquer sur
la photographie sur plaques. Je serai enchanté si vous trouvez dans ma note quelques renseignemens nouveaux et dignes
d'attention. Vous désiriez aussi des renseignemens sur les
progrès de la photographie sur papier en Allemagne et en
Italie; cet art n'avance pas beaucoup plus là qu'ici (1). Il
y a une quantité de savans et d'amateurs qui le cultivent,
mais rien ne transpire de leurs laboratoires; j'ai vu à Trieste
des portraits vraiment étonnans, mais ils étaient tous re-
touchés au pinceau. Il a paru dernièrement en Allemagne un
petit manuel de photographie sur papier, sous le nom : *Re-
pertorium der photographie*, composé par M. Martin, amateur à Vienne; en France il n'y a pas un ouvrage qui soit
aussi complet. Voilà dans quelles proportions sont préparées
les substances, avec lesquelles M. Martin opère sur papier.

Nº 1) Solution de 63,44 grammes d'iodure de potassium
dans 140 grammes d'eau distillée.

Nº 2) Solution de 65 grammes de nitrate d'argent dans
140 grammes d'eau distillée.

Nº 3) Solution de 32 grammes d'acide gallique aussi dans
140 grammes d'eau distillée; cette solution doit être filtrée.

(1) Cette lettre était écrite avant la publication des procédés de
M. Blanquart-Evrard.

N° 4) Solution de 17 1|2 grammes de l'hyposulfite de soude dans 175 grammes d'eau (1).

Le papier, qui paraît à M. Martin le plus convenir à la photographie, est celui qui porte la signature anglaise : Whatman Turxey Mill. A). Il pose une feuille de ce papier sur une autre, de papier ordinaire à écrire, et en la tenant avec les deux doigts de la main gauche, avec la main droite il étend rapidement sur la feuille la solution N° 1, au moyen d'un pinceau bien doux et plat; ensuite, avec une feuille de papier buvard, il enlève le liquide superflu. Cependant, en regardant la feuille humectée, on remarque que quelques endroits sont plus humides que les autres; alors, on prend le papier buvard, on le presse dans les places humides du papier préparé pour le sécher autant que possible B). Après avoir pris un nouveau pinceau, changé la feuille de dessous ainsi que le papier buvard, on étend, sur le papier préparé, la solution N° 2 de nitrate d'argent. avec les mêmes précautions que pour la première solution. Après avoir séché la feuille, on répète exactement les opérations A et B, c'est à dire que l'on humecte le papier avec la solution N° 1, on le sèche, on l'humecte avec la solution N° 2, et, après l'avoir séché, on prend un troisième pinceau,

(1) Pour que chacun puisse vérifier ces nombres, je donne ici le sproportions en poids autrichien, données par M. Martin. 1) Solution de 58 grains de iodure de potassium dans 8 lots d'eau; 2) solution de 60 grains du nitrate d'argent dans 8 lots d'eau; 3) solution de 30 grains dans 8 lots d'eau; 4) solution d'un lot de l'hyposulfite de soude dans 8 à 10 lots d'eau.

Un grain (gran) autrichien est égal à 19 11|16 de grains français.

Un lot contient 17 1|2 grammes français.

on lave la feuille avec de l'eau distillée, et l'on sèche définitivement avec du papier buvard. Il est entendu que toutes ces opérations doivent être faites à la lumière d'une bougie.

Le papier est prêt à recevoir l'image dans la chambre noire. Le temps nécessaire pour la formation de l'image sera à peu près, avec votre objectif, 1|6 30 secondes (à peu près) pour une vue en plein soleil.

Pour faire apparaître l'image invisible encore à la sortie de la chambre noire, on prend une certaine quantité de la solution N° 3 qu'on mêle à parties égales avec la solution N° 2. Ici, au lieu d'un pinceau, M. Martin propose l'emploi d'un tampon en coton. Pour qu'il s'imbibe plus facilement, on le mouille d'avance dans de l'eau distillée, et on le presse entre deux feuilles de papier buvard. Avec ce tampon, on enduit parfaitement le papier avec la solution de gallo-nitrate d'argent (les solutions N° 2 et N° 3 mêlées à parties égales) ; c'est alors qu'on voit les endroits influencés par la lumière, rougir et brunir peu à peu.

Après quelques expériences, on apprend à déterminer facilement le moment où le dessin s'est complètement formé et où on doit arrêter l'opération et passer immédiatement au fixage. Après avoir séché le dessin avec du papier buvard, on le laisse pendant 2 ou 3 minutes nager sur de l'eau distillée. Naturellement, le dessin doit se trouver du côté de l'eau ; on le sèche ensuite, et, avec un autre tampon de coton, on prend de la solution N° 1, dont on humecte le dessin. Après l'avoir laissé ainsi humecté pendant 2 ou 3 minutes, on enlève la dernière solution avec du papier buvard, on lave le dessin à plusieurs reprises dans de l'eau distillée, et on le sèche définitivement dans un cahier de papier buvard.

Par ce procédé, on ne reçoit que l'image négative ; pour en faire une copie positive, il faut prendre une feuille qui soit de quelques centimètres plus large ou plus longue que le dessin négatif. On l'enduit de la solution N° 2 avec un tampon de coton, on sèche avec du papier buvard, et, après avoir répété la même opération une seconde fois, on étend sur la feuille la solution N° 3 d'acide gallique, et l'on sèche *avec les plus grandes précautions* ; ensuite, on met cette feuille sous l'image négative, entre deux glaces parallèles, et on l'expose à la lumière, on juge du progrès du dessin par le changement que subissent les bords de la feuille de dessous, que l'image négative, étant plus petite, fait entrevoir. En retirant l'image positive, on ne remarque qu'un dessin bien faible, couleur jaune paille ; pour le rendre plus vigoureux, on l'enduit avec du coton humecté dans la solution de nitrate d'argent où l'on verse préalablement une petite quantité de solution d'acide gallique. Lorsque le dessin a acquis toute sa vigueur et sa perfection, on le sèche, et, après l'avoir fait nager pendant 3 ou 4 minutes sur de l'eau distillée, on éloigne l'humidité superflue, et on le lave parfaitement dans la solution N° 4 d'hyposulfite. Encore une fois séché, le dessin est trempé deux ou trois fois dans l'eau distillée chaude pour enlever les restes d'hyposulfite, et sécher définitivement.

Voici l'ordre dans lequel suivent ces opérations l'une après l'autre :

A) Pour l'image négative :
1) Étendre la solution N° 1.
2) Sécher.
3) Étendre la solution N° 2.
4) Sécher.

5 à 8) Les opérations 1 à 4 sont répétées.

9) Lavage dans l'eau distillée.

10) Sécher.

11) Exposition à la chambre noire.

12) Enduire avec la solution du gallo-nitrate d'argent jusqu'à l'apparition complète du dessin.

13) Sécher.

14) Faire nager le dessin sur l'eau.

15) Sécher.

16) Étendre une ou deux fois la solution N° 1 pour fixer le dessin.

17) Lavage à l'eau distillée.

18) Séchage définitif.

B) Pour l'image positive :

1) Étendre la solution N° 2.

2) Sécher.

3) Étendre la même solution N° 2.

4) Sécher.

5) Étendre la solution N° 3.

6) Sécher avec grandes précautions.

7) Exposition à la lumière.

8) Enduire avec le gallo-nitrate d'argent jusqu'à la formation complète du dessin.

9) Sécher.

10) Laisser nager le dessin sur l'eau.

11) Sécher.

12) Étendre une ou deux fois la solution N° 4 de l'hyposulfite pour fixer le dessin.

13) Lavage dans l'eau distillée chaude.

14) Séchage complet.

Le procédé est trop compliqué peut-être ; mais on assure que, dans quelques jours, on s'accoutume à manipuler, et les non-réussites seront bien rares.

M. Winter, amateur à Christiania (en Norwège), a publié trois procédés de photographie sur papier ; mais il paraît que ses inventions diffèrent peu des procédés publiés par MM. Hunt, Herschell, etc. Son premier procédé, qui diffère le plus des moyens déjà connus, consiste dans la préparation d'un papier enduit d'une solution d'hydrochlorate d'ammoniaque et d'une solution d'une partie de nitrate d'argent dans 7 parties d'eau ; ce papier doit être noirci à la lumière. Quand on veut faire une vue ou une image, on n'aura qu'à étendre sur cette feuille une solution d'iodure de potassium dans de l'eau acidulée par l'acide nitrique. On expose ensuite la feuille mouillée dans la chambre noire où la lumière fait blanchir les endroits clairs de l'image. On fixe l'image avec une solution de magnésie blanche dans de l'eau chaude.

Pour faire apparaître l'image, une fois que le papier a reçu l'impression lumineuse, M. Winter, entre autres procédés, recommande celui-ci, en assurant que son liquide donne aux épreuves un ton très égal. Il remplit la moitié d'un flacon (d'une capacité de 512 grammes) de vrai sumac oriental, l'autre moitié d'esprit de vin, le flacon est exposé ensuite à une chaleur douce ; lorsque la solution a acquis une certaine consistance, on la laisse refroidir ; le liquide doit alors se clarifier peu à peu : on y ajoute autant d'eau chaude qu'il y a de liquide et dans un vase en grès ou en porcelaine, on l'expose à une chaleur de charbons ardens, afin que l'esprit de vin s'évapore complètement. Le liquide une fois refroidi peut être conservé indéfiniment ; pour l'employer, on n'a qu'à prendre autant de cette solution concentrée qu'il en faut pour donner à un flacon d'eau chaude la couleur du vin de Malaga, après avoir ajouté à la substance un quart d'acide acétique, on agite fortement le flacon, et le liquide est alors prêt à être mis en usage. — De tous les moyens connus pour fixer les épreuves, M. Winter donne la préférence à une solution d'une partie de sulfure de potassium (*hepar sulphuris*) dans seize parties d'eau distillée.

Agréez, Monsieur, l'assurance du plus sincère dévoûment.

SERGE LEWITSKY.

Le 15 janvier 1847.

P. S. Pendant qu'on imprimait ma lettre, j'ai fait des expériences sur le nouveau procédé de M. Bingham, qui a proposé d'employer le brôme à l'état de brômure de chaux ; ce procédé est digne d'attention par sa simplicité, sa constance et son efficacité. Le rejet de l'eau et de tout liquide ne manquera pas de produire les effets les plus favorables.

Je crois aussi nécessaire de dire ici quelques mots sur un corps dont on a peu parlé dans la photographie, et qui pendant long-temps était l'objet de toutes mes recherches. Comme tous les corps halogènes jouent un rôle si important dans la photographie (le cyanogène même) et comme la progression de leurs équivalens chimiques correspond exactement à l'ordre dans lequel ces substances se suivent par la rapidité des changemens que subissent à la lumière les sels d'argent formés par eux; le *fluor*, ayant pour équivalent le nombre 18, deux fois moindre que l'équivalent 36 du chlore, qui est compté jusqu'à ce moment comme la substance la plus énergique par ses effets à la lumière, le fluor, dis-je, doit posséder inévitablement une sensibilité extrême.

Tous mes efforts à l'employer à l'état isolé ont complètement manqués. Je suis parvenu à recevoir *un fluorure d'iode* qui était plus sensible que l'iode, mais moins sensible que le brômure d'iode. M. Lecson a eu l'heureuse idée de combiner le fluor avec le brôme, en recevant sur du brôme le gaz qui se dégage par la distillation de 1 partie de peroxide de manganèse, 5 parties du spath-fluor avec 6 parties d'acide sulfurique pur. Ce *fluorure de brôme* donne une couche quatre fois plus sensible que l'eau brômée. Il nous a paru cependant que ce composé est très peu stable; nous avons tâché de suivre exactement les indications de M. Lecson, dans la préparation de cette substance, nous avons toujours reçu un li-quide qui était plus clair que l'eau saturée de brôme, possédant une sensibilité extrême, mais pendant quelques heures seulement. Peut-être M. Lecson, a-t-il opéré sur des substances d'une pureté chimique, que nous n'avons pas pu obtenir; il nous reste à désirer que M. Lecson, pour le bien de notre art, complète sa découverte par une publication plus détaillée de ses procédés. Il rendrait par cela un service immense à la daguerréotypie qui, après avoir vaincu le fluor, sera peut-être portée à sa dernière limite.

S. L.

Paris, 25 avril 1847.

3

PROCÉDÉS DE PHOTOGRAPHIE.

M. LE Dr EMILE CLET.

(Extrait d'une lettre de l'auteur à M. Charles Chevalier.)

———————

SUBSTANCE ACCÉLÉRATRICE EMPLOYÉE A L'ÉTAT GAZEUX.

Je mets en usage le procédé suivant : pour obtenir une substance accélératrice douée des mêmes propriétés photographiques que le brômoforme de MM. Choiselat et Ratel, mais qui a sur lui l'avantage d'être d'une préparation beaucoup plus facile. Le nom de brômoforme, appliqué à la combinaison qui va être décrite, n'est pas le véritable, car, chimiquement, il n'est nullement identique à celui-ci. Cette note est, il est vrai, adressée aux photographistes ; mais néanmoins il était utile d'établir une distinction de chimiste entre le brômoforme et ce produit qui n'en est pas. Aussi je propose de nommer cette nouvelle substance accélératrice *éther brômé* ; ainsi qu'on le verra, cette dénomination est plus conforme à son origine et à quelques uns de ses caractères : c'est ainsi que je l'appellerai désormais.

PRÉPARATION DE L'ÉTHER BROMÉ.

Il s'obtient en décomposant l'alcool par l'acide sulfurique

et en faisant réagir le produit sur le brôme. D'un côté on met dans un flacon la quantité de brôme pur que l'on veut transformer en éther brômé ; d'un autre côté on verse dans un petit ballon une partie d'alcool et quatre d'acide sulfurique, en ayant soin d'opérer le mélange peu à peu et en agitant à cause de l'élévation de température à laquelle atteignent ces liquides au moment de leur contact. On adapte au bouchon de ce ballon un tube deux fois recourbé à angle droit ; sa seconde courbure est destinée à aboutir dans le flacon contenant le brôme.

Cet appareil est très simple, puisqu'il ne se compose que d'un tube, un petit ballon et un flacon.

On chauffe le ballon avec une lampe à alcool ; une réaction assez compliquée a lieu, il est inutile de l'analyser ici, il se dégage divers produits (éther, sulfate d'oxyde d'éthyle et d'éthérole, acide sulfureux et hydrure d'éthyle ; Liebig) : plusieurs d'entre eux ne doivent pas être recueillis, ils rendraient même impossible la production de la combinaison cherchée, aussi ne doit-on engager la deuxième branche du tube dans le flacon de manière à ce qu'il ne plonge dans le brôme seulement que lorsque le mélange contenu dans le ballon, après avoir noirci, commence à se boursouffler et à prendre une consistance moins liquide. La condition pour réussir est de soumettre au moment opportun le brôme aux gaz qui se dégagent (1). Au contact de ceux-ci le brôme perd sa couleur et en peu d'instans il passe par des teintes de moins en moins foncées jusqu'à ce qu'elles arrivent à celle blanche lai-

---

(1) Il est évident que, lorsque les gaz arrivent sur le brôme, le flacon qui le contient ne doit pas être bouché, l'air extérieur doit y avoir un libre accès.

teuse ; à ce point de décoloration complète, cette partie de l'opération est terminée. Le produit doit être lavé avec de l'eau. Son peu de solubilité et sa pesanteur spécifique qui lui font toujours gagner le fond de l'eau, rendent ces lavages très faciles. On le sépare de l'eau, et il doit être mis et conservé dans des flacons bien bouchés.

L'éther bromé se présente alors avec ces caractères : liquide oléagineux, incolore, d'une odeur éthérée faible, d'une saveur fraîche et sucrée, beaucoup plus pesant que l'eau, à laquelle il communique une légère odeur sans s'y dissoudre d'une manière sensible, se solidifiant à 0°.

Voici comment on termine la préparation du liquide obtenu qui, jusqu'à présent, ne possède aucune propriété photogénique : on met, pour l'usage, 4 ou 5 grammes d'éther bromé dans un flacon de 6 à 7 centilitres, et on y ajoute du brôme pur et goutte à goutte, en cessant au moment où de légères vapeurs colorées se dégagent et persistent, où la liqueur a pris une teinte vineuse et quand, enfin, son odeur est devenue plus forte et plus pénétrante sans cependant être désagréable. Pour réunir ces conditions, il faut environ une partie de brôme pour deux du liquide incolore.

Les personnes qui feront usage de cette préparation ne doivent pas négliger ces derniers caractères pour opérer le mélange photographique ; d'ailleurs, un peu d'habitude en démontrera la nécessité.

MANIÈRE DE SE SERVIR DE L'ÉTHER BROMÉ.

On injecte dans une boîte à brôme ordinaire, avec une seringue en cristal, un volume de vapeurs proportionné à la dimension des plaques et des boîtes , ainsi qu'à la teinte de l'iodage (pour des 1[3 de plaque 3 ou 4 cent. cubes). Quel que soit le degré de l'iodage, on a une épreuve, mais les plus belles s'obtiennent avec celui poussé au rose naissant. On dispose la plaque iodée, on la laisse 12 ou 15 minutes exposée à la vapeur d'éther brômé, et on la place rapidement dans son châssis en la tenant à l'abri de la lumière.

Cette préparation donne de forts beaux résultats, les tons ont une vigueur peu commune et la rapidité avec laquelle l'épreuve se produit est très grande ; mais ce qui en fait, je crois, le principal mérite, c'est la constance et la sûreté du résultat. On *obtient toujours une épreuve.*

On ne doit opérer le mélange d'éther brômé de brôme pur qu'à mesure des besoins ; quelques gouttes seulement peuvent servir plusieurs mois en faisant même un grand nombre d'é-preuves chaque jour.

Quand la liqueur est devenue trop faible, on y ajoute du brôme pur de manière à le ramener à son état normal.

Un seul inconvénient se présente quand on fait usage de l'éther brômé : quelquefois on s'aperçoit qu'il répand des va-peurs blanches acides dues à la formation d'acide brômhydri-que. Cet accident est très rare, et il est d'ailleurs facile d'y remédier ; on décolore complètement la liqueur par le procédé ordinaire, puis on la lave avec une très légère dissolution de potasse, puis avec de l'eau pure. On doit éviter de se servir de l'éther brômé fumant, sans lui avoir fait subir la correc-tion indiquée ; les épreuves seraient presque constamment tachées.

BOITE A IODE.

L'iodage étant une des opérations les plus importantes dans les procédés daguerriens, on doit faire tout ce qui est possible pour l'obtenir parfait. Afin de rendre la répartition de l'iode sur la plaque très uniforme, j'ai imaginé une boîte remplissant assez bien ce but.

Au fond d'une boîte à iode ordinaire et un peu haute j'adapte un mécanisme qui rend mobile la partie située en face de la plaque à ioder et permet ainsi de gouverner l'iodage. Voici en quoi consiste ce mécanisme : sur les extrémités latérales d'une tablette en bois ayant précisément les dimensions du fond intérieur de la boîte, on dispose quatre petits montans en bois d'un pouce environ de hauteur, tous percés à leur partie centrale par un trou destiné à recevoir une des extrémités des axes en verre de deux petits cylindres également en bois, aboutissant de l'un des montans à l'autre; un morceau de toile, de la largeur des cylindres, est roulé sur ceux-ci, il doit être assez tendu pour que le mouvement de rotation imprimé à l'un d'eux et communiqué par la toile, entraîne celui de l'autre.

L'iode est déposé dans une petite boîte en carton carrée, dont le dessus et le dessous ont été remplacés par des fils croisés; à l'intérieur on met l'iode entre deux couches de coton très minces, et cette boîte est placée entre les cylindres et sur la toile elle-même; sa légèreté est telle qu'elle n'entrave en rien le mouvement général de la toile et des cylindres.

Ce petit appareil est déposé au fond de la boîte à iode, à

laquelle on a pratiqué à la partie latérale et inférieure correspondante à l'axe de l'un des cylindres, une petite ouverture par laquelle on introduit une manivelle qui, par une extrémité carrée ou trangulaire, va s'implanter dans le cylindre même, modifié de ce côté à cet effet et présentant une cavité de même forme.

En résumé, c'est une manivelle faisant mouvoir une toile au moyen de deux cylindres; la toile se trouve opposée à la plaque à ioder et réalise ainsi la combinaison cherchée : une surface dont les points se renouvellent sans cesse.

Quand la plaque à ioder est posée sur la boîte, on tourne lentement la manivelle, le petit mécanisme, extrêmement simple, mais difficile à décrire, doit être distant de trois travers de doigts environ de la plaque.

Par l'emploi de ce moyen, l'iodage est régulier et la substance accélératrice communique ensuite une sensibilité égale à tous les points de la plaque, ce qui est une condition indispensable pour obtenir de belles épreuves.

M. DE SAINT-ILDEPHONT

A M. CHARLES CHEVALIER.

Je me suis occupé pendant deux années à chercher une liqueur photogénique, facile à faire et qui fût préférable à toutes celles connues. J'y suis parvenu à mon estime, et pour mon usage du moins.

J'ai commencé par reproduire identiquement les deux meilleures (incontestablement) : les liqueurs hongroises et Thierry de Lyon.

Voici ma recette ; je souhaite qu'elle puisse vous être agréable.

1. Fiole remplie de brôme ;

2. Tube assez gros calibre, luté par dessus le gouleau de la fiole n° 1 ;

3. Iode accumulé dans le centre du tube ;

4. Petite carde de coton parfaitement dégraissée ;

5. Seconde fiole contenant de l'iode pulvérisé, lutée à son embouchure ;

6. Iode pulvérisé.

Laisser agir pendant une huitaine de jours.

Réunir les deux lots d'iode dans une quantité d'esprit de vin strictement nécessaire pour dissoudre l'iode. Laisser (dans une obscurité complète) encore une huitaine de jours, parfaitement bouché, bien entendu.

Enfin, ajouter lentement et successivement de l'eau distillée, selon la nuance qu'on veut avoir, etc., etc.

Cette liqueur donne des épreuves dans le même espace de temps que les liqueurs hongroises et Thierry, plus limpide qu'elles, sans iodage préalable.

A quelque nuance que ce soit (selon toutefois la nuance de la liqueur), conservée à l'obscurité, elle dure indéfiniment ; j'entends par ce mot jusqu'à ce que le quart de litre soit usé par l'emploi, c'est à dire la déperdition inévitable.

Permettez-moi de vous faire deux nouvelles communications daguerréotypiques : une liqueur que je vous conseille d'essayer, et un abat-jour pour obtenir le fini des ciels, tout en donnant aux paysages sombres le temps de venir.

Liqueur sans iodage préalable. — Mettez dans une fiole une quantité quelconque d'iode, ajoutez-y goutte à goutte du brôme, jusqu'à ce qu'il en résulte une pâte (épaisse).

Jetez sur cette pâte quelques gouttes d'esprit de vin, suffisamment pour la rendre molle, sans cependant qu'elle passe à la liquéfaction.

Passez et repassez la fiole sur une flamme (d'esprit de vin, bien entendu) jusqu'à ce que le mélange commence à prendre une teinte un peu foncée.

Ajoutez de suite une assez bonne quantité d'esprit de vin (une fois le volume du mélange, par exemple), puis laissez reposer une heure, enfin ajoutez de l'eau distillée à la nuance qu'il vous plaira avoir.

Abat-jour.

Une baguette de cuivre traverse la chambre obscure, appuyée sur son plancher; cette baguette est double, de manière à pouvoir, par une petite vis de pression, serrer un verre rouge ou vert.

La baguette, enchâssée par une de ses pointes dans la chambre obscure, doit se mouvoir sur son axe par le bout opposé qui se termine en dehors de la boîte par un bouton qu'on tourne à volonté, pour que la baguette relève ou abaisse, selon le besoin, le verre ou abat-jour qui projette de l'ombre sur la partie inférieure de la plaque.

Le bouton en jouant fait tourner une petite aiguille sur un cadran numéroté, de manière à indiquer si l'ombre se projette sur un cinquième, un quart, une demie, sur la plaque.

Ce petit appareil peut s'appliquer aux portraits à robes blanches, etc., etc.

Le perfectionnement qu'il serait possible de donner à ce moyen, du reste fort simple, et que je conseillerais, c'est d'avoir des verres dont l'épaisseur serait graduée.

J'obtiens des paysages vraiment merveilleux, c'est le

*mot, depuis que je possède votre excellentissime verre de
rechange........*

M. MAILAND

A M. CHARLES CHEVALIER.

Paris, 16 septembre 1846.

Mon cher Monsieur,

Je m'empresse de vous communiquer un nouveau mode de
polissage que j'emploie depuis un mois et qui m'a parfaitement réussi.

Le mélange dont je me sers est composé d'une partie d'ammoniaque liquide contre sept parties d'eau distillée en volume. Je ne prétends pas dire que ce mélange soit absolu, il
peut certes être modifié; mais je me suis arrêté à cette proportion, parce qu'elle m'a donné des résultats satisfaisans.

Voici comment j'opère :

Pour polir une plaque qui porte l'empreinte d'une image,
il faut verser trois ou quatre gouttes de ce liquide sur la plaque, la saupoudrer de tripoli et la frotter comme à l'ordinaire
avec du coton : on remarquera que la couche d'iode et l'ancienne image seront promptement enlevées; puis on projettera
du tripoli et on la frottera promptement afin d'enlever ce qui
peut rester d'ammoniaque sur la plaque, elle deviendra à
l'instant beaucoup plus brillante et d'un plus beau noir qu'a-
vec toute autre substance.

Pour être certain qu'il ne reste plus aucune trace de l'ancienne image, on recommencera la même opération une seconde fois.

Cela fait, on n'aura plus, pour achever de polir la plaque,

qu'à projeter du tripoli dessus et la dessécher avec un tampon de coton comme à l'ordinaire. On recommencera cette opération une seconde fois et la plaque sera parfaitement polie. On peut opérer de même pour une plaque qui porte une image fixée au chlorure d'or; mais si cependant l'épreuve avait été trop fortement fixée, il faudrait la décaper d'abord avec de l'huile d'olive. Je n'ai pas la prétention de vous donner un nouveau perfectionnement comme cela arrive si souvent, je ne sais même pas comment ce liquide agit sur la plaque, puisque je n'ai aucune connaissance en chimie : mais je suis certain que ce procédé est bon, qu'il enlève facilement les traces de la première image, que la plaque devient plus brillante et d'un plus beau noir que par le polissage avec l'essence qui laisse souvent la plaque un peu terne, qu'il est aussi prompt, et qu'enfin il laisse moins de résidu à la surface de la plaque.

Je vous remercie du renvoi que vous m'avez fait de votre objectif à doubles verres que j'avais si maladroitement cassé, il est excellent et vient de me donner des images d'une netteté irréprochable. Je vous montrerai des épreuves que j'ai faites, dans lesquelles j'ai obtenu le détail du feuillage des arbres et en même temps des maisons blanches éclairées par le soleil qui ne sont pas solarisées; j'ai opéré avec un mélange de brôme pur et de chlorure d'iode pur, dissout ensuite dans de l'eau. Je ne vous donne pas maintenant le dosage, parce que cela demande encore quelques expériences.

Agréez l'expression de mes sentimens distingués.

MAILAND.

M. WILLIAM THOMPSON

A M. CHARLES CHEVALIER.

(9 *février* 1847.)

M. Bingham de Londres a récemment employé le brômure de chaux (ou pour parler plus exactement la chaux brômée) avec beaucoup de succès. M. Bingham partage l'opinion de **M.** Daguerre, que les vapeurs aqueuses sont très nuisibles à la sensibilité de la plaque, surtout quand l'évaporation est augmentée par une chaleur telle que nous avons éprouvée l'été dernier. On prépare ce brômure de chaux très facilement de la manière suivante : on place au fond d'une éprouvette tubulaire longue et étroite un peu de brôme, et on remplit le tube de morceaux de nitrate de chaux tout récemment préparés et éteints sans excès d'eau (la chaux de marbre est la plus convenable). Lorsque les premières réactions se sont terminées, on chauffe très doucement le fond du tube pour volatiliser le brôme à travers de la chaux, ce dernier prend rapidement une belle couleur écarlate. Il serait facile de substituer le chlorure d'iode ou le brômure d'iode par le brôme pur; mais les composés ainsi préparés ne sont pas aussi stables que le brômure de chaux. On l'emploie comme les autres substances accélératrices à l'état solide; on l'étend également dans la cuvette ou la boîte à brôme, et l'on y expose la plaque préalablement revêtue de sa couche jaune foncé pendant dix secondes ou pour une période que l'on détermine, une fois pour toutes, par quelques expériences

spéciales. Il va sans dire que plus la couche d'iode est épaisse,
plus longue doit être l'exposition. La couleur de la plaque ne
change que peu sous l'influence de la vapeur. Si l'on dépasse
la limite, il arrive le voile de brôme; mais **M**. Bingham
m'assure que l'usage de son composé est aussi facile que possible avec une boite à brôme bien fermée. Beaucoup d'amateurs l'emploient, et **M**. Claudet en fait usage dans son éta
blissement pour le portrait. **M**. Bingham m'a assuré avoir pris
des épreuves en une fraction de seconde avec un objectif simple à court foyer.

P. S. Pour donner le dernier poli à la plaque, un mélange intime de sept parties de noir de fumée et une partie de rouge fin
est fort généralement employé, notamment par M. Béard.

M. ROBERT DE SAINT-THOMAS

A M. CHARLES CHEVALIER.

(29 AVRIL 1846.)

J'ai imaginé une boîte, dont suit la description, pour me
servir de brôme pur; ce moyen me réussit constamment;
rarement je manque une épreuve; néanmoins, le moyen
est-il bon? rend-il les épreuves aussi belles que les autres
procédés? C'est une question que je vous laisse à résoudre.
Je ne suis ni chimiste, ni professeur; je suis horloger, faisant
le daguerréotype plutôt par goût que par spéculation.

Épaisseur du bois de la boîte, 6 lignes; hauteur de la
boîte, dehors en dehors, 7 pouces 9 lignes; longueur, 9 pouces 6 lignes; largeur, 7 pouces; hauteur de la fiole à brôme ,
1 pouce 5 lignes; hauteur du centre des moulinets, 2 pouces 9 lignes; largeur des ailes des moulinets, 3 pouces 9 lignes; hauteur de la glace, 7 pouces 2 lignes; hauteur de
la plaque exposée aux vapeurs, 7 pouces 7 lignes.

Dans le fond de cette boîte, j'ai assujetti, par le moyen
d'un chevalet en laiton, une petite fiole fermant bien et
ayant une ouverture assez petite ; sur un des côtés du fond,
à la même hauteur de la fiole , j'ai posé, par le moyen d'un
écrou, un pilier où vient s'encadrer une espèce de pédale
en laiton qui joue sur son pilier au moyen d'une charnière

pratiquée dans l'épaisseur du laiton ; au centre à peu près de cette pédale est encadré le bouchon de la fiole par le moyen d'une clavette en zinc qui le tient bien, sans cependant le tenir raide et l'empêcher d'y jouer aisément. A un pouce de la fiole, au bout extérieur de la pédale, est fixé un ressort en tirebouchon (en laiton), et est fixé dans le fond de la boîte au moyen d'une petite broche en cuivre ; à l'extrémité de la pédale vient prendre un levier dont un autre bout sort par dehors du côté opposé du pilier de la pédale, et ce levier sert, comme vous voyez, à ouvrir la fiole, afin de laisser évaporer le brôme. D'un côté de la boîte, sur le bout des axes des moulinets, est fixée une petite poulie en bois qui reçoit une petite corde afin que les moulinets tournent ensemble du même côté, puisque ces moulinets sont des deux côtés de la fiole qui se trouve au centre de la boîte. Du côté opposé des poulies, sur l'un des axes, est installée une petite manivelle pour faire jouer les moulinets. Ceux de ma boîte n'ont que deux ailes.

Ainsi, ma plaque iodée bien jaune, je la mets, au moyen d'un châssis, sur la boîte, et après avoir tiré la glace qui se trouve au haut de la boîte et jouant dans une rainure pratiquée à cet effet, je pèse sur le levier au même instant, je fais jouer mes moulinets 3 secondes à droite et 3 à gauche, temps suffisant pour l'ouverture de la fiole ; étant bouchée après ces 6 secondes, je continue de tourner 5 secondes à droite, 10 à gauche et 5 à droite, et je ferme aussitôt la glace ; immédiatement après, j'expose ma plaque aux rayons lumineux, et mon épreuve est toujours certaine.

DESCRIPTION D'UNE NOUVELLE BOITE

A IODER ET A BROMER.

M. KILBURN à M. Charles Chevalier.

(24 décembre 1846.)

..... Je me bornerai à la description de l'appareil en indiquant la manière de s'en servir et les avantages qui, dans mon opinion, résultent de mon arrangement.

(Planche 1, figure 8.)

A est une boîte en bois divisée en deux parties. Elle est soutenue par des pieds à vis calantes pour la mettre de niveau lorsqu'on emploie les solutions.

BB sont deux cuves de verre avec couvercles, CC en glace dépolie.

DD sont deux petits miroirs placés sous l'angle convenable, pour voir facilement la plaque pendant l'exposition.

EE sont deux ouvertures fermant avec des volets sur lesquelles on doit coller du papier blanc, afin de ne recevoir que de la lumière blanche.

F est un châssis sur lequel la plaque est placée, et qui glisse dans la rainure ou coulisse d'une cuve à l'autre au dessus des couvercles en glace dépolie et aussi près que possible.

Cette disposition permet d'employer toutes les solutions, soit de brôme. de brômoforme . de chlorure de brôme. et même votre petite cornue : mais elle est destinée spécialement pour l'emploi de l'iode sec et le chlorure de brôme, ou l'iode sec et le brômure de chaux. ou le chlore pur etendu d'air.

MANIÈRE D'EN FAIRE USAGE.

La plaque etant placée dans le châssis **F** arrangé dans la rainure . consultez la couleur pendant la préparation qui doit être poussée à une nuance variable selon la substance que l'on emploie (voir la brochure Chevalier) : la plaque etant iodée également à une de ces couleurs, faites glisser le châssis sur la seconde cuve. En se servant du chlorure de brôme. la couleur changera bien rapidement en gris ou rose, suivant la nuance de l'iode ; puis il faut la porter de nouveau sur l'iode jusqu'à ce qu'elle ait atteint la teinte violette, fermez toujours le petit volet **E** avant le couvercle en verre depoli.

L'avantage le plus grand est sans doute de pouvoir regarder la plaque pendant les deux expositions. car on est maintenant d'accord qu'il est toujours plus sûr d'opérer d'après la teinte de la plaque : un autre avantage est d'éviter de toucher souvent la plaque avec les doigts. ce qui produit des voiles qu'on attribue souvent à l'humidité.

Les amateurs peuvent facilement préparer les plaques en plein air avec cet appareil : mais on conçoit bien que cela va mieux dans une chambre, à cause de la température ; quand on se sert des chlorures. la température ne doit pas être plus basse que vingt degrés centigrades, car si la *chaleur manque, on ne peut jamais avoir de beaux tons vigoureux.*

4

Il set plus commode de verser les solutions dans de petites cuvettes séparées que dans le fond des grandes cuves.

DU POLISSAGE.

Nous faisons toujours notre polissage au tour avec de l'huile, et puis on chauffe la plaque pour carboniser l'huile, et l'on termine le polissage au tour portant des disques de velours de huit pouces de diamètre saupoudrés de noir de fumée, et enfin avec la planche de velours ; le polissage doit être fait le même jour où l'on doit se servir de la plaque, et toujours aussi un instant avant de la préparer

---

PROCÉDÉS DE M. KILBURN.

25 septembre 1846.

LIQUEUR IODANTE.

Il faut ajouter à la solution de chlorate de potasse autant d'éther saturé d'iode qu'elle le comportera, ensuite il faudra y ajouter de l'eau saturée de brôme dans la proportion de trois gouttes de cette dernière liqueur dans une once fluide de la première.

LIQUEUR ACCÉLÉRATRICE.

A l'eau saturée de brôme il faut ajouter autant de chlorure d'iode qu'elle le comportera, sans la pousser jusqu'à la précipitation ; et s'en servant, il faut y ajouter de l'eau jusqu'à ce que la couleur devienne jaunâtre.

QUELQUES NOTES

A AJOUTER A LA LETTRE DE M. LE BARON GROS.

Il faut employer trois boîtes pour donner au plaqué la couche sensible qui doit être impressionnée par la lumière ; la boîte à iode, la boîte à chlorure d'iode, et celle qui reçoit les vapeurs de brôme et de brômoforme. Ce procédé est compliqué. Une idée toute naturelle se présente lorsqu'on cherche à le simplifier. C'est de puiser des vapeurs dans un petit flacon à moitié plein de chlorure d'iode, comme on le fait pour le brôme et le brômoforme. Cet essai a réussi, mais il y a deux inconvéniens qui l'ont fait abandonner. Le premier c'est qu'il faut enlever une très grande quantité de vapeurs, ce qui est long et difficile ; le second, et le plus sérieux, c'est qu'en enlevant ces vapeurs, le chlorure s'altère. l'iode se précipite et le chlorure est perdu.

Par suite de cette expérience, renouvelée plusieurs fois. j'ai pensé à substituer aux vapeurs du chlorure d'iode, le chlore pur, puisé à l'état gazeux dans un flacon rempli à moitié de chlore liquide, et à former ainsi le chlorure d'iode directement sur la plaque ; j'ai obtenu des épreuves très belles comme détails, et d'une grande limpidité dans les parties les plus sombres, mais elles étaient toujours d'un ton si pâle et si froid que j'ai dû y renoncer.

Dans un portrait, sur une petite plaque surtout, il y a si peu de parties blanches et lumineuses que le ton général de l'épreuve est loin d'avoir la même importance que dans une grande plaque, où le ciel et les monumens éclairés jouent un si grand rôle. Pour un paysage sur grande plaque, il faut absolument des tons chauds et brillans.

Je suis convaincu que les vapeurs du chlorure d'iode pur donnent les tons les plus éclatans que l'on ait pu obtenir jusqu'à présent en photographie et au moyen du brôme et du brômoforme, cette substance acquiert une assez grande sensibilité. L'épreuve la plus chaude de tons que j'ai encore vue a été faite, au soleil, en vingt-huit secondes, toujours avec votre objectif à long foyer, sur grande plaque, et redressée avec un *prisme*.

J'ai dit que la première épreuve que je faisais, l'épreuve d'essai, était ordinairement ou noire ou passée. J'aurais dû ajouter qu'elle présentait aussi parfois des voiles de brôme. Dans ce cas, il faut diminuer un peu la quantité de vapeurs projetées dans la cuvette, ou réduire le temps pendant lequel on expose la plaque iodée et passée au rose par le chlorure d'iode, à l'action de ces vapeurs.

En lavant la plaque à l'hyposulfite pour faire disparaître la couche rose violacée qui recouvre l'image, il est indispensable de la plonger d'un seul trait dans le liquide. Partout où il se serait arrêté un instant sur la plaque, il se formerait au fixage des taches que rien ne pourrait faire disparaître.

Un assez bon moyen de conserver le chlorure d'or, et de n'avoir pas à le diviser et à le peser lorsque l'on veut préparer une quantité donnée de cette substance avec l'hyposulfite de soude, est de le faire dissoudre dans de l'eau distillée contenue dans un petit flacon gradué en divisions égales, en centimètres par exemple.

Si j'ai quatre grammes de chlorure d'or dans ce flacon, je

remplis d'eau distillée ses quatre premières divisions. Le chlorure d'or étant extrêmement soluble dans l'eau, chaque division en contiendra un gramme. Dès lors, si je veux ne préparer qu'un demi-litre ou un quart de litre de liqueur à fixer, je ne prends dans le flacon gradué qu'un demi-centimètre ou un quart de centimètre de la solution qu'il contient. Il va sans dire que je puis la concentrer à volonté, ce que je fais toujours si je dois l'emporter en voyage, mais alors j'ai le soin de noter sur l'étiquette du flacon le nombre de grammes de chlorure d'or que contient chaque division du liquide.

Deux ou trois gouttes d'ammoniaque versées dans la solution d'hyposulfite avant qu'on n'y mêle celle de chlorure d'or, facilitent le mélange, il se décolore plus promptement et est moins sujet à se décomposer.

Un mot sur l'heureuse découverte de M. Laborde. Il mêle aux vapeurs du mercure celle de l'éther sulfurique. J'ai fait de nombreux essais à ce sujet, et j'ai toujours obtenu des résultats remarquables.

Deux plaques préparées de même et en même temps, exposées à la même lumière et au même endroit, impressionnées par elle pendant le même nombre de secondes, deux épreuves enfin obtenues dans des conditions aussi identiques que possible en photographie, mais l'une passée au mercure sans éther, et l'autre au contraire soumise à ses vapeurs, ont toujours présenté un ton très différent, et celle qui avait été éthérisée avait constamment un aspect brillant et chaud qui manquait à l'autre.

Depuis long-temps un progrès aussi sensible n'avait été fait en photographie.

Voici comment j'emploie l'éther: je coupe un petit morceau de velours de coton blanc de la grandeur à peu près d'une pièce de 25 centimes. Au moyen de bruxelles ou d'une petite pince, je plonge l'un des angles de ce velours dans l'éther qui l'humecte aussitôt en entier. Je le pose alors dans la cuvette à côté du mercure, ou dans une toute petite capsule de porcelaine qui nage sur le métal. Je place la planchette garnie de la plaque impressionnée dans la boîte, et j'allume la lampe que je laisse brûler un peu plus long-temps qu'à l'ordinaire.

Je retrempe le petit morceau de velours dans l'éther à chaque nouvelle épreuve, et pendant qu'elle ne fonctionne pas, je laisse la boîte à mercure ouverte pour que les vapeurs d'éther qu'elle pourrait contenir encore puissent s'évaporer.

B^{on} G.

10 juillet 1847.

M. DE BRÉBISSON,

A M. CHARLES CHEVALIER.

« Monsieur,

» Vous pouvez faire tout ce que vous voudrez de ma dernière brochure. Je voudrais avoir à y ajouter ; mais je n'ai rien qui vaille la peine d'être mentionné. J'ai cru plusieurs fois avoir trouvé, dans des proportions variées de chlorure d'iode et de brôme pur, de *nouvelles liqueurs* merveilleuses, constantes, à tons vigoureux, etc., et, quelques jours après, ma découverte ne faisait pas mieux que l'eau brômée, à laquelle je reviens toujours.

» **M. Laborde,** professeur de physique à Corbigny, a publié, dans le dernier ouvrage de **M.** Lerebours, un procédé qui donne un ton admirable aux épreuves. Depuis la découverte du chlorure d'or de **M.** Fizeau, je n'ai rien vu de plus capital pour la beauté des épreuves. Grâce à la vapeur de l'éther, on peut chauffer le mercure jusqu'à quatre ou cinq fois sans cendrer les noirs. J'ai eu des portraits à fonds blancs d'un velouté étonnant, et dont les vêtemens avaient conservé toute leur pureté dans les parties sombres. Toutefois, si l'on emploie une boîte à mercure ordinaire, en bois, elle s'imprègne bientôt de l'éther, le décompose, et l'on reconnaît aisément, à l'odeur, que la vapeur qui s'en exhale n'est plus de l'éther pur; aussi les épreuves ne jouissent plus des avantages signalés par **M.** Laborde. Ce professeur m'a conseillé de doubler la boîte au mercure en tôle, condition indispensable, selon lui. Pour éviter la rouille qui s'établit si facilement dans les appareils qui ne sont pas à l'abri de la vapeur d'iode, j'ai préféré doubler mes boîtes en verre. Employant le verre jaune pour les faces de la boîte où se trouvent des ouvertures, quand on doit opérer en rase campagne, je m'en suis très bien trouvé.

» J'avais déjà introduit l'éther sulfurique dans la pharmacie daguerrienne, mais **M.** Laborde lui a donné une plus grande importance que moi. Je n'avais apporté qu'une simplification de volume et de dépense, et sa découverte est l'un des faits les plus marquans dans les perfectionnemens de la photographie.

» DE Brébisson. »

Falaise, 19 février 1847.

PROCÉDÉ DE M. LABORDE (1).

—

« Une des qualités les plus recherchées dans les images
photographiques est cette richesse de teinte, qui fait presque rivaliser l'image obtenue sur plaqué avec celle que
l'objectif dessine sur la glace dépolie de la chambre noire.
Les moyens employés pour obtenir cette qualité si précieuse peuvent se résumer en ces quelques mots : *Appliquer sur un iodage interne une dose modérée de substance
accélératrice.* Un procédé nouveau, qui m'a donné les plus
beaux résultats, consiste à mélanger dans la chambre à
mercure la vapeur de ce métal avec celle de l'éther sulfurique. Au dessus de ce mélange les lumières de l'image deviennent resplendissantes, et les noirs se maintiennent
nets et vigoureux malgré la haute température que l'on
peut donner au mercure. Cependant, l'abus de ce moyen
nuit aux proportions qui doivent exister entre les différentes
parties du dessin; dans les demi-teintes les lumières paraissent empiéter sur les ombres, et l'image, tout en prenant plus d'éclat, perd cette harmonie de l'ensemble que
l'on admire dans les belles épreuves. Pour éviter cet écueil,
il faut d'abord s'arrêter en deçà, plutôt que d'aller au delà
des limites de l'exposition à la chambre obscure. On doit
ensuite n'employer qu'une très faible quantité d'éther sulfurique; une baguette de verre dépolie à son extrémité et
plongée dans un flacon d'éther, en retient assez pour une
épreuve. Sur l'un des côtés de la chambre à mercure, on
pratique un trou assez large pour que la tige du verre y

(1) Extrait de la brochure de M. P. Lerebours.

passe librement, elle y est fixée par un bouchon qu'elle traverse par son extrémité opposée.

» J'ai essayé d'autres substances qui m'ont donné différens résultats; des recherches dirigées dans cette voie nouvelle pourront amener la découverte d'un composé qui ferait ressortir des radiations dont la vapeur du mercure seule ne peut manifester l'effet. Les verres continuateurs nous ont appris que la couche sensible est impressionnée dès les premiers instans; l'image existe, mais le mercure seul ne peut rendre visible cette première action.

» La présence de l'éther sulfurique permettant de soutenir plus long-temps une haute température sans cendrer l'épreuve, fait déjà voir des détails qui ne s'obtiennent par les procédés ordinaires qu'en prolongeant l'exposition dans la chambre obscure. »

SIMPLIFICATIONS

DES APPAREILS ET DES PROCÉDÉS PROPRES AU DAGUERRÉOTYPE,

PAR M. ALPHONSE DE ERÉEISSON.

Je me suis surtout appliqué, comme je l'ai dit autrefois, à diminuer le bagage daguerrien, si incommode pour opérer en plein air, et à diminuer le nombre et les difficultés des diverses opérations successives. Mon but principal a toujours été de rendre plus facile, et par conséquent plus populaire, l'emploi du Daguerréotype, destiné à rendre tant de services aux arts et aux sciences. Le dernier mot de cette admirable découverte ne sera dit que le jour, qu'il est peut-

être permis d'entrevoir dans l'avenir, où les épreuves seron
obtenues sur un papier d'une préparation facile et propre à
les reporter sur une pierre lithographique qui les reproduira
à l'infini... *Attendre et espérer.*

Les opérations que réclame le Daguerréotype sont tellement connues, que je ne rappellerai ici que celles qui me
donneront l'occasion d'indiquer les modifications que je me
propose de faire connaître dans cette notice, que je rendrai
aussi succincte qu'il me sera possible.

POLISSAGE.

Pour polir les plaques, je me sers exclusivement d'essence
de citron bien pure. Après avoir projeté trois ou quatre
gouttes de cette liqueur sur la plaque, au moyen d'un flacon
dont le bouchon est traversé par un petit bout de tube de
verre effilé, je la saupoudre d'un tripoli un peu mordant et
je frotte avec un tampon de coton. Ayant ensuite essuyé le
cambouis qui s'est formé, je continue le polissage à sec pour
enlever toute trace de l'essence. De toutes les poudres propres aux premiers polissages, la potée d'émeri très fine est
celle dont j'ai été le plus satisfait. Pour donner le dernier
poli, le tripoli que j'obtiens par la calcination d'une diato-
mée, la *Fragilaire pectinée*, m'offre toujours d'excellens
résultats. Cette poudre, frottée avec la brosse de velours,
donne à la plaque un bruni parfait,

Je me sers, pour saupoudrer les plaques, de nouets ou de
sachets en mousseline fine et serrée qui me semblent très
commodes (fig. 14). Leur partie nouée entoure un bout de
tube en bois ou en carton, muni d'un léger étranglement
pour retenir la ficelle qui les serre. Un petit bouchon ferme
l'entrée du tube, qui permet de recharger ces sachets, sans
être obligé de les défaire entièrement. Le tissu serré de la

mousseline garantit la plaque de toute strie que pourrait produire une poudre mal préparée (1).

CHAMBRE OBSCURE A COMPENSATEUR.

N'ayant rien à dire sur les chambres obscures ordinaires, qui toutes donnent de bons résultats *si elles sont pourvues d'un bon objectif*, je ne citerai qu'un petit appareil accessoire au moyen duquel on peut obtenir des vues ayant à la fois des objets sombres et des objets vivement éclairés. On sait que cette circonstance présente souvent des difficultés insurmontables. Cet appareil, que j'appelle *compensateur*, s'emploie principalement dans une chambre obscure munie de plusieurs rangs de coulisses contiguës, destinées à recevoir les châssis à plaques ou à verre dépoli. Il se compose d'un châssis ordinaire, dont la planchette ou le verre dépoli serait remplacé par un cadre intérieur muni d'une feuille de verre ou de glace, et mobile au moyen de son axe, que l'on peut faire tourner à l'extérieur avec une clef ou un petit levier.

Après avoir mis au point sur le verre dépoli, on place immédiatement au devant le compensateur dont on a obscurci la glace, soit en la promenant légèrement au dessus de la flamme d'une bougie, soit en la couvrant d'une très faible couche de noir d'ivoire délayé dans de l'alcool. Cette couche de fumée ou de noir d'ivoire doit être placée du côté de l'objectif, et étendue très légèrement, de manière à ne pas détruire complètement la transparence. La cham-

(1) IODAGE. Dans ma brochure intitulée : *Nouvelles instructions sur le Daguerréotype*, p. 35, j'ai donné la description de la boîte à ioder de M. de Brébisson. Je me bornerai donc à publier ici les derniers perfectionnemens introduits dans les appareils daguerriens par cet habile amateur.   C. C.

bre obscure est construite de manière à présenter, en dessus ou de côté, une ouverture par où l'opérateur introduit sa main armée d'un pinceau fin ou d'une petite estompe en peau fixée au bout d'une tige recourbée. Alors, en regardant le sujet sur le verre dépoli, on esquisse sur la glace obscurcie les contours des objets sombres du paysage, et on nettoie les points principaux qu'occupent leurs surfaces. Ce travail peut se faire très rapidement et se terminer hors de la chambre obscure, dès que les contours sont indiqués. Il est indispensable que le Daguerréotype soit fixé d'une manière invariable sur son pied.

Le compensateur remis en place, on referme l'obturateur de l'objectif et l'ouverture latérale de la chambre obscure, puis on procède à l'exposition en tirant l'écran du châssis qui masque la plaque. Quand on a donné le temps aux teintes sombres de commencer à se reproduire, au moyen du bouton extérieur, on ouvre le compensateur le temps nécessaire pour que les objets fortement éclairés soient venus sans être solarisés, et ce temps a dû suffire pour compléter les détails des parties sombres du paysage. On comprendra facilement qu'il n'y a que des essais répétés qui puissent déterminer la durée relative de chacune de ces opérations. On peut ainsi obtenir des ciels très purs ou les rendre nuageux à volonté, en exposant à la fumée la partie inférieure du compensateur, de manière à y figurer des nuages, ce qui est très facile Les limites imposées à cette notice ne me permettent pas de m'étendre davantage sur le parti que l'on peut tirer de cet appareil pour les édifices, les divers vêtemens dans le portrait, etc. Il doit me suffire de l'avoir indiqué.

Pour calculer la durée des opérations photographiques, je me sers habituellement avec avantage d'un sablier divisé en secondes.

J'avais proposé, pour déterminer l'exposition de la chambre obscure, un photomètre formé d'un tube rempli d'un certain nombre de disques de verre laiteux un peu diaphanes, dont le premier, tourné vers l'œil de l'observateur, porte un ou plusieurs mots écrits. En se tournant vers le point du ciel qui éclaire l'objet à reproduire, on juge de l'intensité de la lumière par le nombre de disques exigé pour arriver au point où l'on commence à pouvoir lire les mots indicateurs, et ce nombre, qui se trouve indiqué par une échelle graduée sur le tube, détermine la durée de l'exposition dans la chambre obscure. Ce photomètre, très simple, peut encore servir pour juger de la puissance de lumière de deux lampes, de diverses espèces de bougies, etc. ; mais, je l'avoue, dans l'usage du Daguerréotype, l'habitude que donne une longue expérience est encore préférable.

BOITE AU MERCURE.

Je me sers ordinairement d'une boîte au mercure avec une ouverture latérale munie d'un verre jaune, et un fond à tiroir avec capsule de porcelaine. Mais pour opérer en rase campagne, j'ai adopté une nouvelle modification, que je ne saurais trop recommander, puisqu'elle permet d'opérer sans tente et sans autre voile que celui dont on se sert habituellement pour mettre au point, et dont on couvre la boîte seulement au moment où l'on y introduit la plaque sur sa planchette.

Voici en quoi consiste le petit appareil ajouté à la boîte au mercure, grâce auquel on peut observer à son aise et sans danger l'état de l'épreuve au grand jour, même au soleil.

Au lieu de tasseaux fixes, inclinés à 45 degrés, sur lesquels on place la planchette dans l'intérieur de la boîte, j'ai établi un petit cadre ou châssis mobile, retenu par un axe placé vers la partie supérieure du devant de la boîte, au dessus de l'ouverture ordinaire. L'axe fixé dans ce châssis sort à droite de la boîte, y est coudé à angle droit, et son prolongement forme une sorte de manivelle ou de levier que l'on arrête par des crans au point où l'on veut.

Ce châssis étant retenu sous un angle de 45 degrés, on place dessus la planchette comme à l'ordinaire, de manière à ce qu'elle s'y enclave et y soit fixée par un crochet, ou mieux encore par un ressort. L'ouverture du devant de la boîte est munie d'un verre jaune assez clair pour bien voir une épreuve qui se trouve immédiatement derrière lui, mais sa teinte ne permettrait pas de la juger à distance, et surtout sous un angle de 45 degrés. Quand,. après avoir chauffé le mercure, le thermomètre redescendu vous annonce que l'épreuve peut être arrivée à son point, on peut en juger en abaissant le châssis derrière le verre jaune au moyen de l'axe coudé, et alors on voit si l'on doit s'arrêter ou chauffer de nouveau. Il est facile de varier le mécanisme. La pesanteur des grandes plaques demanderait un axe trop fort ; dans ce cas, on détermine le jeu du châssis au moyen d'un cordon ou d'une chaînette que l'on tire par derrière la boîte.

LAVAGE DES ÉPREUVES

Mon *désiodage* instantané, au moyen d'une solution d'hyposulfite de soude alcoolisée (1), étant généralement adopté, je n'en parlerai de nouveau que pour engager à se contenter de verser seulement une légère couche de cette liqueur sur la plaque, sans plonger celle-ci dans une bas-

(1) Eau 200 grammes, hyposulfite de soude 20 grammes, alcool ordinaire 75 grammes,

sine remplie de la solution qui se trouverait alors en contact avec le cuivre, ce qui n'est pas sans danger. Avec cette précaution, qui en rend l'emploi encore plus simple, puisqu'on opère seulement sur les doigts, cette liqueur peut servir de nouveau et jusqu'à la dernière goutte. Il serait bon, toutefois, de la filtrer de temps en temps. On doit toujours la verser sur un des angles de la plaque et non au milieu, car il arrive quelquefois qu'au moment du contact avec l'argent, il se forme un précipité qui fait une légère tache, sans inconvénient dans un angle qui sera masqué par le passe-partout. On peut d'ailleurs mouiller un peu cet angle dans de l'eau pure, ou simplement souffler dessus pour y condenser l'haleine, et alors il est bien rare qu'aucune tache se forme.

SÉCHAGE.

Grâce au patronage de M. Charles Chevalier, mon séchage à la *fourchette* est devenu populaire ; aussi je crois qu'il est de mon devoir de dire les perfectionnemens que j'ai apportés à ce petit instrument d'une si grande simplicité.

J'avais reconnu depuis long-temps que si les plaques n'étaient pas irréprochables, si le chlorure d'or n'était pas bien pur, le séchage à la lampe au moyen de la fourchette déterminait des points noirs qui détruisaient souvent une belle épreuve. Le séchage à la fronde évitait ces accidens, mais il exigeait le plein air ou un grand appartement sans aucune poussière, conditions difficiles. Je me servais donc seulement de la fourchette pour retirer les plaques de la bassine, les laver à l'eau distillée ou de pluie, puis je les plaçais sur un égouttoir où je les laissais à l'air libre, au soleil et dans un courant d'air si cela était possible, ce qui déterminait une dessication très rapide. L'égouttoir consiste

en un disque de plomb au milieu duquel s'élève un faisceau de lames métalliques en forme de T. dont les extrémités des branches sont repliées sur elles-mêmes, de manière
à ce qu'on puisse y engager l'angle d'une plaque inclinée,
et l'épreuve en dessous, pour la soustraire au dépôt de la
poussière. Mais, pour placer l'épreuve sur cet égouttoir,
après le lavage, il faut la prendre entre les doigts, et ce
contact est dangereux avant la dessication. C'est pour éviter ce danger que j'ai adopté une nouvelle forme de fourchette. Fig. 11, 12, 13.

Elle est formée d'une règle en bois dur longue de trois
décimètres (pour quart de plaque), large de deux centimètres, brisée au milieu dans sa longueur au moyen d'une charnière qui permet aux deux portions de se fermer seulement
en dessus. L'une de ses parties forme le manche, l'autre
porte la plaque placée diagonalement et fixée inférieure-
ment par une bande métallique transversale, repliée en
crochet à ses extrémités, tandis que l'angle supérieur est
retenu par un coulant plat qui glisse le long de la règle
qu'il enveloppe. A l'extrémité inférieure de cet appareil, se
montre une fourchette dont les branches divergentes en fil
de laiton sont courtes et forment un angle très ouvert. Ces
branches peuvent être terminées en crochet aplati pour
agiter les plaques dans les bassines ou aider à les en retirer.
La plaque étant fixée sur cette fourchette, on la lave à
grande eau, puis on la retourne, et ployant le manche de
manière à donner à cet instrument la forme d'un V renversé, on laisse l'épreuve s'égoutter et se sécher naturellement sur une table, ou à moitié dans une bassine. Pour
que la dessication soit plus prompte et plus parfaite il est
nécessaire que l'angle inférieur de la plaque touche à l'une
des tiges de laiton. Cette fourchette égouttoir, construite
pour une certaine dimension de plaque, peut servir à tous

les formats de plus petite taille, à cause de son coulant mobile. On pourrait remplacer le coulant par un crochet à vis semblable à celui de la planchette à polir ; le coulant est plus simple et saisit facilement, en le recouvrant, l'angle supérieur de la plaque, sans être obligé d'y mettre les doigts après le lavage définitif. Il est bon d'avoir toujours plusieurs de ces fourchettes à sa disposition.

OBSERVATIONS

Sur une Méthode nouvelle de ramener, au moyen d'un dépôt galvanoplastique, la surface des plaques, après chaque épreuve, à un état de pureté qui permet d'obtenir avec suite des images parfaites,

Par M. AIMÉ ROCHAS, de Lyon.

C'est aujourd'hui un fait constant, en photographie, que chacune des opérations qui constituent le procédé daguerrien, modifie à tel point la surface du plaqué, que, si l'on compare entre eux les résultats obtenus sur des plaques neuves et sur d'autres qui ont déjà servi, on observera de notables différences, soit dans les degrés de sensibilité de la couche accélératrice, soit dans la manière dont cette couche aura été impressionnée. C'est ainsi que j'explique les effets si dissemblables que présentent les images daguerriennes : n'est-ce pas aussi à la même cause qu'il faut rapporter l'insuccès qu'éprouvent une foule d'opérateurs ? En effet, dans les manipulations les plus délicates de la photographie, on n'a d'autre guide que l'observation des résultats précédens ; or donc, si ces résultats varient entre eux d'une manière si marquée, comment pouvoir y introduire des cal-

culs? et n'est-on pas alors obligé de se confier entièrement au hasard? Si, au contraire, il était possible, après
chaque épreuve, de ramener les plaques à leur état primitif,
on comprend que les opérations photographiques en seraient considérablement simplifiées; c'est donc vers ce but
que, depuis long-temps, j'ai dirigé toutes mes recherches;
et plusieurs fois, à l'imitation de M. Daguerre lui-même et
de bien d'autres moins célèbres, j'ai cru avoir trouvé un
modèle de polissage infaillible. Mais, je l'avouerai, après de
nombreux essais répétés durant des mois entiers, la solution
de ce problème m'a paru impossible. Peut-être l'attribuera-
t-on à mon peu de connaissance en chimie. Quoi qu'il en
soit, j'ai préféré envisager la question sous un point de vue
plus accessible à mes faibles lumières. Aussi le procédé que
j'ai adopté est-il si simple et si rationnel qu'on en comprendra immédiatement tous les avantages. Je n'emploie
exclusivement que des plaques usées que je fais acheter à
Paris, et, au moyen des procédés électro-chimiques, je recouvre ces plaques d'une couche d'argent d'un décigramme,
quantité suffisante (un quart de plaque) pour faire une
seule image. Toutes les plaques qui, à cause des difficultés inhérentes au procédé daguerrien, n'ont pas donné des
images satisfaisantes, sont de nouveau recouvertes d'une
couche de métal. Comme on le voit, je n'opère jamais que
sur de l'argent pur, et j'écarte aussi d'un seul coup tous les
obstacles qu'on rencontre dans le procédé en usage pour
ramener, après chaque épreuve, la surface de l'argent à un
état de pureté convenable pour la formation d'une nouvelle image. Et je ne parle ici que du plaqué dont le titre
élevé permet un polissage réitéré; car la plupart des plaques du commerce offrent si peu de métal photogénique,
qu'à la première épreuve la couche d'argent se trouve entièrement modifiée, et lorsqu'il s'agit plus tard d'enlever cette
image, il ne reste guère qu'un alliage qui, tout en présen-

tant l'aspect de l'argent, ne possède aucune propriété photogénique. En outre, le plaqué le meilleur est rarement homogène, et l'argent s'y trouve ordinairement à un titre très bas ; de plus, l'opération du planage y introduit plus ou moins de corps étrangers, et donne à ce métal une certaine dureté : aussi toutes ces circonstances réunies rendent-elles l'opération du polissage longue, incertaine et fastidieuse. Au contraire, avec des plaques recouvertes, comme je viens de l'indiquer, d'un dépôt galvanoplastique, le polissage devient l'opération la plus simple et s'obtient toujours d'une manière sûre et rapide. Personne n'ignore, en effet, que l'électricité nous fournit les moyens d'obtenir des dépôts métalliques doués, à peu de chose près, de la même texture et d'un degré de pureté très satisfaisant, surtout lorsqu'on ne tient pas à des couches très épaisses. Ainsi, en ne précipitant qu'une quantité d'argent très minime (un décigramme, par exemple), j'obtiens avec une facilité extrême des surfaces très homogènes que je puis considérer comme identiques entre elles, puisqu'en les soumettant à un mode de polissage uniforme, j'obtiens, dans toutes les opérations qui suivent, des résultats comparables entre eux et dont je puis tirer des conséquences applicables aux opérations ultérieures, lesquelles, dans le procédé en usage, sont entièrement abandonnées au hasard. Tous ces avantages sont trop saillants d'eux-mêmes pour qu'il soit nécessaire, je pense, d'y insister davantage. Je me bornerai seulement à quelques détails sur le mode opératoire que je suis. Pour la production du courant électrique, après l'essai de diverses sortes d'appareils simples ou composés, j'ai définitivement adopté depuis long-temps l'appareil simple indiqué par M. Becquerel, dans un de ses savans Mémoires sur la propriété électro-chimique de l'or, toutefois en me conformant encore aux indications fournies par ce savant et relatives à la confection des dia-

phragmes, ainsi qu'aux précautions nécessaires dont l'objet
est de prévenir les phénomènes de l'Endosmose. Cependant, pour ce qui touche la disposition des diaphragmes,
j'ai apporté quelques modifications que l'expérience m'a
suggérées. Ceux que j'emploie ont la forme et à peu près
les dimensions des bassines de l'appareil normal de M. Daguerre. Les parois en sont de bois mince ajusté en queue
d'aronde ; le fond est formé d'une couche d'argile pure,
d'un centimètre environ d'épaisseur, que retiennent deux
membranes animales, ou deux morceaux de toile à voile,
tendus solidement sur les parois latérales. Comme on le
voit, c'est le principe développé dans le mémoire que j'ai
indiqué ; les dispositions ont été changées par la nécessité
où l'on est d'obtenir une grande surface régulièrement
perméable au courant. Pour tout le reste des manipulations
de l'appareil simple, je me suis entièrement conformé aux
prescriptions que je ne rappellerai point, *ne supposant pas
qu'on puisse s'occuper de galvanoplastie et ignorer les découvertes de ce savant.* J'emploie le premier vase venu
pour contenir le liquide excitateur.

Le zinc n'a besoin ni d'être pur ni d'être amalgamé ; il
porte un appendice qui le subdivise en autant de branches
qu'il est nécessaire, afin d'obtenir, avec un certain nombre
de plaques que j'argente à la fois, à peu près la même surface que présente ce zinc. D'après ce principe on pourra
lui donner toutes les dimensions qu'on voudra.

Je prépare mon liquide argentifère en dissolvant à chaud
le chlorure d'argent dans le cyano-ferrure jaune de potassium. Après avoir filtré, je verse cette solution dans le
diaphragme, lequel doit nager librement à la surface du
liquide excitateur où le zinc est plongé.

Pour préparer mes plaques à recevoir le dépôt métallique, je les polis au moyen de tampons de velours,
de drap, de flanelle un peu douce, imprégnés de terre

pourrie, de ponce, d'émeri ou de tripoli mouillé d'eau.

Le but que je me propose avant tout, c'est d'enlever toute trace d'image ; me préoccupant fort peu de l'usure de ma plaque, l'enlèvement de l'image devient donc l'opération la plus facile. En un mot, mes plaques sont d'autant mieux disposées à recevoir le dépôt métallique, que le bruni qu'elles possédaient se trouve complètement détruit et remplacé par un poli uni, mais pourtant un peu rugueux. Le métal se dépose plus vite, plus régulièrement et acquiert une adhérence extrême.

Le polissage achevé, je lave ma plaque à grande eau et la débarrasse le plus possible, en la frottant d'un tampon de coton, de tous les corps étrangers qui pourraient adhérer à sa surface. Je la mets en relation avec le zinc, puis, sans la sécher, je la plonge immédiatement dans la solution d'argent. J'ai reconnu que, par ce moyen, on était plus sûr d'obtenir un premier dépôt régulier que si la plaque avait été préalablement séchée.

Le contact s'établit à l'aide d'un trou percé à l'angle de la plaque, lequel sert à fixer le conducteur. Je maintiens les plaques isolées du diaphragme avec de petits morceaux de liége que je fixe à leurs bords, et j'en protége le revers au moyen de la cire que j'applique de la manière suivante : après avoir nettoyé l'envers de mes plaques de manière à en rendre la surface un peu rugueuse, je les chauffe jusqu'au point où un morceau de cire, promené à la surface, se fonde et y laisse une couche d'un millimètre environ d'épaisseur, étendue avec toute la régularité possible. Par des pesées faites soigneusement, je détermine la quantité de métal précipité. Dans les conditions les plus favorables, j'emploie de dix à quinze minutes pour atteindre un dépôt d'un décigramme. Cette faible quantité d'argent suffit pour produire une image complète. Cependant si le métal précipité ne présentait pas une surface homogène, cette image ne pourrait se présenter, lors même que la couche de métal serait beaucoup plus épaisse. Alors il vaudrait encore mieux enlever entièrement ce dépôt, plutôt que de chercher une image nette. On ne recommencera l'opération qu'après avoir ramené la plaque à son état normal, et après s'être rendu compte de la cause d'un insuccès qui ne peut provenir que de l'affaiblissement de la solution d'argent ou de l'appauvrissement du liquide excitateur, et de l'altération des liquides par leur mélange dans le diaphragme, si on avait oublié les précautions indispensables pour prévenir l'endosmose.

Toutes les personnes qui se sont occupées de galvanoplastie, savent que dès le début de l'opération, si le métal ne se dépose pas régulièrement, ces imperfections deviendront de plus en plus sensibles. On ne saurait donc prendre trop de précautions pour arriver à un dépôt homogène dès la première immersion.

De cinq en cinq minutes, je sors ma plaque de l'appareil pour la frotter moelleusement de poudres fines humectées d'eau avec des tampons de velours, de coton, ou bien encore de flanelle, mais d'une excessive finesse. Je continue cette marche jusqu'à ce que je sois parvenu à la quantité de métal nécessaire. C'est alors, mais *alors seulement*, que je les frotte fortement avec un tampon de peau de chamois ou de daim et d'un peu de peroxide de fer humecté d'une solution d'eau de savon. Par ces frictions réitérées, j'obtiens beaucoup d'adhérence et une agrégation plus intime des particules métalliques. Mais ce qui surtout dispose la plaque à recevoir le dernier polissage, c'est le travail au rouge et à l'eau de savon. Dans ce dernier cas, l'eau de savon a pour but de transformer l'action érosive du rouge en une action brunissante, laquelle s'opère parfaitement et sans aucune perte de métal.

Si toutes ces conditions sont bien remplies, le polissage

des plaques, qui doit les préparer à recevoir ensuite la couche accélératrice, sera d'une extrème simplicité.

Sans vouloir imposer le mode de polissage que j'ai adopté, je ne crois cependant pas inutile de le faire connaître, et je rappellerai en même temps certains principes bien connus dont on ne peut guères s'écarter sans qu'il en résulte des suites fàcheuses.

Les images daguerriennes ne s'obtiennent d'une manière complète et rapide qu'autant que le métal photogénique possédera son plus haut degré de pureté. Aussi, dans le polissage, j'évite soigneusement l'emploi des corps susceptibles de se combiner à l'argent ou d'y adhérer mécaniquement. En conséquence, je proscris sévèrement les acides, les huiles, les graisses, les résines etc., d'abord parce que la seule efficacité qu'on puisse attribuer à ces substances, consiste à faciliter l'enlèvement de l'image, et ce fait, nous le savons, ne doit plus nous préoccuper ; ensuite, parce que attendu l'impossibilité d'en débarrasser complètement la surface de l'argent, il est alors assez difficile de prévoir les réactions qui peuvent se produire dans les opérations suivantes. Dès lors on comprend tout l'avantage qu'on trouvera à user de la substance la plus inoffensive, la plus inerte. En harmonie avec ce principe, l'expérience m'a démontré que l'emploi du tripoli ou de la ponce sans l'intermédiaire d'aucun autre corps liquide ou solide, offre le plus précieux avantage de brunir rapidement la surface en question sans y adhérer d'une manière sensible. Voici comment j'opère :

Après avoir donné à mes plaques ce que j'appellerai le bruni au savon, je les lave à grande eau, et les essuie avec un linge sec et très propre, Puis, si l'atmosphère est sèche, je les laisse exposées à l'air libre durant quelques heures ; l'air, au contraire, est-il humide, je les sèche avec la lampe à esprit de vin. Une fois refroidies, je les brunis et les saupoudre d'un peu de tripoli ou de ponce, en frottant

moelleusement, toujours dans le même sens, avec un tampon
de flanelle très douce jusqu'à ce que le poli devienne satisfaisant. Vers la fin, je remplace le tampon de flanelle par un
tampon de velours de coton que l'on change une fois qu'il
est sali. Ce genre de polissage n'exige pas plus de trois à
cinq minutes pour un quart de plaque.

J'ai encore observé qu'il est utile, quel que soit l'état hy-
grométrique de l'atmosphère, de préparer ainsi ses plaques
plusieurs heures avant de les soumettre aux opérations,
afin de les laisser revenir par degrés à la température de
l'air ambiant. Les réactions qui se manifestent lors de l'application de la couche sensible, sont il est vrai plus lentes
mais aussi plus faciles à saisir.

Voici le moyen auquel j'ai recours pour rétablir l'équilibre
de mes solutions argentifères une fois qu'elles sont épuisées
de métal. Je me sers d'une batterie composée d'une plaque
de charbon formée des débris qu'on retire des vieilles cor-
nues à gaz, et d'une feuille de zinc qui enveloppe le métal
négatif. Les plaques présentent une surface de quinze centimètres sur vingt. (Cette pile équivaut à un couple de smée.)
Cette batterie est immergée dans une solution presque saturée de sel marin. On met le liquide argentifère épuisé en
relation avec la pile au moyen de deux pôles qui y sont
plongés ; ils sont formés, l'un d'une plaque d'argent de cou-
pelle ou d'argent revivifié de son chlorure, et l'autre d'une
lame de platine. Bien que l'action de cette pile soit assez
lente, elle suffit cependant, durant l'espace d'une nuit, pour
former assez d'oxyde d'argent qui, peu à peu se dissout dans le
liquide où il se transforme en cyanure, et me permet le
lendemain d'argenter de nouveau vingt à trente plaques
avec cette même solution. Par l'emploi alternatif des deux solutions, ma pile peut agir en permanence, et préparer ainsi
un très grand nombre de plaques. Comme il est facile de
le voir, cette pile ne me coûte pas plus d'entretien que la

pile simple, et les solutions traitées de cette manière peuvent servir indéfiniment. Toute la dépense de cette opération galvanoplastique, se réduit par conséquent à la valeur intrinsèque du métal précipité. Le cyanure simple de potassium possédant à un plus haut degré que le cyano-ferrure jaune de la même base, la propriété de dissoudre les métaux sous l'influence du courant électrique, j'ai pensé qu'il y aurait quelque avantage à employer ce sel. Par ce moyen on échapperait encore à la présence, dans la solution, d'une certaine quantité de fer qui, quelquefois, entrave la régularité des dépôts. Mais aussi, d'un autre côté, j'ai remarqué que le cyanogène avait alors une tendance plus marquée à se dégager, et je n'ai pu contrebalancer cet inconvénient qu'en soumettant mes solutions à l'action réparatrice de la pile bien avant qu'elles aient cessé de fournir des dépôts satisfaisans, c'est à dire lorsqu'elles contenaient encore une certaine quantité de métal capable de retenir l'acide cyanhydrique en combinaison.

On m'excusera d'avoir insisté sur tous ces détails qui pourront paraître superflus à la majeure partie des opérateurs, tant les connaissances galvanoplastiques sont aujourd'hui généralement répandues. Déjà, il est vrai, on a proposé divers moyens pour l'argenture galvanoplastique des plaques daguerriennes ; mais je ne sache pas que personne ait encore envisagé la question sous le même point de vue que moi. On a recommandé, par exemple, cette sorte d'argenture comme un moyen économique qui permet d'employer les plaques usées, mais non pas comme un procédé pour ramener constamment leur surface à un type normal. N'est-il pas de toute évidence, qu'en opérant successivement sur une couche d'argent galvanoplastique, on ne pourra jouir qu'une seule fois de l'avantage que présente une surface d'argent pur. Relativement aux opérations ultérieures, ne se trouvera-t-on pas placé dans des conditions bien plus

défavorables que si l'on eût fait usage des plaques du commerce, puisque tout le monde sait que l'argent galvanoplastique qui n'a pas subi l'opération du planage conserve une
certaine mollesse. Dès lors on admettra avec raison que les
substances énergiques dont on se sert en photographie, deviennent susceptibles, par l'action chimique de la lumière,
de pénétrer plus profondément cette couche d'argent si
molle, et qu'il faut ensuite, pour faire disparaître l'image,
enlever nécessairement une couche plus considérable de
métal. Dans ce dernier cas on manque le but économique
qu'on s'était proposé, car il devient indispensable d'obtenir des dépôts plus épais. En outre, on s'aperçoit encore
qu'on rencontre dans ce cas quelques difficultés qui em-
pêchent souvent le succès, c'est que les surfaces, loin de pouvoir être considérées comme identiques entre elles, renferment encore plus de défauts que les plaques du commerce.

En dernière analyse, l'argenture galvanoplastique telle
qu'on l'a proposée, loin de simplifier le procédé daguerrien, n'a fait, au contraire, qu'en multiplier les difficultés ;
et les appareils indiqués sont également d'un entretien plus
dispendieux et moins maniables que ceux que j'emploie.
Ainsi que je l'ai démontré, on n'atteint pas même le seul
but économique que l'on s'était proposé.

Le moyen que je mets en pratique depuis près de deux
ans, réunit, selon moi, des avantages incontestables que je
résumerai en ces mots : Simplifications des opérations les
plus délicates de la photographie, puisque les résultats deviennent comparables entre eux ; facilité et rapidité d'exécution, puisque, durant l'espace de deux heures environ,
je puis argenter de vingt à trente plaques auxquelles une
heure me suffit pour donner le dernier poli ; économie
incontestable, puisqu'une épreuve n'exige qu'un décigramme de métal qui ne me coûte guère que trois ou
quatre centimes.

PREMIÈRE NOTE.

On a avancé dans un traité de photographie, que les plaques laissant voir le cuivre à certains endroits, ne pouvaient se réargenter. En suivant les moyens que j'indique, ces sortes de plaques s'argentent tout aussi facilement que les autres ; il faut seulement, en polissant, prendre la précaution d'en faire disparaître, autant que possible, les cavités, qui, du reste, se recouvrent très bien de métal, lequel y adhère aussi fortement que dans les autres parties. Toutefois, lorsque ces cavités sont trop profondes, on éprouve quelques difficultés à leur donner le dernier poli.

DEUXIÈME NOTE.

J'ai fait également quelques essais pour obtenir le plaqué de toute pièce, en me servant d'un procédé électro-chimique, à la fois très économique, proposé par MM. Déchand et Gaultier de Claubry, pour l'exploitation des minerais de cuivre de l'Algérie. Par les essais que j'ai tentés à ce sujet et que mes occupations ne m'ont pas permis de poursuivre, j'ai cru entrevoir la possibilité d'obtenir avec autant d'économie que de facilité des lames de cuivre susceptibles d'être argentées, et parfaitement propres aux opérations photographiques.

NOUVEAU BROMURE D'IODE,

DE M. PATTAY.

M. Pattay avait déjà composé un bromure d'iode avec lequel on obtenait de belles épreuves, mais on lui reprochait un peu de lenteur. Son nouveau composé est beaucoup plus sensible ; en faisant usage de cette dernière substance,

M. Pattay a obtenu des épreuves vraiment remarquables.

Voici comment on prépare ce brômure d'iode :

On prend 20 grammes d'iode et 20 grammes de brôme, on triture l'iode, on le met ensuite dans un flacon dans lequel on verse les 20 grammes de brôme; au bout d'une heure ou deux, lorsque l'iode a absorbé tout le brôme, on en rajoute quelques gouttes (on peut répéter cette opération une ou deux fois). On obtient ainsi un brômure d'iode sec qui s'attache fortement au fond du flacon. On attend que ces deux corps soient intimement combinés et l'on ajoute de l'eau distillée ; le lendemain cette eau est saturée de brômure d'iode.

On mêle ensemble dans l'ordre qui suit :

10 parties de cette eau saturée de brômure d'iode ;

15 — d'eau saturée de brôme ;

3 — d'éther sulfurique.

Cela fait, on agite le flacon, on laisse reposer un certain temps, et l'on a la substance concentrée. Pour s'en servir, on verse de cette substance dans de l'eau distillée jusqu'à la teinte jaune foncée, on en verse ensuite dans la cuvette, un peu avant d'opérer, pour que les vapeurs aient le temps de se répandre. La plaque devra être tenue à peu près à un centimètre de la substance.

On iode jusqu'à la teinte *rose* et on laisse la plaque sur la substance jusqu'à la teinte *lilas*. Lorsque ces deux teintes se sont exactement succédé sur la plaque, on est toujours sûr d'avoir une bonne épreuve.

Ce procédé sera recherché par les voyageurs et les commençans, à cause de sa simplicité et de sa constance.

PHOTOGRAPHIE SUR PAPIER.

INSTITUT DE FRANCE.

ACADÉMIE ROYALE DES BEAUX-ARTS.

Le secrétaire perpétuel de l'Académie certifie que ce qui suit est extrait du procès-verbal de la séance du samedi 19 juin 1847.

RAPPORT

SUR LES PROCÉDÉS ET PRODUITS PHOTOGRAPHIQUES DE M. BLANQUART-EVRARD.

Messieurs,

La commission que vous aviez chargée de vous faire un rapport sur les produits photographiques de M. Blanquart-Evrard, vous a demandé de lui adjoindre deux membres de l'Académie des sciences, et c'est avec le concours de MM. Biot et Regnault que nous pouvons vous donner une appréciation plus complète du procédé de M. Blanquart.

La commission a pensé que la question qui lui était soumise ne devait pas se borner à un examen pur et simple au point de vue de l'art. Elle a jugé qu'elle devait étudier le procédé lui-même, et l'expérimenter, afin de reconnaître le degré de certitude qu'il présente. Elle a voulu s'assurer si ce procédé est d'une manipulation assez simple et assez certaine, pour que, sans se livrer d'une manière toute spéciale à l'art de la photographie, un artiste pût obtenir facilement des épreuves, sinon irréprochables, du moins assez parfaites pour pouvoir en tirer parti.

La production des épreuves sur plaqué d'argent, par le

procédé de **M. Daguerre**, est arrivée aujourd'hui à une si grande perfection, que l'on peut s'étonner qu'elle ait été si peu utilisée par les artistes. L'étonnement cesse lorsqu'on cherche à obtenir soi-même des épreuves par ce procédé. On reconnaît bientôt qu'il faut une habitude toute particulière et des soins infinis pour arriver à des résultats satisfaisans. Il faut ajouter que les plaques argentées, qui sont d'un prix assez élevé, se détériorent avec une déplorable facilité.

La photographie sur papier ne présente aucun des inconvéniens que nous venons de signaler. Les matériaux nécessaires à son exécution sont d'un prix peu élevé. La conservation des papiers, préparés à l'avance ou à l'état d'épreuves terminées, ne présente aucune difficulté, puisqu'on peut les transporter dans un carton et avec moins de précautions que pour des dessins ordinaires, car il n'y a pas à craindre de les effacer.

Les premiers essais de photographie sur papier ont précédé les tentatives de **MM. Niepce et Daguerre**.

Wegwood et Davy, en Angleterre, Charles, en France, obtenaient, sur des papiers préparés au chlorure d'argent, des reproductions de gravures, de dessins et même de quelques objets naturels partiellement transparens, tels que feuilles d'arbres, pétales de fleurs, etc., etc. ; mais leurs papiers étaient trop peu sensibles à la lumière, pour obtenir des images satisfaisantes dans la chambre obscure.

Ces physiciens n'avaient d'ailleurs pas trouvé le moyen de fixer leurs images, c'est à dire d'enlever la portion de la substance active qui était restée sur leur papier, et qui n'avait pas été altérée par l'action de la lumière. Leurs épreuves ne pouvaient être montrées qu'à la lumière d'une bougie ; car la lumière du jour continuait à influencer la matière sensible, le papier noircissait dans toute son étendue et l'image disparaissait.

En même temps que **MM. Niepce et Daguerre** s'occupaient, en France, de leurs recherches , M. Talbot, à Londres, cherchait à obtenir des matières plus impressionnables à la lumière et à composer des réactifs qui pussent, après la production de l'image, enlever la matière sensible restée dans le papier, de manière à rendre l'épreuve inaltérable.

M. Talbot a poursuivi ses expériences avec une persévérance extrême depuis l'année 1834, et un plein succès a couronné ses efforts ; car il a réussi à trouver des préparations de papier qui sont aussi sensibles que les plaques de Daguerre, depuis même les améliorations qu'elles ont subies ; et les procédés qu'il a imaginés pour fixer les épreuves, ne laissent rien à désirer.

Nous avons vu un grand nombre de belles épreuves de M. Talbot d'après des monumens et des objets d'art. Ces épreuves sont remarquables par leur netteté ; mais les portraits du même photographe sont loin de présenter la même perfection ; ils sont très inférieurs à ceux que nous a présentés M. Blanquart-Evrard, et qui sont sous les yeux de l'Académie.

La photographie sur papier a été peu étudiée en France jusque dans ces derniers temps ; cependant M. Bayard a soumis à plusieurs reprises à l'Académie, des épreuves sur papier par des procédés qui lui sont particuliers. Ces épreuves étaient loin d'avoir les mêmes qualités que celles de M. Blanquart. Elles étaient surtout altérables à la lumière. D'ailleurs M. Bayard a conservé ses procédés secrets et renoncé ainsi à l'honneur de faire progresser l'art de la photographie, par les perfectionnemens qu'il y aurait probablement apportés s'il avait publié ses recherches.

Non seulement M. Blanquart-Evrard s'est livré aux expériences photographiques avec une persévérance digne des plus grands éloges et qui ont été couronnées de succès incontestables, mais il a voulu encore faire jouir tout le monde du fruit de son expérience, il a décrit ses procédés dans les plus grands détails, en n'omettant aucune de ces petites précautions dont le succès dépend le plus souvent, et il s'estimera heureux, comme il le dit lui-même, si ses instructions peuvent conduire des expérimentateurs plus habiles à faire beaucoup mieux que lui.

Dans le procédé de **M. Blanquart,** comme dans celui de **M. Talbot,** l'opération se compose de deux parties distinctes.

Dans la première, on produit à la chambre noire une image négative des objets, c'est à dire que les blancs y sont noirs et les noirs blancs. L'image négative n'est pas visible au moment où on la sort de la chambre obscure ; mais la matière sensible du papier est impressionnée d'une manière invisible, et l'altération qu'elle a subie se manifeste par certaines réactions chimiques. En versant sur le papier impressionné une dissolution d'acide gallique, on voit naître l'image ; elle se renforce successivement, et lorsque l'on juge qu'elle a atteint une vigueur suffisante, on arrête l'effet de l'acide gallique en versant de l'eau sur l'épreuve. On fixe ensuite l'image en dissolvant le sel d'argent non altéré.

Dans la deuxième partie de l'opération, on transforme l'image inverse en image directe. A cet effet on place derrière l'image inverse un papier sensible convenablement préparé. On maintient les deux feuilles l'une contre l'autre dans un cadre et entre deux glaces, et on expose ce cadre à la lumière directe du soleil ou à la lumière du jour. L'épreuve négative est transparente dans les parties blanches, et plus ou moins opaque dans les parties ombrées, de sorte que le papier sensible noircira derrière les parties blanches et restera blanc derrière les parties noires. La nouvelle épreuve que l'on obtiendra de cette manière présentera donc les clairs et les ombres dans leur position naturelle.

Pendant cette exposition à la lumière, l'épreuve négative

n'éprouvant pas d'altération sensible, peut reproduire un grand nombre d'épreuves positives, et ces épreuves peuvent être, à volonté, de teinte plus ou moins intense, plus ou moins transparentes.

Le procédé de M. Blanquart ne diffère pas sensiblement de celui de M. Talhot sous le rapport de la nature des substances impressionnables, ni sur leurs proportions; mais il est essentiellement différent dans la manipulation. Le procédé de M. Blanquart a paru beaucoup plus certain que celui de M. Talbot, aux membres de la commission qui ont eu l'occasion d'expérimenter les deux, et il permet d'obtenir des effets que nous n'avons jamais rencontrés dans les épreuves du physicien anglais.

Une différence essentielle entre les deux méthodes, consiste en ce que M. Talbot dépose seulement, avec un pinceau, les matières impressionnables sur le papier, tandis que M. Blanquart procède par imprégnation profonde, de manière à rendre photogénique la pâte même du papier. L'image ne se forme plus seulement à sa surface, elle se produit même à l'intérieur et atteint un degré d'intensité que des images superficielles ne sauraient acquérir.

M. Blanquart a perfectionné aussi très notablement la fixation des images directes.

Nous n'insisterons pas sur la beauté de ces épreuves, puisqu'elles sont sous les yeux de l'Académie.

Votre commission, Messieurs, qui voulait vous faire un rapport en toute connaissance de cause, avait désiré la présence de M. Blanquart à Paris; il s'est rendu au désir de la commission et, non seulement il a répondu à toutes les questions, à toutes les objections qu'elle a cru devoir lui faire, mais il lui a offert d'expérimenter devant elle, et, pendant trois jours, il l'a initiée à tous les détails de son procédé, dans un local du collège de France, que M. Regnault a mis à notre disposition, et où il a pris part aux expériences en les aidant de ses savantes lumières.

Malheureusement, pendant presque toute leur durée, le temps n'a pas cessé d'être dans les conditions les plus défavorables : froid et obscur. Aussi, plusieurs des images obtenues sont-elles inférieures aux plus belles qui vous ont été déjà soumises ; mais toutes ont réussi plus ou moins bien.

Comme nous avons pu nous en convaincre, la préparation du papier et l'opération elle-même sont simples et faciles, puisque des élèves de M. Regnault, qui ont vu avec nous opérer M. Blanquart, y sont maintenant presque aussi habiles que lui.

M. Blanquart a exécuté, en présence de votre commission, des reproductions d'une même image avec une parfaite identité, et, comme nous l'avons dit plus haut, ces épreuves peuvent être tirées à un nombre indéterminé.

Ce qui simplifie beaucoup l'opération sur place, c'est la possibilité d'arriver avec des papiers préparés à l'avance, et qui peuvent l'être depuis quinze jours et plus.

L'opération sur place peut donc être achevée, pour l'épreuve négative, en une ou deux minutes, ou quelquefois cinq ou six. Plus la température est douce et le ciel clair, plus la réussite est prompte et complète.

Le principal obstacle à la réussite toujours parfaite, est le défaut d'homogénéité et le peu de soin apporté dans la fabrication ordinaire du papier ; mais nous avons lieu d'espérer que ces difficultés seront bientôt surmontées par nos fabricans, quand ils dirigeront leur attention vers ces objets.

Comme nous l'avons déjà dit, les épreuves peuvent subir l'action de l'air et du soleil sans éprouver d'altération.

Votre commission, Messieurs, qui vous a déjà fait un rapport sur les produits photographiques sur papier de M.

Blanquart-Evrard, plus éclairée maintenant par la présence de M. Blanquart à Paris, par les expériences qu'il a faites sous ses yeux, et surtout par l'assistance que lui ont prêtée MM. Biot et Regnault, ne craint pas de maintenir ce qu'elle avait avancé dans son premier rapport : que les résultats obtenus par le procédé de M. Blanquart sont très supérieurs à tout ce qu'elle a vu dans ce genre.

Après les éloges que votre commission croit devoir donner aux beaux résultats photographiques de M. Blanquart, elle doit louer encore le désintéressement qu'il a montré, en mettant à la connaissance de chacun les procédés qui l'ont conduit à ces résultats et que son zèle, ses soins et son intelligence lui ont fait découvrir. Elle pense donc que M. Blanquart-Evrard mérite, sous le double rapport du succès et du désintéressement, les éloges et les encouragemens de l'Académie.

L'Académie adopte les conclusions de ce rapport.

Signé à la minute : Hersent, *président ;* Biot, Regnault, Auguste Dumont, Petitot, Debret, Le Bar, baron Desnoyers, Gatteaux, Picot, *rapporteur.*

Certifié conforme,

Le secrétaire perpétuel, RAOUL ROCHETTE.

NOUVEAUX RENSEIGNEMENS

SUR LE PROCÉDÉ

DE PHOTOGRAPHIE SUR PAPIER,

Communiqué à l'Académie des Sciences, par M. BLANQUART-EVRARD.

MÉMOIRE PAR M. E. DE VALICOURT,

Extrait du journal *le Technologiste*, juin 1847 (1).

Le procédé de photographie sur papier publié récemment par M. Blanquart-Evrard (2), a fait une certaine sensation dans le monde scientifique et artistique. Une commission mixte prise au sein de l'Académie des Beaux-Arts et de l'Académie des Sciences, a été appelée à se prononcer sur le mérite de cette découverte, et les heureux résultats obtenus par M. Blanquart, en présence même de cette commission, ne pouvaient manquer de provoquer de sa part un rapport favorable. La photographie sur papier vient donc de recevoir une impulsion décisive et l'on peut désormais lui prédire un brillant avenir.

Cependant, on aurait tort de croire qu'à l'exemple de quelques personnes, nous regardions le nouveau procédé (3)

---

(1) N. B. Ce mémoire est reproduit dans la présente brochure avec autorisation de l'éditeur.

(2) Le *Technologiste*, numéro de mars 1847, page 257.

(3) Nous l'appelons *nouveau* pour nous conformer aux idées

comme appelé à supplanter la merveilleuse découverte de
Daguerre. Une pareille prétention serait exagérée. En effet,
loin d'être rivales et exclusives l'une de l'autre, la photographie sur papier et celle sur métal constituent deux arts
en quelque sorte parallèles et destinés à se prêter un mutuel
secours. Chacun d'eux a ses propriétés, ses avantages, comme
aussi ses inconvéniens particuliers. Tous deux sont susceptibles d'applications qui, par leur variété infinie, peuvent
satisfaire aux exigences et aux besoins de toutes les classes
d'amateurs. Ainsi, les personnes sédentaires, celles qui font
du daguerréotype une spéculation, celles qui tiennent avant
tout à une précision et à une netteté rigoureuses, conserve-
ront sans doute l'usage des plaques métalliques ; mais les
voyageurs, les artistes, tous ceux en un mot qui, envisageant
la photographie sous son véritable point de vue, ne recher-
chent pas dans les épreuves daguerriennes un résultat définitif, mais plutôt un sujet d'intéressantes études, une collection de souvenirs agréables ou de matériaux utiles pour leurs
travaux ultérieurs, donneront la préférence à la photographie
sur papier.

En effet, c'est une erreur grave et malheureusement trop
commune que de prétendre trouver un objet d'art dans une
épreuve daguerrienne, comme si l'art pouvait prendre
naissance sous l'influence d'une machine, et résider
dans une œuvre que le génie de l'artiste n'a pas vivifiée
de son souffle divin ! Ne serait-ce pas plutôt ici la réalisation
de la fable de Prométhée : la perfection de la forme inhabile
à suppléer à l'absence de la vie ?

reçues ; car, ainsi que nous l'avons démontré dans le numéro du
Technologiste déjà cité, la photographie sur papier est contempo-
raine de la découverte de Daguerre, si même elle ne lui est pas antérieure.

Quoi qu'il en soit, et malgré les imperfections qui s'atta-
chent à une découverte encore dans son enfance, les sympa-
thies des artistes et celles de toutes les personnes de goût
sont dès à présent acquises à la photographie sur papier; et,
s'il fallait justifier cette préférence, on en trouverait facilement les motifs dans une simple comparaison entre les deux
procédés.

Les avantages incontestables de la photographie sur métal
consistent surtout dans cette admirable dégradation de teintes, dans cette perfection de modelé, dans cette incroyable
finesse de trait qui permettent d'apercevoir les plus petits
détails sans cependant nuire à l'effet d'ensemble des masses.
Mais pour arriver à un résultat irréprochable, que de tâton-
nemens, que de déceptions!... Ne faut-il pas lutter sans cesse
contre la capricieuse inconstance des substances chimiques?
Et, lorsqu'à force de travail et de persévérance, on croit les
avoir domptées, n'arrive-t-il pas souvent une série d'insuccès
dont la cause échappe à toutes les recherches? Je ne parle
pas ici de la lenteur et des difficultés du polissage, de l'imperfection trop fréquente du plaqué, des inconvéniens du
miroitage... Lorsqu'on réfléchit à tous ces obstacles, on est
forcé de convenir avec tous les photographistes de bonne foi,
que dans le procédé sur métal, une épreuve complètement
réussie est une exception, même entre les mains des plus
habiles. Supposons cependant que, favorisé par un hasard
heureux, ou si l'on veut qu'en vertu d'une habileté peu
commune, on soit arrivé à produire fréquemment de belles
épreuves, on n'aura toujours obtenu que des *types uniques*,
dont la reproduction fidèle ne peut avoir lieu par aucun
moyen connu.

La photographie sur papier, nous sommes les premiers à
en convenir, ne présente ni cette pureté de lignes, ni cette

netteté de contours qui distinguent à un si haut degré les
épreuves métalliques. Quoique d'importantes ameliorations
aient été obtenues sous ce rapport, il est à craindre que la
nature poreuse du papier, le peu d'homogénéité de sa pâte
et son extension inégale dans les différentes immersions qu'on
lui fait subir, ne s'opposent encore long-temps à la production d'épreuves tout-à-fait irréprochables. Mais, à part cette
imperfection, que nous ne cherchons pas à dissimuler, et qui
disparaîtra le jour où l'on sera parvenu à fabriquer de bon
papier photogénique, le nouveau procédé se présente encore
sous des conditions assez favorables pour qu'on puisse l'ac-
cepter, dès à présent, dans l'état où il se trouve. Un de ses
principaux avantages consiste dans l'extrême simplicité des
manipulations chimiques, simplicité telle qu'elles deviennent
praticables même pour les personnes les plus étrangères à la
chimie; on n'a plus à craindre dès lors cette inconstance de
succès, causée si fréquemment par la perturbation spontanée
des combinaisons chimiques; et l'opération marche avec
bien plus de certitude à une réussite presque toujours assu-
rée. Ajoutons à cela la suppression d'une grande partie de
ce matériel si bien nommé : *bagage daguerrien*, la facilité
de préparer le papier à l'avance, l'absence complète du miroitage, la facilité de reproduire les épreuves à un nombre
illimité, et nous comprendrons facilement que la publication
de M. Blanquart ait été accueillie à son début avec une sorte
d'enthousiasme.

Aussitôt, on se mit à l'œuvre de toutes parts, mais les
premiers essais ne furent pas encourageans; ils étaient en
quelque sorte paralysés par le manque de renseignemens suf-
fisans. Loin de nous cependant la pensée que M. Blanquart
ait rien voulu céler de son procédé; nous avons été, au
contraire, les premiers à proclamer la noble loyauté et le

désintéressement qui ont présidé à sa publication (1). La note, présentée par lui à l'Académie, renferme donc toute la théorie du procédé ; mais, dans cette note rédigée pour des savans, l'auteur a peut-être un peu trop visé au mérite littéraire et scientifique, et cette préoccupation ne lui a pas permis d'entrer assez avant dans le détail des manipulations délicates et minutieuses qui assurent la réussite des opérations. Il fallait de plus aux amateurs de photographie sur papier un guide pour diriger leurs premiers pas dans la carrière, pour leur signaler les précautions à prendre et les écueils à éviter. Nous croyons donc remplir les intentions de M. Blanquart, qui désire avant tout la propagation la plus large de son procédé, en communiquant au public les observations que nous avons été à même de recueillir pendant le temps de notre collaboration avec lui.

La photographie sur papier n'est pas encore parvenue à son apogée ; il lui reste à faire des progrès pour arriver à la perfection où elle nous paraît appelée. Que chacun se mette donc à l'œuvre avec persévérance, et l'on arrivera sans aucun doute à des perfectionnemens semblables à ceux qui ont enrichi successivement la découverte de Daguerre.

Nous serions trop heureux, pour notre part, si nous avions ouvert la voie au progrès, en facilitant les débuts de ceux qui voudront se livrer à ces expériences attrayantes.

(1) Voyez *le Technologiste*, mars 1847.

CHAPITRE PREMIER.

DES INSTRUMENS ET USTENSILES NÉCESSAIRES POUR LA PHOTOGRAPHIE SUR PAPIER.

Qu'on ne s'attende pas à nous voir recommencer ici une longue dissertation sur la construction , les propriétés et les usages de la chambre noire. Nous laisserons MM. les opticiens décrire eux-mêmes les appareils plus ou moins ingénieux qu'ils ont imaginés, et terminer par la conclusion obligée : *Prenez mon ours*. Nous supposons le lecteur déjà pourvu d'un daguerréotype et initié à la manœuvre des opérations photographiques ; nous n'aurons plus alors qu'à signaler les modifications légères que doivent subir certaines parties de la chambre noire pour être appropriées aux usages de la photographie sur papier.

Il est cependant un point sur lequel nous devons appeler toute l'attention du lecteur. Les amateurs de photographie sont en général peu familiarisés avec les lois de l'optique, et même parmi ceux qui en ont fait une étude spéciale, nous en avons vu un grand nombre adopter trop légèrement des objectifs de construction défectueuse, et dont tout le mérite réside dans une promptitude à laquelle on a sacrifié toutes les autres qualités. Le principal défaut de ces combinaisons consiste dans une répartition inégale de la lumière sur la surface qu'elle doit impressionner, et il en résulte une image , fort nette à la vérité, au centre du tableau, mais diffuse et mal éclairée sur les bords. Telle est la cause du peu de ressemblance que l'on a reproché, avec justice, à certains portraits photographiques; telle est surtout l'explication de ce manque de proportion et d'harmonie qui existe trop souvent entre les différentes parties du modèle. De si graves défauts ne pouvaient échapper au coup d'œil exercé des artistes, et il n'est pas étonnant que la plupart d'entre eux se soient montrés peu favorables à la photographie.

Ces inconvéniens, que l'on a peine à supporter dans la photographie ordinaire, deviennent tout-à-fait intolérables dans le procédé sur papier; car, ainsi que nous l'avons déjà dit, il est dans la nature de ce procédé de manquer un peu de netteté; que sera-ce alors, si ce défaut se trouve encore amplifié par les imperfections de l'objectif?

C'est donc avec raison que M. Blanquart a indiqué, comme condition indispensable de réussite: *l'emploi d'objectifs irréprochables et répartissant la lumière d'une manière égale sur toute l'étendue du tableau* (1).

Ainsi, les objectifs de Vienne, et en général tous ceux qui *centralisent* la lumière, sont tout-à-fait impropres à la photographie sur papier.

Nous avons fait suffisamment connaître, dans notre *Manuel de daguerréotypie* (page 392 à 398) (2), les qualités qui distinguent un bon objectif; nous n'y reviendrons pas ici pour ne pas grossir inutilement ce chapitre, et nous renverrons à cet ouvrage ceux de nos lecteurs qui désireraient étudier à fond les nombreuses et importantes questions qui se rattachent aux objectifs.

Passons maintenant aux modifications que les châssis ordinaires de la chambre noire doivent nécessairement subir pour devenir propres à la production des épreuves sur papier. On sait qu'une des conditions essentielles du procédé est d'opérer sur une feuille de papier humide, bien étendue,

(1) Voyez la brochure publiée par M. Ch. Chevalier, pages 4 et 8, et celle de M. Lerebours, page 20.

(2) In-18, chez Roret, rue Hautefeuille, 10 bis.

ne présentant aucun pli ni boursoufflure, en un mot, sur une surface parfaitement plane. Bien des méthodes ont été proposées pour arriver à ce résultat.

Les uns ont conseillé d'employer la planchette ordinaire du châssis, en y faisant adhérer le papier photogénique sur une autre feuille de papier humectée à l'avance; mais on comprend facilement que, sous l'influence prolongée de l'humidité, le bois doit nécessairement se gauchir, se voiler, et dès lors, le papier obéissant aux inflexions de la planchette, présente une surface courbe. Cet inconvénient n'est pas le seul : il est bien difficile, qu'après quelques expériences, la solution d'azotate d'argent ne s'imprègne pas dans le bois, et il en résultera infailliblement des taches sur l'envers de l'épreuve, ce qui est un défaut capital.

D'autres ont proposé de remplacer la planchette par une ardoise; mais ils n'ont pas réfléchi que la nature poreuse de cette substance lui permet également d'absorber l'azotate d'argent et qu'il est bien difficile de l'en débarrasser entièrement, même par un lavage fait avec soin. Ainsi une partie des inconvéniens signalés dans l'usage de la planchette de bois subsistent encore avec l'ardoise.

Un troisième procédé consistait à substituer à la planchette une glace *unique* sur laquelle on étendait le papier photogénique, C'était déjà une grande amélioration, mais ce n'était pas encore la perfection.

D'ailleurs, les partisans de ces divers systèmes l'avouent eux-mêmes, il n'est plus possible d'employer aucun de ces moyens, lorsqu'il doit s'écouler un certain temps entre la préparation définitive du papier et son emploi à la chambre noire, parce qu'alors le papier photogénique, exposé au contact de l'air, se dessèche rapidement, cesse d'adhérer à la planchette ou se boursouffle d'une manière inégale.

Il faut donc, de toute nécessité, recourir à l'ingénieuse méthode employée depuis plus de quatre ans par M. Talbot, dans la construction de tous ses appareils sortis des ateliers de M. Charles Chevalier. Du reste, sans avoir eu aucune connaissance du système de M. Talbot, M. Blanquart a été conduit par un hasard heureux, comme il le dit lui-même, à employer précisément les mêmes moyens que l'habile photographiste anglais. En présence de ces deux autorités si graves en pareille matière, l'hésitation n'est plus possible, et ce serait une obstination ridicule que de rejeter la seule méthode qui satisfait à toutes les exigences du procédé.

La disposition adoptée par MM. Talbot et Blanquart est des plus simples, elle consiste à renfermer entre deux glaces le papier photogénique et la feuille de papier destinée à entretenir l'humidité ; il en résulte un tout bien compacte que l'on place dans une feuillure du châssis disposé à cet effet, et que l'on recouvre ensuite d'une planchette pour intercepter tout accès à la lumière. Ainsi se trouve résolu le double problème de maintenir le papier photogénique toujours bien tendu, et de l'entretenir pendant un temps indéfini dans cet état d'humidité nécessaire pour obtenir un prompt résultat.

On doit apporter la plus grande attention à ce que le point de jonction des deux glaces se trouve exactement à la même distance de l'objectif que le côté mat de la glace dépolie ; sans cette précaution essentielle, le papier impressionnable ne se trouverait pas au foyer, et l'on n'obtiendrait qu'une image confuse. Lors donc qu'on achètera une chambre noire, on devra s'assurer que cette condition a été rigoureusement remplie par le constructeur.

Les glaces que l'on emploie à cet usage doivent être plutôt minces qu'épaisses, deux ou trois millimètres d'épaisseur forment une dimension très convenable. C'est donc à tort qu'on a conseillé d'employer en cette circonstance des glaces épaisses, qui auraient pour effet de retarder inutilement l'opération (1).

On a fait plusieurs objections contre l'emploi des glaces dans la photographie sur papier. On leur a reproché de ralentir la production de l'épreuve et d'être très difficiles à nettoyer. L'expérience démontrera facilement que la première de ces objections n'est pas fondée, et qu'il existe une différence de sensibilité à peine appréciable entre une feuille de papier exposée à nu et celle enfermée entre deux glaces. Quant à la difficulté du nettoyage, elle peut être facilement levée, si l'on emploie à cet usage un peu d'alcool rectifié ou d'éther.

C'est surtout dans la photographie sur papier qu'on a besoin de châssis qui ne laissent pas pénétrer le plus faible rayon de lumière. Nous ne saurions donc admettre le système de fermeture à *coulisse* qui a prévalu depuis quelque temps dans la construction de ces châssis, et nous conseillons de revenir à l'ancienne construction à volet ou à porte qui présente bien plus de sécurité. C'est ainsi que sont construits les appareils de MM. Talbot et Blanquart, car ils ont appris par l'expérience, que l'introduction d'un faible rayon qui serait inoffensif dans la photographie ordinaire, occasionne des effets désastreux sur le papier photogénique. C'est là en effet la cause ordinaire de ces taches qui compromettent une plus ou moins grande étendue de l'épreuve et qu'on ne saurait expliquer d'aucune autre manière.

Occupons-nous maintenant de la construction du châssis à décalquer, car on sait que l'épreuve fournie par la chambre

____

(1) Il n'en est pas de même des glaces qui doivent garnir le câassis à décalquer, dont nous parlerons tout à l'heure.

noire ne constitue qu'une image négative ou inverse, et qu'il faut recourir à une seconde opération pour obtenir une image positive ou directe. Supposons un cadre de bois dans lequel on aura ménagé une feuillure assez profonde pour recevoir deux glaces épaisses et une planchette destinée à les recouvrir ; ajoutons à ce cadre un système de mentonnets, traversés par des boulons à écrous et destinés à maintenir les glaces comprimées pendant l'opération, et nous aurons une idée suffisante du châssis à décalquer. Nous avons recommandé à dessein de choisir de préférence des glaces très épaisses, afin qu'elles puissent résister sans se rompre, à la pression qu'il est nécessaire d'exercer sur elles pour assurer le contact parfait de l'épreuve négative avec le papier positif. Cette condition est essentielle, car plus il y aura d'adhérence entre les papiers, plus le dessin obtenu offrira de netteté. Nous reviendrons plus tard sur l'usage du châssis à décalquer.

Un support est nécessaire pour y déposer les glaces du châssis dans plusieurs opérations qui seront décrites ultérieurement (1). Ce support peut être construit de la manière la plus simple. On prend une planche de bois de 10 à 12 centimètres carrés sur 15 à 20 millimètres d'épaisseur, on ajuste au dessous de ce plateau trois vis à bois à tête ronde, de trois à quatre centimètres de longueur, et disposées en triangle équilatéral ; ces vis servent de pieds au support, et pour l'établir dans une position parfaitement horizontale, il suffit de serrer ou de desserrer les vis suivant les indications données par un niveau à bulle d'air que l'on place sur la tablette du support.

Tels sont à peu près tous les instrumens nécessaires à la

(1) Voyez ci-après le chapitre IV.

photographie sur papier ; il faut cependant y ajouter plusieurs cuvettes, tant pour la préparation des papiers que pour le fixage des épreuves. On devra les choisir très plates et autant que possible en porcelaine, car les meilleures faïences se laissent facilement pénétrer par les solutions d'azotate d'argent ; ce métal s'y réduit sous la forme de poudre noire et les solutions que l'on verse ensuite dans les cuvettes sont sujettes à s'y décomposer rapidement.

CHAPITRE II.

DES SUBSTANCES CHIMIQUES EMPLOYÉES DANS LA PHOTOGRAPHIE SUR PAPIER ET DE LEUR PRÉPARATION.

Les substances nécessaires aux opérations de la photographie sur papier se réduisent à un petit nombre, et leur préparation ne présente aucune espèce de difficulté.

Nous commencerons par en donner la liste, en indiquant les quantités dont on devra se munir pour compléter un assortiment qui peut suffire pour un grand nombre d'expériences ; nous indiquerons ensuite la manière de préparer les solutions qui peuvent toutes être faites à froid et au moment même de s'en servir.

Liste des substances.

Eau distillée.	5 litres.
Azotate (nitrate) d'argent, le plus neutre possible	50 grammes.
Iodure de potassium	50
Brômure de potassium	50
Acide gallique.	20

Acide acétique cristallisable 50
Chlorure de sodium pur (sel marin). . . 50
Hyposulfite de soude. 500
Cyanure simple de potassium 20

L'azotate d'argent, les sels de potassium et l'acide acétique devront être conservés dans des flacons bouchés à l'émeri.
Celui qui renferme l'azotate d'argent devra en outre être entouré d'un papier noir pour empêcher tout accès à la lumière.

Préparation des solutions.

Les formules qui vont suivre sont exactement dans les mêmes proportions que celles indiquées par M. Blanquart. Les
seules modifications que nous nous sommes permis d'y faire,
n'affectent donc en aucune manière le *dosage* des substances, elles portent seulement sur la *quantité* de chaque solution que nous avons cherché à mettre en rapport avec une
sage économie et avec les exigences des diverses opérations.

Quelques novateurs plus hardis n'ont pas craint de renverser toutes les proportions établies par M. Blanquart pour
leur en substituer de nouvelles dont le mérite est au moins
très contestable, puisqu'elles n'ont pas encore reçu la sanc-
tion de l'expérience. Loin de nous la pensée de vouloir fermer la voie à tout progrès ultérieur, et les formules de M.
Blanquart ne nous paraissent pas tellement immuables qu'on
ne puisse dans la suite y apporter quelques modifications.
C'est même un des avantages de la photographie sur papier
qu'elle permet de s'écarter, dans certaines limites, de cette
précision de dosage, si rigoureusement nécessaire dans le
daguerréotype ordinaire. Mais lors qu'un procédé est encore
dans l'enfance, il y aurait imprudence à abandonner de pri-

me abord le chemin tracé par l'inventeur, surtout lorsque ses prescriptions empruntent leur autorité à une longue expérience et à des succès acquis. Nous aurions donc cru faire acte de témérité, si nous avions engagé légèrement nos lecteurs dans la voie incertaine des essais et des tàtonnemens, Il nous a paru plus sûr et plus convenable de nous conformer scrupuleusement aux indications de **M. Blanquart.**

Nous avons cru devoir distinguer chacune des solutions par un titre et un n° d'ordre que l'on fera bien d'inscrire sur les étiquettes des flacons. On évitera ainsi toute cause de confusion et d'erreur, et nous pourrons plus facilement nous faire comprendre, lorsqu'en décrivant chacune des opérations du procédé, nous indiquerons qu'elle se fait avec telle ou telle préparation.

N° 1. — *Solution faible d'azotate d'argent.*

Azotate d'argent . . . . 6 grammes.
Eau distillée 180

N° 2. — *Solution d'iodure de potassium.*

Iodure de potassium. . . 12 grammes 5 décigrammes.
Brômure de potassium. . 5 décigrammes.
Eau distillée. . . . . . 280 grammes.

N° 3. — *Acéto-azotate d'argent.*

Azotate d'argent . . . . 6 grammes.
Acide acétique cristallisable 11
Eau distillée. 64

La préparation de cette solution nécessite quelques soins particuliers; ainsi, on commencera par dissoudre l'azotate d'argent dans la moitié de la quantité d'eau indiquée, on y

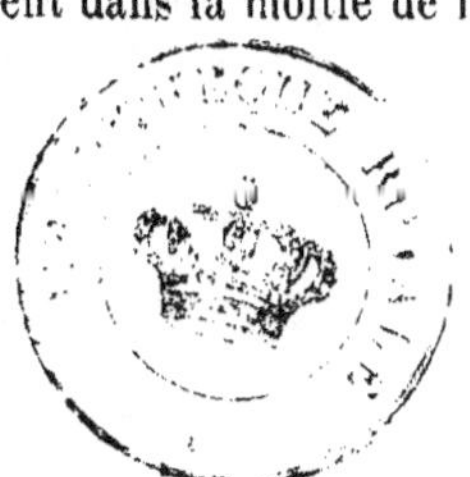

versera ensuite l'acide acétique, puis après avoir laissé reposer environ une heure, on ajoutera l'autre partie d'eau.

N° 4. — *Solution saturée d'acide gallique.*

Acide gallique cristallisé . . . . . .   2 grammes.
Eau distillée.   300

Cette préparation, contrairement à toutes les autres, devra être faite à l'avance. Pour obtenir une saturation bien complète, il faut au moins vingt-quatre heures à une température de 16° centigrades, au bout de ce temps, on filtrera la liqueur pour en séparer l'excès d'acide gallique qui n'aurait pas été dissous.

N° 5. — *Solution de brômure de potassium.*

Brômure de potassium . . . . . .   5 grammes.
Eau distillée.   200

N° 6. — *Solution de chlorure de sodium.*

Eau distillée saturée de chlorure
de sodium . . . , ...   60 grammes.
Eau distillée   200

N° 7. — *Solution concentrée d'azotate d'argent.*

Azotate d'argent . . . .   20 grammes.
Eau distillée.   100

N° 8. — *Solution d'hyposulfite de soude.*

Hyposulfite de soude. . . . .   100 grammes.
Eau distillée . , ...   800

Toutes les préparations qui renferment de l'azotate d'argent, devront être conservées dans des flacons bouchés à

l'émeri et recouverts de papier noir, et pour empêcher tout
accès à la lumière, on fera bien d'ajouter à cette précaution,
celle de les tenir dans un endroit obscur. Ces solutions sont
d'une extrême susceptibilité, et les causes les plus inoffensi-
ves en apparence, suffisent pour amener une précipitation
partielle de l'argent, qui altère leur limpidité. Lorsque
cette décomposition se borne à un précipité noir pulvérulent, *tenu en suspension* dans le liquide, on peut lui rendre sa transparence en le filtrant à travers un papier buvard
bien propre ; mais si la couleur blanche et limpide du bain
d'argent est sensiblement modifiée par la solution du précipité noir dont nous avons parlé, on doit rejeter la préparation plutôt que de s'exposer à des déceptions en employant
des produits d'une qualité douteuse.

Une des causes les plus ordinaires des altérations qui sur-
viennent dans les dissolutions d'argent, est le manque de
propreté des vases où elles sont versées, lors de la préparation des papiers. Il faut surtout éviter avec le plus grand soin
d'employer pour les solutions d'argent, des cuvettes qui auraient servi précédemment aux solutions d'hyposulfite de
soude ou de chlorure de sodium. La plus petite parcelle de
ces substances qui pourrait y rester, même après que ces
vases ont été parfaitement lavés et essuyés, suffirait pour décomposer le bain d'argent. Le contact des substances métalliques produirait encore le même effet. Lors donc qu'on est
obligé de toucher au bain d'argent, par exemple, pour en
retirer les papiers, il faut toujours le faire au moyen d'un
corps inerte, comme une baguette de verre, un cure-dents, etc.

Lorsque des solutions d'argent ont séjourné long-temps
dans les flacons qui les renferment et qu'elles s'y sont en
partie décomposées, le précipité noir pulvérulent qui résulte
de cette altération, adhère quelquefois assez fortement aux

parois et au fond de ces flacons. Avant donc d'y mettre un nouveau bain d'argent, il faut les rincer avec le plus grand soin, en ajoutant à l'eau un peu de cyanure de potassium, pour faire disparaître jusqu'à la moindre trace de ce précipité, qui pourrait altérer la limpidité de la nouvelle solution; on lavera ensuite le flacon à grande eau et on y passera en dernier lieu quelques gouttes d'eau distillée.

Il est inutile d'ajouter que les filtres qui servent aux dissolutions d'argent ne doivent pas avoir été employés avec d'autres substances, et qu'ils ne doivent jamais servir qu'une fois.

La solution indiquée sous le n° 3, est particulièrement sujette à se décomposer, et outre les causes d'altération qui lui sont communes avec les autres solutions d'argent, il en existe qui lui sont propres. C'est ainsi que peu de jours après sa préparation, il n'est pas rare d'y rencontrer un petit dépôt blanc qui se forme ordinairement à la surface. On peut l'en débarrasser en la passant à travers un linge fin et bien propre; mais si l'on s'aperçoit que cette préparation a perdu sa limpidité, et qu'un filtrage au papier ne suffise pas pour la lui rendre, il faudra nécessairement préparer une autre solution.

On ne doit jamais perdre de vue que cette préparation est la plus importante de toutes, puisque c'est elle qui donne au papier photogénique l'extrême sensibilité dont il est doué; or, cette sensibilité n'existerait plus, si par une cause quelconque la solution se trouvait décomposée. Pour obvier à ces inconvéniens, l'acéto-azotate d'argent devra être préparé en petites quantités à la fois, et si l'on ne doit pas faire de suite un grand nombre d'expériences, on pourra réduire à moitié les proportions que nous avons indiquées sous le n° 3.

Ces recommandations pourront paraître minutieuses, nous

espérons néanmoins que nos lecteurs nous en sauront quelque gré, puisqu'elles n'ont d'autre but que de leur éviter des chances d'insuccès dont il est quelquefois si difficile de pénétrer la cause.

CHAPITRE III.

DU CHOIX ET DE LA PRÉPARATION DES PAPIERS.

Ce chapitre peut être considéré comme le plus important , car de la qualité du papier et de sa préparation dépend tout le succès des opérations subséquentes. Nous nous efforcerons donc d'indiquer les caractères auxquels on peut reconnaître les papiers les plus propres à la reproduction des épreuves , nous entrerons ensuite dans le détail des soins minutieux qu'on doit apporter à leur préparation.

SECTION PREMIÈRE.

DU CHOIX DES PAPIERS.

Pour mettre le lecteur plus à même d'apprécier les qualités que l'on doit rechercher dans les papiers photogéniques , il est indispensable d'exposer en quelques mots la théorie des procédés de la photographie sur papier. Lorsqu'on connaîtra les effets qu'on doit s'efforcer de produire, il sera plus facile de choisir avec discernement les papiers les mieux appropriés au but qu'on se propose.

On sait depuis long-temps que les sels d'argent jouissent de la singulière propriété de noircir rapidement, lorsqu'ils sont exposés à une vive lumière. C'est sur ce principe qu'est fondée la photographie sur papier.

Si donc une feuille de papier imprégnée d'une solution d'argent est exposée au foyer d'une chambre noire, l'image des objets extérieurs recueillie par l'objectif de cet appareil , sera reproduite sur le papier en raison inverse de leurs intensités lumineuses; c'est à dire que les parties les plus éclairées de ces objets noirciront profondément le sel d'argent , tandis que les parties les plus sombres laisseront à peine une légère impression sur la couche sensible. On obtiendra donc ainsi une véritable image des objets avec toute la valeur relative de leurs dégradations diverses ; seulement cette image sera en sens inverse, ou suivant l'expression adoptée : *négative* , puisque les blancs seront représentés par des noirs *et vice versâ.*

Supposons maintenant que l'on place cette première épreuve en contact avec une autre feuille de papier préparée de la même manière et qu'on expose le tout à la lumière; les parties les plus claires du dessin primitif livreront un passage facile aux rayons lumineux , tandis que les teintes les plus sombres se laisseront plus difficilement pénétrer. Il en résultera une nouvelle image, mais qui , cette fois, sera directe ou *positive,* puisqu'alors les objets seront représentés dans l'ordre naturel de leurs teintes.

Ce court exposé suffira pour faire comprendre que la double opération dont nous venons de donner une idée doit être exécutée avec des papiers de qualité différente. Ainsi, pour l'épreuve négative qui doit conserver une certaine transparence, il est évident qu'on devra employer un papier d'une faible épaisseur ; quant à l'image positive, il faudra, au contraire, adopter un papier plus épais ; car, ainsi que nous le verrons plus tard, on ne peut obtenir de vigueur dans le dessin qu'autant que les substances chimiques auront pénétré profondément dans la masse du papier.

Maintenant que nous connaissons les propriétés particulières à chaque espèce de papier photogénique, examinons les qualités qui leur sont communes.

Une des conditions les plus essentielles que l'on doit rechercher dans le papier, soit positif, soit négatif, est une grande finesse et une grande égalité de grain ; c'est le seul moyen d'obtenir cette pureté et cette netteté de trait nécessaires à l'une et à l'autre épreuve. Il faut, en outre, que la pâte du papier présente une grande homogénéité, et que sa texture soit assez serrée pour qu'il ne puisse ni s'étendre ni se désagréger, lors des diverses immersions qu'il devra subir. Ces qualités sont assez difficiles à apprécier à la vue, car les papiers que l'on emploie à la photographie ont dû préalablement être glacés, et cette opération a pour effet de refouler momentanément leur grain, qui redevient ensuite très apparent lorsqu'ils ont séjourné dans quelque liquide. On ne pourra donc bien apprécier la qualité des papiers qu'après en avoir fait l'essai.

La plupart des papiers que l'on rencontre dans le commerce, quelque belle que soit leur apparence, sont loin d'être chimiquement purs ; un grand nombre de matières étrangères se trouvent intimement mêlées à leur composition, mais dans un tel état de division que leur présence échappe à l'examen le plus attentif. Les réactifs employés dans la photographie sur papier, agissent d'une manière particulière sur ces corps étrangers, et il en résulte dans l'image obtenue un pointillé qui couvre toute la surface, au grand détriment de la transparence et de la netteté. Ces sortes de papiers doivent être rejetés comme tout-à-fait impropres à la photographie.

En résumé, le choix du papier est une chose extrêmement délicate et difficile, et il en sera ainsi jusqu'à ce que d'habiles fabricans, éclairés par les conseils des photographistes,

soient parvenus à lui donner toutes les qualités requises
pour le but qui nous occupe. En attendant, les amateurs feront prudemment de se fournir chez les papetiers qui, s'étant
occupés les premiers de cette spécialité, ont été à même
d'apprécier les sortes de papiers qui produisent les meilleurs
résultats.

SECTION II.

DE LA PRÉPARATION DES PAPIERS.

Bien que la préparation des papiers photogéniques soit
affranchie de ces soins minutieux dont on ne peut se dispenser dans le polissage des plaques métalliques, il faut cependant y apporter une certaine attention et écarter *avec soin*
toutes les causes qui pourraient porter atteinte à la blancheur
et surtout à la propreté du papier. On devra donc y toucher
le moins possible, même avant sa préparation, et lorsqu'on
sera forcé de le faire, ce sera toujours avec des mains bien
propres et surtout exemptes de corps gras; l'omission de cette
précaution produirait une inégalité dans l'absorption des
substances chimiques, qui se traduirait sur l'image obtenue
par une empreinte du tissu de la peau.

Pour conserver aux papiers toute l'énergie de leurs propriétés photogéniques, il est essentiel que leur préparation
ait lieu dans un endroit complètement obscur, à la simple
lueur d'une lampe ou d'une bougie. M. Talbot a néanmoins
proposé de masquer avec des rideaux jaunes les fenêtres de
l'appartement qui sert de laboratoire, et il assure que la lumière transmise par ces sortes d'écrans ne nuit en rien à la

sensibilité du papier. Ce moyen présente à la vérité une plus grande facilité, mais il ne nous paraît pas assez infaillible pour que nous osions conseiller son emploi dans les circonstances où l'on pourra s'en dispenser. Nous pensons donc qu'il est infiniment préférable de préparer les papiers le soir, en s'éclairant convenablement; on pourra alors les laisser sécher pendant la nuit; mais il ne faudra pas attendre que le jour ait paru le lendemain matin pour les recueillir dans des boîtes de carton impénétrables à la lumière. Si l'on avait à sa disposition quelque cabinet bien obscur, rien ne s'opposerait à ce que les papiers pussent être préparés pendant le jour; mais il faudrait bien prendre garde de laisser pénétrer la lumière dans cette pièce, toutes les fois qu'on y entrerait ou qu'on en sortirait.

On s'était contenté jusqu'ici d'appliquer à la surface des papiers photogéniques, une légère couche de substances impressionnables à la lumière, et il en résultait une réaction chimique purement superficielle et des épreuves dépourvues de vigueur dans les parties sombres, et sans modelé dans les demi-teintes. C'est sans contredit à cette cause si long-temps inconnue, qu'on doit attribuer l'état stationnaire de la photographie sur papier; car il faut bien le dire, les premiers résultats obtenus n'étaient point acceptables pour les artistes. Nous devons aux recherches persévérantes de M. Blanquart, d'avoir fait disparaître ce défaut capital, et grâce à sa méthode *d'imprégnation profonde* des papiers, les images photogéniques ont acquis le relief et l'épaisseur qui leur manquaient. Nous dirons donc avec M. Blanquart, que la condition la plus essentielle de la préparation des papiers, consiste dans une pénétration intime des substances photogéniques qui doivent se trouver recélées dans la profondeur de leur tissu, et non pas simplement déposées à leur superficie.

Il ne faudrait pas cependant pousser ce système jusqu'à l'excès, et prolonger l'immersion des papiers jusqu'au point où l'épaisseur tout entière de la pâte se trouverait traversée par les liquides ; il est nécessaire, ainsi que nous le verrons dans la suite, que l'une des surfaces du papier demeure insensible à la lumière pendant toute la durée des opérations ; mais tout en satisfaisant à cette exigence, on devra faire pénétrer les préparations chimiques aussi profondément que possible dans le tissu du papier.

Telles sont les règles générales qui s'appliquent à la préparation des papiers négatif et positif.

§ 1er. — *Préparation du papier négatif.*

Après avoir coupé le papier en feuilles de grandeur proportionnée à celle des épreuves que l'on se propose de faire et à la dimension des cuvettes dont on peut disposer, on le marquera au crayon d'un côté et vers un angle, pour pouvoir toujours reconnaître dans la suite la surface qui aura reçu la préparation (1).

On versera alors dans une cuvette qui sera spécialement consacrée aux bains d'argent, une quantité de la préparation n° 1 (*solution faible d'azotate d'argent*), suffisante pour recouvrir le fond de cette cuvette, à une hauteur de deux à trois millimètres. On prendra une des feuilles de papier que l'on posera doucement et bien à plat sur ce bain, en ayant

____

(1) Si l'on avait négligé cette précaution, il serait encore facile de distinguer le côté du papier qui a été préparé ; car même après une dessication complète, ce côté présente toujours une surface concave.

soin de placer en dessus la surface qui a été marquée au crayon.

Pendant la durée du bain, on soulèvera successivement et avec précaution chacun des angles du papier, pour s'assurer qu'aucune bulle d'air n'a été enfermée entre lui et le liquide; s'il s'en trouvait on les ferait disparaître. On évitera autant que possible dans cette opération, de se servir de ses doigts; la pointe d'un cure-dent, un bout de tube de verre, sont des instrumens qu'on trouve facilement sous sa main et qu'on peut sans inconvénient employer à cet usage. Des *bruxelles* garnies en verre à leurs extrémités, seraient peut être préférables; mais dans tous les cas on doit éviter d'employer des pinces en bois, bien qu'elles aient été recommandées. Cette substance est de nature à réagir sur la solution d'argent, et son contact pourrait déterminer une décomposition du bain ou des taches sur le papier. Dans toute cette opération, on doit apporter un soin extrème à ce que le bain d'argent n'envahisse jamais la surface supérieure du papier, car il en resulterait infailliblement des taches sur l'envers de l'épreuve.

Nous nous sommes un peu étendu sur ces recommandations, parce qu'elles s'appliquent à toutes celles des préparations ultérieures dans lesquelles la feuille de papier est déposée à la surface d'un liquide; il suffira de les avoir faites une fois pour toutes et nous n'y reviendrons plus.

Au bout d'une minute ou deux, le papier doit se trouver convenablement imprégné d'azotate d'argent. Cependant cette limite fixée par M. Blanquart n'est pas d'une precision rigoureuse; elle varie suivant la qualité et l'épaisseur du papier; d'ailleurs, on peut toujours reconnaître à des signes apparens, si l'absorption est suffisante : lorsque les bords extrèmes de la feuille, qui s'étaient tenus relevés au commencement de l'opération, se seront complètement affaissés, et que la couleur blanche et mate du papier commencera à prendre une teinte légèrement bleuâtre, on jugera que la préparation est terminée.

On enlèvera alors la feuille de papier par un de ses angles, et on la laissera parfaitement s'égoutter au dessus de la cuvette ; ensuite on la déposera à plat, le côté préparé en dessus, sur une surface bien horizontale et imperméable, comme le dessus d'un meuble verni, une toile cirée, une feuille de verre, etc. Si la surface où l'on doit déposer le papier avait déjà servi au même usage, il faudrait avant tout la laver et l'essuyer avec soin, car il pourrait s'y trouver quelques parcelles d'azotate d'argent cristallisé qui tacheraient l'envers du papier.

Nous avons recommandé de déposer la feuille préparée sur un plan horizontal, en voici les motifs : Nous avons déjà insisté sur la nécessité d'imprégner profondément le tissu du papier ; or, si après l'avoir retiré du bain, on le faisait sécher sur un plan incliné, comme on l'a conseillé à tort, la portion du liquide demeurée à la surface s'écoulerait vers la partie la plus déclive, au lieu d'être absorbée par le papier pendant sa dessication, et il en résulterait une préparation superficielle et inégale.

Il faut bien se garder de faire sécher le papier sur une feuille de carton de pâte, ainsi que l'a conseillé, je crois, M. Martens. On sait que cette espèce de carton renferme une grande quantité de substances étrangères à sa composition, comme le plâtre, le fer, etc. On s'exposerait donc, en suivant cette méthode, à produire des tâches ineffaçables sur le papier photogénique.

Lorsque le papier négatif est entièrement sec, il est temps de s'occuper de la seconde préparation qu'on doit lui faire subir. Elle ne doit même pas être différée, si l'on veut éviter que le papier ne roussisse.

On verse à cet effet dans une cuvette un peu profonde la préparation d'iodure de potassium n° 2. On y plonge entièrement le papier en laissant au dessus le côté déjà préparé (1). Après une immersion de 80 à 150 secondes suivant la température (2), on enlève le papier en le prenant par deux coins, et, sans le lâcher, on le passe rapidement dans un vase d'eau distillée; ce lavage a pour but d'enlever l'excès de l'iodure de potassium qui en séjournant sur le papier pourrait y former un dépôt cristallin; on suspend alors la feuille par un de ses angles à un fil tendu horizontalement, et on la laisse parfaitement s'égoutter et sécher complètement.

Plusieurs moyens ont été proposés pour assujettir le papier sur le fil où il doit être suspendu. M. Blanquart se contente d'y faire une corne à l'un des coins, mais cette partie de la feuille est alors sacrifiée, et demeure à peu près insensible à l'action de la lumière. M. Mayer se sert de tuyaux de plumes fendus qui retiennent la feuille de papier par deux de ses angles; cette méthode nous paraît préférable. Quant à nous, nous avons employé avec succès le moyen suivant : La ficelle qui doit servir à suspendre le papier traverse un certain nombre de cubes en liége, et c'est sur ce liége que les feuilles sont fixées par deux de leurs angles au moyen d'épin-

(1) Le bain d'iodure de potassium est une épreuve décisive à laquelle on reconnaît si le papier est propre à la photographie. Lorsque pendant cette immersion, il se couvre de petits points violets plus ou moins étendus, on doit le rejeter et en chercher un autre de meilleure qualité, à moins, toutefois, que ces taches ne soient peu nombreuses et peu apparentes.

(2) Plus il fait froid, plus cette immersion doit être prolongée.

gles ordinaires , on peut alors les espacer convenablement entre elles de manière à ce qu'elles ne se touchent pas. Le papier n'éprouve aucune altération et, sauf le petit trou occasionné par la piqure de l'épingle , il nous a paru aussi sensible vers le point d'attache que sur le reste de sa surface.

Lorsque le papier sera parfaitement sec, on le recueillera avec précaution et on le renfermera, *sans le tasser*, dans des boîtes de bois ou de carton où il sera conservé à l'abri de toute lumière. Ce papier pourra servir pendant plusieurs mois sans avoir rien perdu de sa sensibilité primitive.

§ 2. — PRÉPARATION DU PAPIER POSITIF.

Si l'on a suivi avec attention ce qui vient d'être dit pour le papier négatif, on ne sera nullement embarrassé pour la préparation du papier positif qui est encore plus simple et plus facile.

On commencera par diviser le papier en feuilles de dimension convenable. On versera alors dans une cuvette la solution de chlorure de sodium n° 6 ; on déposera à la superficie de ce bain la feuille de papier, et on l'y laissera jusqu'à ce qu'elle s'aplatisse parfaitement sur l'eau, ce qui exige deux à trois minutes , suivant l'épaisseur du papier. Au bout de ce temps, on enlèvera la feuille avec précaution, et on l'examinera attentivement par transparence. Si l'on y remarquait des taches d'un blanc plus clair et plus transparent que le reste du papier, il serait inutile de pousser plus loin l'opération, car les points blancs dont nous avons parlé se traduiraient infailliblement sur l'épreuve par des tâches d'un rouge brun foncé. Il vaut mieux alors recommencer avec une nouvelle feuille plutôt que de perdre du temps et d'employer le bain d'argent à une préparation qu'on sait à l'avance devoir être défectueuse.

Lorsqu'au contraire le papier paraît sans défaut, on le place sur un cahier de papier buvard exclusivement consacré à cet usage, et l'on passe fortement à plusieurs reprises et dans tous les sens la main sur le dos du papier pour bien l'essuyer; on a soin de renouveler fréquemment le papier buvard jusqu'à ce qu'il n'accuse plus aucune trace d'humidité fournie par le papier préparé.

On place alors la feuille de papier sur une cuvette où l'on a versé à l'avance la solution concentrée d'azotate d'argent, n° 7, et on l'y laisse jusqu'à ce qu'on la juge suffisamment imprégnée; il faut pour cela quatre à six minutes; mais, pour ne pas perdre de temps, on placera en attendant sur la solution de chlorure de sodium une seconde feuille de papier qui se trouvera préparée et essuyée au moment où on enlèvera la première de dessus le bain d'argent.

A mesure que les feuilles seront retirées de la solution d'argent, on les fera bien égoutter, puis on les déposera à plat sur un plan horizontal, comme nous l'avons recommandé pour la première préparation du papier négatif.

Lorsque le papier sera parfaitement sec, on le conservera dans un carton bien fermé, car il est extrêmement sensible à la lumière; on fera même bien de ne pas le préparer trop long-temps à l'avance, car il s'altère promptement, et devient moins propre à la reproduction des épreuves.

CHAPITRE IV.

DE L'EXPOSITION A LA CHAMBRE NOIRE. — MOYENS DE FAIRE PARAITRE LES ÉPREUVES NÉGATIVES ET DE LES FIXER.

Maintenant que nous avons donné toutes les indications nécessaires pour bien choisir et préparer le papier, il nous reste à enseigner la manière d'en faire usage. Occupons-nous d'abord de l'image négative dont la réussite est le point le plus important du procédé, puisqu'elle forme un type original, une sorte de cliché dont on pourra ensuite multiplier les copies à l'infini.

Après avoir subi les deux préparations qui ont été indiquées plus haut, le papier négatif serait encore loin de présenter la sensibilité nécessaire pour produire une image avec la promptitude que requièrent les opérations photographiques, surtout lorsqu'il s'agit de portraits. Il a donc fallu trouver un moyen d'activer au plus haut degré la sensibilité de ce papier. On y est parvenu en mettant à profit la propriété que possède l'azotate d'argent de noircir plus rapidement à la lumière lorsqu'il est humide. A cet effet, on applique sur le papier négatif une troisième préparation qui ne doit avoir lieu que peu d'instans avant de prendre une épreuve. Nous allons indiquer le moyen de procéder à cette opération en indiquant toutes les précautions à prendre pour en assurer le succès.

Nous avons dit, chapitre premier, que le papier photographique devait être renfermé entre deux glaces qui sont placées ensuite dans le châssis de la chambre obscure ; le premier soin à prendre est de nettoyer parfaitement ces deux glaces, car s'il y restait quelques substances étrangères, comme des corps gras qui y auraient été déposés par le contact des doigts, ou des sels qui s'y seraient cristallisés à la suite des expériences antérieures, on pourrait être assuré .à l'avance que l'épreuve en porterait les traces. Ces glaces seront donc lavées à grande eau et essuyées avec un linge propre ; et pour être encore mieux assuré de leur pureté, on y versera, sur les deux faces, quelques gouttes d'alcool rectifié à 40° ou d'éther sulfurique, et on les essuiera de nouveau avec un linge uniquement consacré à cet usage.

On déposera alors une des glaces sur le support dont nous avons parlé chapitre premier, et qu'on a dû préalablement établir bien de niveau, à l'aide des vis à caler qui lui servent de pieds. On versera sur cette glace une quantité d'acéto-azotate d'argent (préparation n° 3) suffisante pour humecter toute la surface, lorsque le liquide aura été étalé à l'aide d'un pinceau bien propre (1) ou simplement d'un morceau de papier que l'on renouvellera à chaque expérience. Il existe un autre moyen de répartir la préparation plus également sur la glace, c'est de l'y répandre goutte à goutte par l'intermédiaire d'un entonnoir garni d'un filtre de papier et que l'on replacera sur le flacon lorsqu'il aura fourni une quantité suffisante de liquide. Cette méthode a l'avantage de purifier l'acéto-azotate et d'en séparer un petit dépôt blanchâtre qui se forme ordinairement à sa surface après quelques jours de préparation.

On prend alors une feuille de papier négatif que l'on place avec soin, le côté préparé en contact avec la surface du verre où l'on a versé la solution d'argent ; on laisse cette feuille

(1) Un pinceau de verre serait le meilleur à employer en pareil cas.

s'humecter et s'étendre pendant une ou deux minutes, et s'il s'y formait quelques plis, on pourrait les faire disparaître en projetant l'haleine sur la surface supérieure du papier ; enfin, si ces plis persistaient, il ne faudrait pas hésiter à soulever délicatement le papier par un de ses coins et en le laissant retomber doucement sur le verre, il finirait par s'y étendre bien à plat. Dans toutes ces manipulations, il faut bien prendre garde de ramener sur l'envers du papier la moindre goutte d'acéto-azotate d'argent, et si cet accident arrivait, il faudrait se hâter d'enlever le liquide répandu au moyen d'un petit morceau de papier buvard : car si l'on négligeait ce soin, il pourrait en résulter des taches sur le verso de l'image négative, et la transparence nécessaire à cette épreuve se trouverait compromise. Par la même raison, on doit éviter autant que possible de toucher le papier avec les doigts, surtout lorsqu'à la suite d'expériences précédentes ils sont imprégnés d'azotate d'argent et d'acide gallique.

Lorsque le papier négatif se sera bien étendu sur la glace et qu'il y adhérera sans aucuns plis ni bulles d'air, on prendra une feuille de papier épais à dessiner (1), de la même dimension que l'épreuve et qu'on aura mis tremper à l'avance dans l'eau distillée (2), l'adjonction de ce papier imbibé d'eau est destinée à entretenir l'humidité du papier négatif pendant son exposition à la lumière ; elle est particulièrement utile lorsqu'il doit s'écouler un certain temps entre la préparation du papier et son exposition à la chambre obscure,

----

(1) Le papier-carton employé communément pour les cartes de visites, sera très convenable à cet usage.

(2) Il est très essentiel d'employer à cet usage de l'eau parfaitement distillée, sans cela on s'exposerait à produire une opacité générale sur l'envers de l'épreuve.

comme par exemple lorsqu'on doit aller prendre des vues
au dehors. On placera donc ce papier exactement sur le papier négatif, et on déterminera leur adhérence en y passant
la main dans tous les sens et à plusieurs reprises. Pour achever de rendre le contact des papiers plus parfait, on pourra
y passer, mais sans trop de force, une des carres émoussées
de la glace supérieure qui doit recouvrir le tout ; cette dernière opération présente la plus grande analogie avec la manière dont les ébénistes se servent de leur racloir, elle a surtout pour but de débarrasser les papiers de l'excédent de liquide dont ils sont imbibés. Après avoir essuyé la glace qui
vient de servir à cet usage, on la place sur les papiers qui se
trouvent ainsi comprimés entre les deux verres, et on renferme le tout dans le châssis, que l'on recouvre de sa planchette.

Toutefois, avant de procéder à l'exposition à la lumière, il
ne faut pas négliger une dernière précaution, qui n'est pas
sans importance. Dans toutes les opérations qui précèdent, il
est bien difficile que la surface *extérieure* de la glace qui doit
transmettre la lumière au papier, ne se trouve pas ternie par
quelques traces d'humidité ; on ouvrira donc le volet du châssis, et on essuiera parfaitement le verre avec un linge bien
propre imbibé de quelques gouttes d'alcool ou d'éther.

Il est bien entendu que toutes les préparations qui viennent d'être décrites, doivent être faites dans l'obscurité, à la
simple lueur d'une bougie, car il est très essentiel que le papier photogénique ne reçoive aucun rayon de la lumière du
jour, avant le moment où on démasquera l'objectif de la
chambre noire. C'est pour cela que nous ne saurions trop recommander d'avoir des châssis dont la fermeture hermétique
soit impénétrable à la lumière, et si l'on éprouvait le moindre doute à cet égard, il serait prudent de renfermer le

châssis dans un sac de velours noir, jusqu'au moment précis où l'on doit s'en servir.

Le choix du site ou du monument qu'on veut reproduire, la pose plus ou moins heureuse du modèle que l'on a adopté, sont des questions d'art ou de goût étrangères au plan que nous nous sommes tracé. Nous ne pouvons donc que renvoyer le lecteur aux différens ouvrages qui ont traité ce sujet.

La mise au point exige une précision plus rigoureuse peut-être encore que dans la photographie ordinaire ; car, dans le procédé que nous décrivons, on doit s'attacher à ne rien perdre de la netteté de l'image. On fera donc bien, au risque de perdre un peu de lumière et de prolonger un peu la pose, d'adapter à l'objectif un diaphragme de petite dimension ; un diamètre de 25 à 30 millimètres nous paraît un maximum d'ouverture qu'on ne doit jamais dépasser.

Dans ces conditions, M. Blanquart a obtenu au soleil, en 18 ou 20 secondes, des épreuves parfaitement venues avec l'objectif à verres combinés pour grande plaque de M. Ch. Chevalier (1). Bien que la longueur des secondes photographiques soit en quelque sorte devenue proverbiale, notre propre expérience nous autorise à affirmer que l'assertion de M. Blanquart reste plutôt en deçà de la vérité, et qu'on arrive à une promptitude encore plus grande lorsqu'on a pour soi des circonstances favorables. Parmi ces circonstances, il faut sans doute placer en première ligne l'intensité de la lumière; mais on doit aussi tenir compte de la température dont l'élévation contribue d'une manière remarquable à la formation rapide de l'image en favorisant l'accomplissement

(1) Voyez la notice de M. Blanquart, publiée par cet opticien, page 8, en note.

des réactions chimiques qui y donnent lieu. Au surplus, le problème de la durée de la pose, si difficile à résoudre dans la photographie ordinaire, présente une importance beaucoup moins grande dans le procédé sur papier. On ne doit donc se préoccuper que d'une manière secondaire, d'une précision qui n'est pas rigoureusement nécessaire, puisque, comme nous le verrons tout à l'heure, on possède un moyen assuré d'arrêter l'épreuve au degré convenable, lors de son apparition sous l'acide gallique. Nous indiquerons en outre avec une attention particulière, les signes caractéristiques auxquels on peut reconnaître qu'une épreuve n'est pas assez venue ou qu'elle a dépassé la limite convenable ; en sorte que l'échec d'une opération manquée servira nécessairement de guide et de correctif pour l'expérience subséquente.

L'exposition étant terminée, on refermera le châssis et on le rapportera dans la pièce obscure qu'on aura adoptée pour les préparations ; on place alors sur le support une feuille de verre à vitre d'une dimension un peu plus grande que l'épreuve et qui aura été nettoyée à l'avance avec le plus grand soin ; on humecte légèrement la superficie de ce verre, au moyen d'un pinceau ; on sépare ensuite les deux glaces, on enlève d'abord la feuille de gros papier qui a servi à entretenir l'humidité (1) ; enfin on retire avec précaution l'épreuve restée adhérente à la glace et on la dépose sur le verre à vitre, le côté impressionné en dessus. On doit faire en sorte que le papier négatif soit parfaitement étendu sur le verre sans aucuns plis ni boursoufflures, car l'action de l'acide gallique serait irrégulière dans ces endroits. Ces dispositions prises, on versera sur

(1) Ce papier ne doit, dans aucun cas, resservir plus d'une fois au même usage.

l'épreuve une petite quantité de la solution d'acide gallique (n° 4), mais suffisante néanmoins pour en recouvrir toute la **surface. Pour faciliter** une répartition prompte et égale de cette solution sur le papier, on inclinera le verre en différens sens jusqu'à ce que la nappe de liquide se soit étendue partout; cette précaution est très importante, car les parties de l'épreuve qui n'auraient pas été dès l'abord imbibées d'acide gallique, se trouveraient en retard pendant tout le reste de l'opération. Dès le premier moment du contact de l'acide gallique, l'image apparaîtra sur-le-champ, et si l'opération a réussi, elle se manifestera d'abord par une teinte d'un beau roux, qui foncera peu à peu jusqu'au noir le plus intense.

C'est ici qu'il faut redoubler de surveillance et d'attention et suivre les progrès de l'épreuve sans la perdre un seul instant de vue. On s'assurera de temps en temps, en regardant par le dessous du verre qu'on pourra enlever de dessus le support, si l'envers du papier conserve toute sa blancheur ; et aussitôt que l'image paraîtra avoir atteint son maximum d'intensité, c'est à dire lorsque les noirs seront bien prononcés, sans que les blancs aient rien perdu de leur éclat, on arrêtera à l'instant l'effet de l'acide gallique, en versant en abondance de l'eau ordinaire sur l'épreuve. Il est inutile pour cela de la retirer de dessus le verre, car pendant le temps qu'on emploierait à cette manœuvre, l'action prolongée de l'acide gallique pourrait altérer les blancs de l'image.

On placera ensuite l'épreuve dans une cuvette, et on y versera une quantité de solution de bromure de potassium (n° 5) suffisante pour recouvrir le papier. Ce dernier bain a pour effet de fixer l'image, de manière à ce qu'elle ne puisse plus désormais s'altérer à la lumière. On y laissera séjourner l'épreuve pendant 15 à 20 minutes, évitant de lui faire voir le jour avant qu'elle ne soit complètement fixée. Au sortir de ce bain, on lavera une dernière fois l'épreuve à grande eau, puis on la séchera entre plusieurs feuilles de papier buvard.

Pour ne pas interrompre la description d'opérations qui doivent avoir lieu immédiatement à la suite les unes des autres, nous avons supposé qu'on s'était conformé scrupuleusement à toutes les conditions du procédé et qu'on avait ainsi obtenu le succès.

Nous allons maintenant signaler les imperfections qui peuvent se révéler sous l'action de l'acide gallique, et nous en rechercherons les causes, afin qu'on puisse désormais les éviter.

Occupons-nous d'abord des caractères auxquels on peut distinguer si une épreuve est restée exposée à la lumière pendant un temps convenable.

On reconnaîtra que l'image est suffisamment venue lorsqu'elle apparaîtra promptement sous l'action de l'acide gallique, avec cette teinte rousse dont nous avons déjà parlé. Cette couleur passera rapidement au gris sombre, puis au noir intense, sans que cependant les parties les plus éclairées aient rien perdu de leur blancheur ; toutes les demi-teintes seront bien prononcées et les plus petits détails fortement accusés. Mais si l'exposition à la lumière avait été prolongée outre mesure, l'action de l'acide gallique marcherait avec une rapidité telle, qu'elle ne tarderait pas à envahir les blancs de l'image, avant qu'on ait eu le temps de l'arrêter, et, ce qui est bien grave, l'envers de l'épreuve se trouverait sali par une teinte grise générale qui enlèverait au papier une grande partie de sa transparence. Ce dernier effet pourrait encore se manifester si l'on n'arrêtait pas à temps l'action de l'acide gallique, ou si l'épreuve était exposée à la lumière **avant** d'être tout-à-fait fixée par le brômure de potassium.

Si, au contraire, l'exposition à la lumière n'a pas été assez prolongée, l'épreuve se distinguera par des caractères tout-à-fait opposés à ceux que nous venons de signaler. Ainsi, au lieu de cette teinte rousse qui est le cachet d'une bonne épreuve, elle prendra dès l'origine une teinte grisâtre ; l'action de l'acide gallique sera lente, inégale et incomplète ; l'image, vague et indéterminée dans ses contours, sera dépourvue de vigueur, de demi-teintes et de détails ; si on l'examine par transparence, elle présentera un aspect pointillé, au lieu de ces nuances larges et bien fondues qu'elle devrait avoir. Enfin, si pour remédier à tous ces défauts, on essaie de prolonger l'action de l'acide gallique au delà des limites ordinaires, on arrivera bien à donner à l'épreuve une teinte noire, mais cette teinte, pour ainsi dire forcée, sera uniforme, elle traversera toute l'épaisseur du papier dont elle détruira la transparence.

Des deux excès dont nous venons de parler, il faut encore préférer celui où l'épreuve est restée trop long-temps exposée à la lumière, parce qu'alors on reste toujours le maître d'arrêter à temps l'action de l'acide gallique, pourvu qu'on y apporte une extrême attention.

Ainsi qu'on l'a vu précédemment, l'extrême prolongation de la pose, l'action exagérée de l'acide gallique, l'emploi d'eau mal distillée et le défaut de fixage, produisent ordinairement une opacité générale sur l'envers de l'image ; mais quelquefois cette opacité n'est que partielle, et elle procède alors de plusieurs autres causes qu'il est important d'étudier.

Nous avons déjà recommandé plus d'une fois, d'éviter avec soin qu'aucune goutte des solutions d'argent ne soit répandue sur l'envers des papiers positif et négatif lors de leur préparation. Au risque de nous répéter nous insisterons encore sur ce point, car l'omission de cette précaution est la cause la plus ordinaire des taches que l'on remarque souvent au verso des images négatives.

On doit aussi apporter une attention toute particulière à la propreté de la surface sur laquelle les papiers sont déposés pendant leur dessication, pour éviter qu'ils n'y contractent la moindre souillure.

La propreté des doigts est encore une condition de rigueur ; car s'ils étaient imprégnés de corps gras, de sels d'argent ou d'acide gallique, ils laisseraient infailliblement leur empreinte sur le papier, et cette empreinte, d'abord invisible, se révélerait sous l'action de l'acide gallique.

La plupart des taches que l'on remarque sur les épreuves négatives, sont occasionnées par de petits cristaux de sel d'argent ou d'acide gallique, qui demeurent adhérens, soit aux glaces des châssis, soit au verre où l'on dépose le papier pour le soumettre à l'action de l'acide gallique ; on ne saurait donc apporter trop de soin à bien laver et essuyer ces verres, comme nous l'avons déjà dit.

La plus faible introduction de lumière dans le châssis pendant que le papier y est enfermé, causerait sur l'épreuve ou sur son envers, des taches d'un noir intense et dont l'étendue serait proportionnée aux rayons qui se seraient introduits. On doit donc s'assurer que les châssis ferment hermétiquement, et c'est une sage précaution que d'interposer entre la planchette du châssis et la glace supérieure, un morceau d'étoffe noire pour intercepter de ce côté tout accès à la lumière.

Lorsque les taches qui existent sur l'envers de l'épreuve sont en petit nombre et de peu d'étendue, on réussit quelquefois à les enlever au moyen d'une solution très faible de cyanure simple de potassium. Mais il ne faut jamais employer ce moyen qu'avec une certaine circonspection et après avoir

ciré l'épreuve. On doit alors plonger immédiatement le papier
dans une cuvette remplie d'eau pour arrêter à temps l'action
du cyanure qui pourrait pénétrer toute l'épaisseur du papier
et détruire en partie l'image.

Lorsque l'épreuve négative a été lavée et séchée comme
nous l'avons dit, il reste à lui faire subir une dernière préparation pour augmenter sa transparence, et la rendre plus propre à la reproduction des épreuves positives. On y parvient
en l'imprégnant de cire ; à cet effet, on étend l'épreuve sur
plusieurs feuilles de papier blanc, on y râpe une certaine
quantité de cire vierge, on la recouvre de plusieurs autres
feuilles de papier, puis avec un fer à repasser *chauffé mo-
dérément*, on fait fondre la cire de manière à la faire pénétrer sur toute l'étendue et dans toute l'épaisseur du papier
négatif ; on renouvelle ensuite les papiers pour absorber l'ex-
cédant de cire, de manière à ce qu'il ne s'en forme aucun dépôt à la surface de l'épreuve. Si le fer à repasser était trop
chaud, il altérerait profondément et sans retour les noirs de
l'épreuve ; on ne doit donc l'employer qu'à un degré de chaleur juste suffisant pour fondre la cire.

Nous avons recherché si quelques autres substances ne
seraient pas également propres à donner de la transparence
à l'épreuve négative, et nous avons essayé successivement :
la stéarine, le blanc de baleine, l'huile, l'essence de téré-
benthine, les vernis ; mais rien ne nous a paru préférable à
la cire, et nous croyons qu'on fera bien de s'en tenir à cette
dernière substance.

Nous ne terminerons pas ce chapitre sans indiquer aux
lecteurs les moyens de faire disparaître les taches qui noir-
cissent profondément les doigts par suite du contact répété
des solutions d'argent et d'acide gallique, dans les diverses
opérations qui viennent d'être décrites. Le même inconvé-

nient se reproduit aussi sur les linges employés à essuyer les verres, les cuvettes, etc., et ces taches sont tellement persistantes qu'elles résistent aux meilleures lessives.

Lors donc qu'on voudra se nettoyer les mains, après avoir terminé les expériences, on commencera par les tremper dans l'eau, puis on frottera les endroits noircis, avec un morceau de cyanure de potassium, évitant de laisser séjourner trop long-temps cette substance sur la peau, car elle pourrait y occasionner une grande irritation. On se lavera ensuite les mains à grande eau, pour enlever toute trace de cyanure. On sait que c'est un poison très violent et qui pourrait agir par simple absorption, il ne faut donc employer ce moyen qu'avec réserve et circonspection.

Une solution concentrée d'iodure de potassium serait infiniment préférable puisqu'elle n'offre aucun danger, mais elle agit beaucoup plus lentement.

On pourrait encore se servir d'une forte dissolution d'hyposulfite de soude dans laquelle on se laverait les mains, après l'avoir fait chauffer à la plus haute température qu'on puisse supporter. Cette solution se trouverait ainsi chargée de sel d'argent et pourrait être conservée pour fixer les épreuves positives, ainsi que nous le verrons plus loin au chapitre VI.

Quant aux linges, on les détachera facilement au moyen d'une solution de 10 grammes de cyanure de potassium dans 100 grammes d'eau. Ce liquide n'altère en aucune façon les tissus. Si l'on avait à enlever des taches de sel d'argent sur les habits, il faudrait employer une solution beaucoup plus faible et laver ensuite à grande eau pour ne pas altérer les couleurs.

CHAPITRE V.

DE LA TRANSFORMATION DE L'IMAGE NÉGATIVE EN ÉPREUVE
POSITIVE.

Après avoir décrit tout ce qui se rattache à la production
de l'image négative, il nous reste à examiner les moyens de
la transformer en image positive, et cette opération n'est pas
la moins intéressante puisqu'elle permet de multiplier à un
nombre infini d'exemplaires les copies du dessin obtenu.
Qu'on ne s'attende pas, du reste, à rencontrer ici aucune difficulté sérieuse ; cette partie du procédé est extrêmement facile, et quelques mots suffiront pour en démontrer toute la
théorie.

Le châssis dont on se sert pour décalquer les épreuves, a
été suffisamment décrit au chapitre 1er, il n'est donc pas nécessaire d'y revenir. Le premier soin à prendre est de nettoyer parfaitement les glaces qui font partie de ce châssis
afin que rien ne s'oppose à leur transparence, et surtout
pour faire disparaître jusqu'à la moindre trace d'azotate
d'argent qui pourrait adhérer au verre à la suite d'expériences précédentes. Cette précaution est très essentielle, car les
plus petits cristaux de sel d'argent qui pourraient se trouver sur les glaces occasionneraient des taches profondes et
irréparables sur l'épreuve négative, et la rendraient tout-à-
fait impropre à de nouvelles reproductions (1).

(1) On ne saurait croire avec quelle persistance les cristallisa-
tions d'azotate d'argent adhèrent sur le verre. Il nous est arrivé
souvent de laver parfaitement les glaces des châssis de la chambre noire, même avec de l'alcool ; et lorsqu'elles nous paraissaient
entièrement nettes et transparentes, si l'on y projettait l'haleine,
on y remarquerait encore des traces d'argent cristallisé. Pour les
faire disparaître, il fallait recourir à un nouveau lavage avec une
solution faible de cyanure de potassium.

Par le même motif, on fera bien de se conformer à une recommandation faite par M. Mayer ; il conseille d'essuyer avec soin, au moyen d'un linge très propre, la surface préparée du papier positif avant de le mettre en contact avec l'épreuve négative, afin d'enlever les petits cristaux d'argent qui auraient pu se former pendant le séchage du papier.

Après avoir fait ces dispositions préliminaires, on placera le côté impressionné du papier négatif en contact avec la face préparée du papier positif, on les introduira tous deux entre les glaces, et le tout sera renfermé dans le châssis que l'on recouvrira de sa planchette ; on serrera alors assez fortement les vis de pression, pour éviter tout déplacement des papiers et pour assurer leur contact parfait.

Il est bien entendu que les papiers doivent être disposés de telle sorte que la lumière vienne frapper sur l'envers de l'image négative. Enfin il sera bon que le papier positif déborde un tant soit peu la feuille négative : les diverses teintes que prendront ces bords exposés à la lumière directe, serviront plus tard de terme de comparaison pour apprécier les progrès de l'épreuve.

Le châssis est alors exposé au soleil, et on lui donne l'inclinaison convenable pour que les rayons de cet astre viennent frapper perpendiculairement sur le papier. On pourrait bien à la rigueur opérer le transport de l'épreuve au moyen de la lumière diffuse, mais outre la durée excessive de l'exposition, on a remarqué que les images ainsi obtenues, présentent moins de vigueur et de netteté que celles qui se sont formées sous l'influence d'une vive lumière.

Il serait difficile d'assigner des limites précises à la durée de cette opération. On comprend qu'elle doit être plus ou moins prolongée, suivant les différentes conditions dans lesquelles elle s'accomplit. Ainsi, la transparence plus ou moins grande de l'épreuve négative, la différence d'intensité de la lumière, le plus ou moins d'élévation de la température, sont autant de causes qui peuvent accélérer ou retarder la formation de l'image positive. En thèse générale, l'exposition au plein soleil pourra varier de 15 à 25 minutes, mais à la lumière diffuse il faudra dix à vingt fois autant de temps pour obtenir une impression suffisante. Dans tous les cas, on ne risquera jamais rien en prolongeant l'exposition jusqu'à son degré extrême, c'est à dire jusqu'au point où les vives lumières de l'image positive commencent à s'altérer. Nous verrons, en effet, dans le chapitre suivant, qu'on reste toujours le maître d'affaiblir une image positive trop venue ; mais qu'on ne possède aucun moyen de donner de la vigueur à un dessin qui n'aurait pas été suffisamment impressionné par la lumière.

L'expérience est donc le meilleur guide que l'on puisse suivre pour arriver à déterminer le temps d'exposition nécessaire au transport de l'image, et c'est encore ici le cas où les données défectueuses d'un premier essai servent à rectifier les opérations subséquentes. Cependant, on ne doit pas négliger l'examen de certains caractères extérieurs et apparens qui peuvent servir à constater approximativement les progrès de l'opération. Ainsi, nous avons recommandé précédemment de laisser un peu déborder le papier positif; les parties de ce papier qui ne sont point recouvertes par l'image négative, prendront successivement les teintes suivantes : rose, lilas foncé, violet, noir intense, vert olive foncé, vert olive plus clair. Lorsque cette dernière nuance se sera manifestée, il y aura tout lieu de croire que l'épreuve positive a atteint le point convenable. Ce n'est, toutefois, qu'une probabilité, et le moyen proposé par M. Mayer nous paraît offrir bien plus de certitude. Dans son

système, la planchette du châssis à décalquer est munie d'une
porte que l'on peut ouvrir à volonté, pour constater les progrès de l'opération sans déranger ni les glaces ni les papiers.
On est assuré que l'épreuve est suffisamment venue lorsque
le dessin a pénétré dans toute l'épaisseur du papier positif,
*et qu'il commence à devenir apparent sur l'envers de ce
papier.* L'idée de M. Mayer nous paraît bonne, et nous en-
gageons nos lecteurs à faire construire leurs châssis à décalquer d'après ce principe.

L'exposition terminée, on rapportera le châssis dans le cabinet noir, on enlèvera l'épreuve obtenue, puis on la fera
baigner pendant 10 à 20 minutes, suivant son intensité,
dans une cuvette remplie d'eau de rivière. Si l'image était
faiblement accusée on pourrait se dispenser de ce bain, et
passer immédiatement au fixage par l'hyposulfite dont nous
traiterons au chapitre suivant.

CHAPITRE VI.

DES MOYENS DE FIXER L'IMAGE POSITIVE ET DE LUI DONNER DIFFÉRENTES TEINTES.

C'était déjà une grande conquête que d'avoir réussi à fixer
sur le papier les images fugitives de la chambre noire, mais
on pouvait craindre avec raison que ces admirables dessins
ne finissent par être détruits sous l'influence du même agent
qui les avait produits. Il fallait donc trouver une substance
chimique capable de les soustraire à toute action ultérieure
de la lumière, c'est à dire une substance qui rendît désormais inerte la portion d'azotate d'argent non impressionnée
par les rayons lumineux, sans cependant porter atteinte à
l'image obtenue.

Nous avons vu (chapitre IV) que l'image négative formée par un véritable iodure d'argent, se trouve convenablement fixée au moyen d'une immersion dans un bain de brômure de potassium. Il s'agissait d'obtenir le même résultat pour l'épreuve positive qui, comme on le sait, prend naissance sur un papier imprégné de chlorure d'argent ; M. Talbot est le premier qui ait résolu le problème d'une manière satisfaisante, en indiquant comme moyen de fixage une solution d'hyposulfite de soude dans laquelle les épreuves positives sont plongées pendant un certain temps. On a pu obtenir ainsi des dessins véritablement inaltérables à la lumière ; mais en se renfermant dans les indications données par M. Talbot, les images présentaient toutes une couleur uniforme et peu artistique, à laquelle on a voulu donner le nom de teinte bistre, mais qui serait beaucoup mieux qualifiée par celui de nuance *chocolat*.

Il était réservé à M. Blanquart d'étudier d'une manière plus approfondie les propriétés du bain d'hyposulfite, de suivre avec persistance la série des phénomènes qui s'y développent, et de tirer de ses observations une méthode certaine pour donner aux images les teintes les plus riches et les plus variées. On ne sera donc plus borné désormais à cette inévitable teinte chocolat qui caractérise toutes les épreuves de M. Talbot et celles de M. Bayard, mais on aura à parcourir toute l'échelle des tons bruns et des bistres pour arriver à la belle teinte noire des gravures à l'aqua-tinta. L'opérateur restera toujours le maître de s'arrêter à la teinte qui lui conviendra, ce qui est un avantage inappréciable, puisqu'avec la même épreuve négative on pourra obtenir des reproductions qui offriront des tons différens.

On voit par ce que nous venons de dire, que cette partie du procédé est loin d'être purement mécanique, et qu'au contraire elle a besoin d'être conduite avec intelligence, pour savoir ménager à propos les effets que l'on veut produire. Nous nous attacherons donc à décrire avec un soin tout particulier la manière de diriger le bain d'hyposulfite, et nous indiquerons toutes les ressources qu'on en peut tirer. Nous savons que cette opération a été l'écueil d'un grand nombre d'amateurs qui se sont adonnés aux expériences de photographie sur papier, et nous nous efforcerons de donner des explications assez claires et assez précises pour éviter à l'avenir toute cause d'insuccès.

La solution d'hyposulfite de soude dont nous avons donné la formule au chapitre premier, sous le n° 8, n'est pas immédiatement propre à produire les différens effets dont nous venons de parler. Lorsqu'elle est nouvellement préparée, et qu'elle n'a encore servi qu'à un petit nombre d'expériences, son action dissolvante s'exerce avec trop d'énergie sur l'azo tate d'argent, et au bout d'un certain temps d'immersion, l'épreuve, au lieu d'arriver à cette belle teinte noire qui est la plus recherchée, se dégrade peu à peu, et finirait même par disparaître entièrement. Il faut, pour obtenir de bons effets, que l'hyposulfite se soit en quelque sorte saturé de l'azotate d'argent qu'il a successivement enlevé aux épreuves ; il devient alors moins avide de cette substance, et son action, jusqu'alors destructive, se borne désormais à modifier la teinte des images, tout en les fixant d'une manière permanente. On doit donc bien se garder de rejeter l'hyposulfite qui a servi, il faut au contraire le conserver avec soin sans s'inquiéter de son apparence trouble et du précipité noir abondant qui s'y forme. Il n'est même pas nécessaire de le filtrer ; on pourra néanmoins y ajouter de temps en temps une petite quantité de solution nouvelle, pour remplacer le liquide qui s'est évaporé ou perdu pendant l'immersion des

épreuves et pour maintenir la liqueur à peu près dans les mêmes conditions de saturation d'azotate d'argent.

Les inconvéniens attachés à l'emploi d'une solution d'hyposulfite trop récente seraient de nature à décourager les
commençans, si M. Blanquart, dans une note postérieure
communiquée à l'Académie, n'avait indiqué le moyen de donner de prime-abord à cette solution les qualités qu'elle n'acquiert ordinairement que par suite d'un long usage. Il suffit
pour cela d'ajouter à la solution d'hyposulfite quelques cristaux d'azotate d'argent ou quelques gouttes d'une dissolution
concentrée de ce dernier sel.

Les propriétés plus ou moins dissolvantes du bain d'hyposulfite, à ses différens degrés de saturation d'azotate d'argent,
peuvent être mises à profit par un artiste intelligent pour en tirer les effets plus variés. Ainsi, une image positive qui serait
fortement empâtée par suite d'une exposition prolongée à la lumière, sera d'abord soumise à un bain d'hyposulfite neuf et
énergique, et lorsque ce bain aura en quelque sorte enlevé
la croûte superficielle et fait apparaître les plus petits détails
de l'épreuve, on la reportera dans un autre bain d'hyposulfite plus chargé d'argent, et qui en peu de temps lui commu-
niquera les diverses teintes que nous avons indiquées. Dans
cette occasion et autres semblables, l'hyposulfite agira à peu
près à la manière *du mordant* des graveurs à l'eau forte, qui
savent si bien en régler l'action suivant le but qu'ils se pro-
posent.

Après avoir fait connaître les qualités que doit posséder la
solution d'hyposulfite, examinons un peu plus en détail les
phénomènes qui s'accomplissent pendant l'immersion de l'é-
preuve, nous y trouverons d'utiles renseignemens pour la
conduite de l'opération et pour déterminer le point où il
convient de l'arrêter suivant la teinte qu'on veut obtenir.

Lorsque l'épreuve positive paraît avoir été suffisamment exposée à la lumière, nous avons recommandé, à la fin du chapitre précédent, de la faire tremper pendant quelques instans dans un bain d'eau douce. C'est au sortir de ce bain qu'on la plongera dans la solution d'hyposulfite, et l'on pourra désormais suivre ses progrès à la lumière du jour. On verra alors l'image se dégager de plus en plus de la couche épaisse qui semblait l'envelopper ; le dessin, jusqu'alors confus et embrouillé, prendra peu à peu de la netteté, les moindres détails deviendront apparens, les demi-teintes commenceront à se faire jour, et les teintes extrêmes se prononceront avec une vigueur de plus en plus intense. La couleur de l'épreuve, d'abord d'un ton roux et uniforme, passera ensuite à la nuance *chocolat*, qu'elle conservera pendant un certain temps ; elle finira par s'assombrir peu à peu, puis après avoir parcouru toute l'échelle des tons bruns et des bistres, elle passera à un violet foncé, puis enfin au noir de plus en plus intense. C'est à ce point qu'il convient d'arrêter l'immersion ; cependant si on la prolonge encore on obtiendra de nouveaux effets, et l'épreuve semblera avoir été dessinée aux crayons noir et blanc sur un papier jaune ; au delà d'une certaine limite l'épreuve se dégrade progressivement et finit par prendre une nuance d'un jaune verdâtre qui tend de plus en plus à l'uniformité.

Il serait fort difficile d'assigner la durée qu'il convient de donner au bain d'hyposulfite, puisque plusieurs circonstances essentiellement variables, peuvent accélérer ou retarder la formation de la teinte qu'on désire donner à l'image. Cependant on peut dire, en thèse générale, que le minimum de l'immersion doit être au moins de deux heures ; et si avant ce temps l'image était arrivée à la période où elle commence à se dégrader de ton, ce serait une preuve qu'elle n'a pas été suffisamment impressionnée à la lumière, et l'on pourrait craindre qu'elle ne se trouvât pas fixée d'une manière permanente. Il nous est arrivé de prolonger le bain d'hyposulfite pendant 8 et 10 heures, pour amener l'épreuve à la teinte noire que nous cherchions; au surplus, comme on peut suivre des yeux l'opération, on saura toujours l'arrêter à point et à la teinte qu'on désirera, lorsqu'on aura observé une fois la série des couleurs qui se succèdent. Nous devons faire remarquer toutefois que les épreuves, lorsqu'elles sont dans le bain, paraissent toujours un peu plus pâles qu'elles ne le seront en définitive après avoir été séchées. Il faudra donc avoir égard à cette circonstance dans l'appréciation de la teinte qu'on désire obtenir.

Avant de terminer, nous allons présenter en quelques mots le résumé des phénomènes qui s'accomplissent pendant la durée du bain d'hyposulfite. On y remarque trois périodes bien distinctes : dans la première, l'image, d'abord à l'état d'ébauche grossière, se dégage de la couche épaisse d'azotate d'argent sous laquelle elle était en quelque sorte ensevelie, et elle apparaît jusque dans ses moindres détails; la seconde peut être regardée comme la période *colorante*, c'est celle où l'épreuve arrive progressivement du brun pâle au noir le plus foncé; vient ensuite la troisième période, celle où l'image, après avoir atteint son maximum de coloration, se dégrade peu à peu et arriverait à une entière destruction, si on prolongeait l'immersion jusqu'à ses dernières limites.

L'épreuve ayant été retirée du bain d'hyposulfite, on la plongera dans un vase rempli d'eau ordinaire, et on l'y laissera séjourner 8 à 12 heures pour faire disparaître jusqu'à la moindre trace d'hyposulfite, on la séchera ensuite au moyen de papier buvard, et elle se trouvera complètement terminée.

CONCLUSION.

Qu'il nous soit permis, en terminant ce petit traité, de payer un nouveau tribut de remercîmens à **M.** **Blanquart** au nom de tous les amateurs de photographie. Grâce à ses recherches persévérantes, et surtout à son désintéressement, le public se trouve aujourd'hui doté d'un procédé dont les résultats sont déjà très remarquables, et qui recèle un avenir encore plus brillant. Il n'est pas douteux, en effet, que la photographie sur papier, lorsqu'elle sera devenue familière aux amateurs, ne prenne entre leurs mains les plus larges développemens, et qu'elle n'arrive bientôt à la perfection. On lui doit déjà d'avoir donné naissance à un nouvel art rempli d'agrémens, *l'auto-photographie*, que M. Mathieu vient de rendre public dans une brochure remarquable par la clarté du style et par la précision des détails qu'elle renferme.

Nous ne saurions donc trop engager les personnes qui se livrent aux expériences photographiques, à se lancer dans cette nouvelle voie, elles y trouveront une nouvelle source de jouissances, et le perfectionnement de la photographie sur papier est un but d'une assez haute portée pour stimuler leurs efforts.

M. WILLIAM THOMPSON,

A M. CHARLES CHEVALIER.

9 février 1847.

« Le docteur Woods, de Parsonstown (Irlande), a proposé un nouveau procédé pour faire les épreuves sur le papier, qui mérite d'être publié en France. On prépare un mélange de deux grammes de sirop d'iodure de fer, la même quantité d'eau distillée et 10 ou 12 gouttes de teinture d'iode; on lave un côté de bon papier à écrire (mais pas satiné), avec ce liquide au moyen d'un pinceau, on laisse séjourner la feuille pendant deux ou trois minutes, et ensuite on absorbe l'excès du liquide avec du papier brouillard; cela fait, on lave le papier dans une solution de nitrate d'argent, une partie de sel dans huit parties d'eau distillée, et puis on place le papier encore humide dans le châssis de la chambre obscure. Après le lavage au nitrate d'argent, le papier doit avoir une teinte jaune serin. Le papier ne conserve pas sa sensibilité, c'est pourquoi l'on doit l'employer une ou deux heures après sa préparation. Suivant M. le docteur, son papier est tellement sensible aux radiations lumineuses, qu'une exposition de 15 secondes suffit pour un portrait par un temps couvert, et 5 pour un bâtiment. Lorsqu'on retire le papier de la chambre obscure, on ne voit sur la feuille aucune trace de l'image : mais si on la place dans une obscurité complète, entre des feuilles de papier brouillard humide, l'image commence bientôt à se former; elle se développe spontanément. on peut accélérer l'apparition des détails par l'action combinée de la chaleur et de l'humidité. Pour fixer l'épreuve, d'abord il faut la tremper dans de l'eau afin d'ôter toute matière soluble du papier, puis on la place pendant deux ou trois minutes dans une solution d'iodure de potassium, une partie de sel dans 50 parties d'eau distillée, et enfin, après un dernier lavage à grande eau, on la sèche (il vaudrait mieux employer l'hyposulfite de soude pour le fixage comme pour le calotype. Les images sont négatives et l'on obtient des épreuves positives par les procédés à présent bien connus. Dans le procédé calotype, l'image se développe spontanément lorsqu'on fait usage du papier iodo-gallique, décrit dans le manuel de M. de Valicourt, page 506. Dans le procédé calotype, on substitue le sulfate de fer à l'acide gallique, le sel de fer donne plus d'opacité dans les noirs, M. Talbot emploie très fréquemment cette modification. Il suffit seulement de laver une feuille de papier ioduré avec une solution de nitrate d'argent simple et on peut employer le papier ou sec ou humide. Lorsqu'on le retire de la chambre, on développe l'image avec une solution *très faible* de protosulfate de fer, les cessionnaires du brevet de M. Talbot préfèrent ce sel à l'acide gallique. Je dois ajouter que **M.** le docteur Woods a nommé son procédé le *catalysotype*.

» Le sirop d'iodure de fer peut être préparé de la manière suivante : iode sec, 200 parties; fil de fer menu, 100 parties; sucre de cannes raffiné, en poudre, 1,200 parties; eau distillée 2,880 parties; faites bouillir ensemble l'iode, l'eau et le fer dans un matras, d'abord on chauffe très doucement pour éviter l'expulsion des vapeurs de l'iode, ensuite, plus fortement, jusqu'à ce que le volume du liquide soit réduit aux deux tiers; mettez le sucre dans un autre matras ou flacon, et filtrez-y le liquide encore chaud; lorsque le sucre est dissous, on ajoute suffisant d'eau distillée pour suppléer à la perte produite par l'évaporation. Il faut le conserver dans un flacon bouché à l'émeri.

» M. Hunt a décrit un procédé pour faire des images sur le

papier, et quoi qu'il ait été publié il y a plus de deux ans, je pense qu'il n'est pas connu parmi vous. Il se nomme le fluorotype, parce que l'action de la lumière sur le brômure d'argent est accélérée par l'emploi du fluate de soude. Voici la description de ce procédé, extraite des *Recherches sur la lumière*, publiées en 1844 par M. Hunt. Faites dissoudre une partie de brômure de potassium dans vingt-quatre parties d'eau et une partie de fluate de soude dans quatre-vingt-seize parties d'eau. Quand on veut faire une épreuve, on fait un mélange à parties égales des deux solutions, et on en lave une seule fois la feuille de papier : lorsque le papier est sec, on le lave dans une solution de nitrate d'argent de la force de une partie de nitrate dans huit parties d'eau distillée. On peut l'employer sec ou à l'état humide. Ce papier conserve sa sensibilité pendant quelques jours, plus d'une semaine même ; une demi-minute suffit pour faire imprimer une image à la chambre noire, et on fait paraître l'image en lavant le papier dans une solution très faible de protosulfate de fer. Pour fixer l'épreuve, on la trempe d'abord dans l'eau et ensuite on la lave dans une solution d'hyposulfite de soude. L'épreuve, après avoir été encore trempée dans l'eau qui doit être changée deux ou trois fois, est séchée comme à l'ordinaire. »

M. HUMBERT DE MOLARD,

A M. CHARLES CHEVALIER.

« Monsieur,

» J'apprends trop tard la prochaine publication de votre opuscule sur la photographie, pour répondre à votre appel aussi amplement que je l'aurais désiré. Oui, certes, j'ai bien des observations, bien des procédés que je crois tous utiles et que je pourrais vous communiquer; mais l'exacte certitude de la plupart d'entre eux ne m'est véritablement pas encore assez démontrée pour les hasarder avec conscience à la publicité.

» Je ne vous envoie pas, ainsi que vous m'y engagez, et que je vous l'avais presque promis, mon procédé pour colorier les images sur plaques à l'aide d'un vernis résineux qui ne laisse aucune trace et sur lequel les couleurs en poudre, préparées *ad hoc*, peuvent s'appliquer d'une manière fixe et brillante à quelque intensité de ton qu'on veuille les pousser. Une notice détaillée sur ce procédé, que je crois supérieur à tous ceux employés jusqu'à ce jour, serait peut-être à désirer, ne fût-ce que pour réhabiliter un peu le coloriage tout-à-fait en défaveur, parce qu'il est généralement mal entendu et mal exécuté : mais outre que ce genre de coloriage demande, pour faire illusion avec la miniature (1), l'habitude d'une main, sinon tout-à-fait artistique, du moins passablement exercée, la description complète et sincère de ces nombreux tours de main porterait pour le moment préjudice à quelques artistes, dont je ne veux pas trahir l'intimité en divulguant une partie des moyens qui font le succès de leur industrie journalière. Au reste, ce genre de peinture excentrique sur plaque, ne peut, je crois, que perdre de plus en plus par l'extension que va prendre d'ici à peu de temps la photographie sur papier. Que d'espérances, en effet! que de beaux résultats lorsque l'artiste, en face d'une feuille qui lui sera familière, ne dédaignera plus d'y imprimer les capricieuses modifications de son pinceau, ainsi que l'originalité de sa propre manière de faire.

(1) Tels sont ceux de MM. Maucomble, Thompson, etc.

» Le papier doit maintenant devenir le point de mire des efforts les plus assidus. Ses manipulations viennent, malgré le temps peu favorable, de me donner en 25, 30 ou 40 secondes, des résultats que je n'espérais véritablement pas. A mon prochain voyage, je vous porterai en vues et portraits des épreuves obtenues avec votre grand objectif, dont la netteté et la finesse de détails sont d'un augure on ne peut plus encourageant pour la campagne daguerrienne qui va s'ouvrir, surtout si les expérimentateurs compétens veulent se donner la peine de réviser la partie chimique de l'opération qui laisse beaucoup à désirer.

» Vous pourriez, en son lieu et place, indiquer avec sécurité, que pour la préparation du papier positif, le dépôt de chlorure d'argent obtenu par l'acide chlorhydrique, est préférable à celui que donne le sel marin trop souvent impur, falsifié, par conséquent variable dans ses effets quand il n'est pas entièrement nuisible.

» On étend une partie d'acide chlorhydrique concentré dans dix fois son poids d'eau distillée, et on use de ce liquide pour préparer le papier absolument de la même manière qu'on le fait avec l'eau salée. Cette préparation, quand elle est récente, donne de très beaux tons bistre foncé, offre plus de sensibilité et de finesse dans ses petits détails.

» Elle a, de plus, l'avantage de passer très facilement au noir par le moindre contact avec un sel de fer. Ainsi, une épreuve d'un ton rouge en sortant de l'hyposulfite, parce que son exposition n'aurait pas d'abord été assez prolongée sous la glace à la lumière solaire, peut, après un lavage afin de la débarrasser de tout hyposulfite, être ramenée au noir encre par une immersion rapide dans une solution très étendue de sulfate de fer *pur*. On peut même, si on était pressé d'avoir le positif d'un cliché dans une saison ou par un temps défavorable, l'obtenir en quelques minutes sans soleil, et en quelques secondes sous un de ses pâles rayons, en ne laissant impressionner la feuille sous le cliché juste que le temps ordinaire pour l'épreuve négative dans la chambre noire. On rentre alors l'image dans l'endroit obscur du laboratoire, et on la fait paraître, non pas cette fois avec une solution étendue, mais bien saturée de sulfate de fer pur, ou mieux encore, de protoxide de ce même sulfate. Il est inutile d'ajouter qu'on peut, avec ce même papier, obtenir une image à la chambre obscure, et n'avoir plus alors qu'une seule préparation à faire pour les deux épreuves négative et positive.

» Dans tous les cas où on se servirait de sulfate de fer, soit pour l'apparition totale d'une image, soit seulement pour la faire virer au noir, ainsi qu'il vient d'être dit, il ne faudra pas, comme avec l'acide gallique, attendre que l'image soit parvenue au dernier degré de teinte voulue, car plus tard les blancs s'obscurciraient et l'épreuve serait perdue, l'action noircissante du sel de fer se continuant encore un peu, même après le lavage. Il faut, je le répète, ne faire que plonger rapidement la feuille dans la solution ferrugineuse et l'immerger aussitôt dans un seau d'eau. Au bout de dix minutes, elle en sortira noire et suffisamment fixée. Si on prolongeait par trop ce dernier bain, elle se couvrirait de taches de rouille, aussi est-il bon de sécher ces sortes d'épreuves rapidement à l'aide du papier buvard. Enfin, si l'épreuve après confection se montrait, ce qui arrive quelquefois par l'effet trop fort ou trop prolongé du sel de fer, piquetée de petits points noirs, on les ferait disparaître par une eau très légèrement acidulée par l'acide chlorhydrique dont on arrêterait l'action dès que les blancs seraient purs et avant que les noirs aient eu le temps de subir une altération trop sensible.

» Les traces noires que laissent le contact des sels d'argent, sont pour tous les amateurs un sujet continuel de murmures et de répugnance. Je crois donc leur rendre un véritable service en leur indiquant ici un *spécifique* qui leur rendra leur belle humeur et leur zèle au travail, en leur assurant le nettoyage rapide de leurs doigts, ainsi que du linge qu'on emploie dans les opérations.

Eau distillée. . . . . 15 grammes.

Cyanure de potassium blanc . . 2

Iode en grains 3

———

20

» On termine en ajoutant l'iode qui se dissout promptement dans la solution aqueuse de cyanure. Il faut faire peu de cette liqueur, car elle jaunit, s'épaissit et s'altère promptement, même à l'abri de la lumière, et demeure alors sans autre mérite que celui de composer, avec addition de quelques gouttes d'eau brômée, une liqueur accélératrice, du reste, aussi bonne que toute autre. Mais à l'état frais et comme réactif, l'action du cyanogène dans ce composé est extraordinaire sur les maculations les plus profondes et les plus invétérées du nitrate d'argent. Des lignes, des caractères tracés au pinceau ou à la plume, s'y traduisent avec la même rapidité que celle de l'encre sur le papier ordinaire. Une épreuve, quelque noire et bien fixée qu'elle puisse être à la surface de laquelle il serait répandu, disparaîtrait non pas petit à petit ni en partie, mais *instantanément* et sans laisser le moindre vestige sur le papier ramené sans tache à sa première blancheur, après toutefois un lavage définitif dont l'avantage est d'arrêter l'action du réactif, et d'enlever l'auréole qui resterait sans cela autour des parties retouchées. On conçoit tout le parti avantageux que peut tirer la photographie sur papier de cette solution iodeuse de cyanure qui, plus ou moins concentrée, effacera les taches, blanchira des fonds teintés inégalement, modifiera les nuances totales ou partielles; en un mot, favorisera les retouches selon le goût et l'adresse de l'opérateur.

» Le cyanure de potassium tout seul, les acides nitrique et muriatique, les eaux chlorurées et brômées, et, en général, toutes les liqueurs accélératrices, sont agens destructeurs des taches de nitrate d'argent, mais d'une manière moins prompte, moins complète, puisqu'ils laissent des taches en place de celles qu'ils effacent.

» Quelques lignes encore avant de terminer mes causeries avec vous.

» Puisque vous êtes si jaloux de propager tout ce qui a rapport au plus petit progrès de la photographie, pourquoi ne faites-vous pas connaître la disposition de l'appareil que j'ai construit, que je vous ai fait voir il y a deux ans environ, et que vous avez été le premier à trouver bon. N'oubliez donc pas qu'à l'aide de ma simple coulisse, la plaque est instantanément substituée à l'écran. On a su trouver depuis long-temps la rapidité d'exécution dans les verres et dans les substances accélératrices, pourquoi n'a-t-on pas songé à se la procurer encore par la construction spéciale de la chambre noire. Communément, il faut dans les conditions les plus propices, une moyenne de quinze à vingt secondes pour enlever le châssis à glace et le remplacer par celui à plaques, et c'est aussi le temps moyen nécessaire à la confection d'un portrait. N'ayant aucun intervalle de temps perdu entre la mise au point et le commencement de la pose, il en résulte non seulement que j'ai souvent fini quand un autre commencerait, mais que j'ai l'avantage de profiter des vingt premières secondes de la pose qui sont les meilleures, parce que le sourire n'a pas encore eu le temps d'abandonner la physionomie du modèle.

» Je vous rappellerai encore que cette coulisse, comme je l'ai exécutée, est d'une simplicité extrême, qu'elle ne surcharge ni ne grossit en rien le bagage ordinaire, puisqu'elle reste attachée à la surface postérieure de la chambre noire, repliée invisiblement sur elle-même quand elle ne sert pas, à l'aide d'une charnière sans nœuds, que l'on peut opérer avec ou sans elle *ad libitum* sans rien démonter, enfin qu'elle peut être adaptée facilement à toute espèce de chambre noire déjà existante, avec les châssis existans, moyennant une petite modification pour le passage de la coulisse qui porte et entraîne les châssis avec elle. J'en ai fait depuis deux ans arranger bon nombre de la sorte pour plusieurs amateurs et amis, et nous nous en trouvons tous à merveille.

» Il est bien entendu que je n'attache aucune importance à la paternité de ce procédé. De bonne foi, on ne peut y voir une invention. C'est tout simplement le tableau qui glisse en poussant l'autre, dans la fantasmagorie ou dans la rainure des ombres chinoises de Séraphin. Je ne revendique donc que l'idée première de l'avoir appliqué utilement au daguerréotype, et ne vous en reparle aujourd'hui que pour vous engager à le faire connaître, autant que possible, persuadé que ses bons résultats le feront adopter par tous ceux qui en auront essayé.

» Agréez, etc.　　　　　HUMBERT DE MOLARD. »

Lagny-sur-Marne, le 15 avril 1847.

M. LABORDE,

PROFESSEUR DE PHYSIQUE A CORBIGNY,

A M. CHARLES CHEVALIER.

« Le procédé de **M.** Talbot, si heureusement perfectionné par **M.** Blanquart-Evrard, m'a donné d'excellens résultats, à l'aide d'une modification importante que j'ai fait subir à l'opération principale. J'avais remarqué que l'iodure de plomb, étendu sur le papier, changeait rapidement sous l'influence de la lumière, j'eus l'idée d'associer ce nouvel agent photogénique à l'iodure d'argent qui forme la couche impressionnable dans le papier calotype. Après différens essais je me suis fixé sur le procédé suivant : j'indique des proportions qui m'ont bien réussi, sans affirmer qu'elles soient les meilleures :

Eau distillée.	250 gram.

» **Dans laquelle on fait dissoudre :**

Nitrate d'argent.	4
Acétate de plomb.	3

» Cette solution étant versée dans une cuvette, on dépose à sa surface une feuille de papier, après 80 ou 100 secondes on la retire, et l'ayant laissé égoutter et sécher, on la passe à l'iodure de potassium ; à partir de ce moment les opérations sont telles que **M.** Evrard les a décrites. Il se forme dans le tissu même du papier une couche très égale d'iodure d'argent et de plomb, beaucoup plus sensible que le simple iodure d'argent, et l'épreuve négative présente une dégradation d'ombres, et particulièrement des blancs nets et transparens, qui préparent une excellente venue à l'épreuve positive.

» En ajoutant un peu d'acétate de plomb au bain d'hyposulfite qui doit fixer l'épreuve positive , les ombres passent insensiblement au violet foncé, et l'image ainsi terminée présente un aspect plus agréable à l'œil.

» LABORDE. »

Ce 20 juillet 1847.

APPLICATION

DE LA PHOTOGRAPHIE SUR PAPIER A LA LITHOGRAPHIE,

PAR M. DE BRÉBISSON.

C'est en faisant des épreuves sur papier, suivant la méthode simplifiée de M. Blanquart-Evrard, que j'ai été amené à penser qu'une application des papiers photogéniques à la lithographie, par un procédé autographique , pourrait être obtenue facilement et fournir un moyen de multiplier à l'infini la reproduction de l'épreuve primitive. Mes premiers essais ayant donné des résultats heureux, je présente avec confiance les détails de l'opération telle que je l'ai pratiquée.

Au lieu d'employer du papier fort pour préparer le papier positif ordinaire, comme le recommande M. Blanquart, on se sert de papier à lettre mince. Ensuite, sans pousser à l'extrême l'exposition au soleil du papier positif sous l'épreuve négative, on laisse la lumière agir moins de temps qu'il ne faut pour obtenir une bonne épreuve. Puis, au moment de la fixation par l'hyposulfite de soude, on retire l'épreuve du bain salé lorsqu'elle n'est encore que d'un roux jaunâtre et avant qu'elle n'ait pris une teinte plus vigoureuse. Il faut que le dessin soit le plus pâle possible sans, toutefois, que les détails principaux soient effacés et que les ombres aient disparu. Il est plus que probable que tout au-

tre papier photogénique pourrait être employé dans ce cas,
et j'ajouterai que je n'en connais pas de plus convenable
et de moins dispendieux que celui de M. Ponton. Ce papier est imprégné d'une solution de bichromate de potasse.

Quand l'épreuve est bien séchée, on étend du côté du
dessin, au moyen d'un pinceau large et très doux, une
couche d'encollage formé avec de l'amidon délayé dans de
l'eau chaude avec une petite quantité de gomme arabique,
d'ichtyocolle et de gomme gutte, ayant la consistance d'une
bouillie très claire. Cette composition est celle qui enduit le
papier autographique ordinaire. Une colle légère de tapioca
mêlée d'un peu de gomme gutte m'a également bien
réussi.

Lorsque cet encollage est sec sur l'épreuve, on redresse
celle-ci, ou, mieux encore, on la passe sous la presse à sati-
ner. Alors, profitant de l'esquisse qui se trouve suffisamment
indiquée, et s'aidant de la vue d'une bonne épreuve, la
main armée d'un crayon lithographique toujours taillé en
pointe fine, on suit aisément tous les traits du dessin de l'é-
preuve et on complète les détails des ombres trop peu mar-
quées. On peut, au besoin, donner des vigueurs avec la plume ou le pinceau chargé d'encre lithographique. Ce cal-
quage est tellement facile, qu'on pourrait l'exécuter même
sans savoir le dessin ; mais on comprendra que le travail
d'un dessinateur aura toujours une plus grande perfection:
car, même en suivant fidèlement l'épreuve, un artiste saura
en tirer un meilleur parti, en réparant des défauts ou
faisant ressortir des détails inaperçus,

Dans tous les cas, l'esquisse étant fournie par l'épreuve
positive, le travail est beaucoup plus rapide et d'une exactitude rigoureuse. Je conseillerais à une personne qui ne
saurait pas dessiner et qui désirerait un tirage nombreux
d'une épreuve, de n'essayer qu'une esquise au trait à la
plume avec l'encre lithographique.

Le dessin étant terminé, il doit être livré à un imprimeur

lithographe, qui le reporte sur une pierre à grain fin, si on a employé le crayon, ou sur une pierre polie si on s'est borné à tracer un trait à la plume. Lorsque le décalque est fait et levé, il est bon de revoir la pierre séchée avant son acidulation, pour compléter le dessin s'il n'avait pas été reporté en entier, ou faire quelques corrections avec le grattoir. Le reste est l'affaire de l'imprimeur.

On peut aussi autographier une épreuve négative en l'enduisant de l'encollage, et passant le crayon lithographique sur tous les points restés plus ou moins blancs, de manière à ce que l'épreuve vue par transparence paraisse d'une teinte uniforme. Ce procédé, analogue à l'effet du soleil sur la couche sensible du papier photogénique, est difficile et donne rarement des résultats satisfaisans. Il est inutile, je crois, de faire ressortir ici les avantages variés de cette application à la lithographie, elle sera surtout précieuse pour la reproduction des objets d'art, des monumens et des détails d'architecture qui réclament tant de temps et de patience pour être copiés par un artiste. Grâce à ce procédé, qui pourra certainement être perfectionné, une publication s'enrichira facilement de planches obtenues à peu de frais et offrant une garantie d'exactitude inappréciable.

DE LA PRÉPARATION DU PAPIER NÉGATIF,

SIMPLIFICATION DU PROCÉDÉ,

PAR CHARLES CHEVALIER FILS.

On peut former l'iodure d'argent du papier négatif, de la même manière qu'on forme le chlorure du papier positif.

Voici comment on opère par ce nouveau procédé :

On verse dans une cuvette la solution faible d'azotate d'argent :

Azotate d'argent,	6 grammes.

Eau distillée,	180

sur la surface de laquelle on dépose la feuille de papier. Après un séjour d'une minute, on la retire, et quand on l'a bien égouttée, on la sèche dans un cahier de papier buvard, qu'il faut renouveler jusqu'à ce qu'il n'accuse plus aucune trace d'humidité. La feuille étant bien séchée, on la place du côté imbibé d'azotate d'argent, sur le bain d'iodure de potassium :

Iodure de potassium,	12 gram. 5 décig.

Bromure,	0	5

Eau distillée,	280	0

pendant une minute et demie; ensuite on la retire, et ayant versé dans une cuvette de l'eau distillée, on dépose la feuille sur sa surface; puis, la saisissant par deux angles, on la fait égoutter et on l'étend sur une surface imperméable (une glace est ce qu'il y a de mieux), le côté mouillé en dessus. Une fois sèche, elle est préparée.

Il ne faut imbiber le papier que d'un seul côté : c'est un point important, car on évite ainsi toutes les taches qui se

forment ordinairement à la surface postérieure de la feuille,
quand on emploie l'ancien procédé.

Cette manière d'opérer a l'avantage d'accélérer de moitié
la préparation du papier. Elle dispense de le faire sécher
deux fois, de le suspendre à des ficelles ; manipulations longues et ennuyeuses, surtout en voyage.

DERNIERS RENSEIGNEMENS.

Je reçois de nouvelles notes que je m'empresse de joindre
aux nombreux documens que renferme cet opuscule :

— M. Hamard, pharmacien à Fresnay, emploie avec un
très grand succès le *perbromure de carbone*; il a reconnu à
cette substance une supériorité sur le bromoforme, — « par
» la constance de sa composition qui ne varie jamais,
» quelle que soit l'intensité du froid ou le degré de chaleur
» auquel il est soumis; ce produit s'emploie de la même
» manière et à la même dose que le bromoforme (Choiselat
» et Ratel), il communique une plus grande sensibilité à la
» plaque iodurée, et il a, en outre, l'avantage de ne pas se
» transformer en acide bromhydrique (1). »

— M. le docteur Clet, en me confirmant le contenu de
son Mémoire (page 34), ajoute ces nouveaux détails :

«Pour 5 ou 6 grammes de brôme, on emploie 45 grammes

______

(1) Je recommande particulièrement ce nouveau produit à l'attention des photographistes. J'ai vu des épreuves admirables et du
plus bel effet obtenues en peu de secondes par ce moyen. On employait simultanément le procédé de M. Laborde (l'éther dans la
boîte à mercure.)   C. C.

» d'alcool et 180 grammes d'acide sulfurique pour obtenir
» *l'éther brômé.* »

— M. Thomson m'apprend que le docteur Karstein, de
Berlin, vient de publier, dans le *North British Review*, 14
août 1847, le procédé suivant :

« Faites une solution saturée de brôme dans un mélange
des acides azotique et chlorhydrique en portions égales, puis
ajoutez à la solution de l'iode pur jusqu'à saturation : le liquide possède la propriété de pouvoir dissoudre une plus
grande quantité de brôme : on en met jusqu'à parfaite saturation, ensuite on ajoute de *l'iode* une seconde fois jusqu'à saturation, et l'on réitère les additions alternatives de
brôme et d'iode jusqu'à ce que la solution soit parfaitement
saturée avec l'une et l'autre substance. M. Karstein assure
que le composé concentré est presque sans odeur. Pour l'employer, on en mélange une partie dans 150 parties d'eau
distillée, et l'on y expose la plaque, préalablement revêtue
d'une couche *rose* d'iode, jusqu'à ce qu'elle ait atteint la
nuance violette. Son usage est aussi facile que certain, la
liqueur donne une grande sensibilité aux plaques, et les
épreuves sont d'une belle couleur. »

Des expériences faites récemment par un amateur habile
et consciencieux, prouvent l'efficacité du brômure de chaux
comme substance accélératrice. Ceci m'engage à ajouter à la
note de M. Thomson (page 44) des détails plus complets
donnés par M. Bingham lui-même, et qui ont été publiés
par le journal *le Technologiste*, rédigé par M. Malpeyre (1).

« Toutes les personnes qui ont mis en pratique les procédés
photographiques, ont remarqué que, par un temps chaud, il
y a un dépôt considérable d'humidité sur le verre ou l'ardoi-

(1) Chez Roret, libraire, rue Hautefeuille.

se qui sert à arrêter la vapeur dans la boîte au brôme ou
boîte accélératrice. Cette humidité doit aussi se condenser
sur la surface métallique froide de la plaque pendant le
temps qu'elle est exposée à la vapeur du brôme, et au fait,
j'ai appris de la bouche d'un grand nombre de photographistes de profession (et moi-même j'ai éprouvé cette difficulté), qu'il leur avait été impossible d'obtenir des images
parfaites pendant les chaleurs excessives de l'été dernier ; et
l'un de nos opérateurs les plus habiles et les plus actifs qui,
dans un voyage fait en France en 1845, en a rapporté les
plus belles épreuves que j'ai encore vues, a échoué entièrement, dans cette saison, à produire des images nettes et parfaites, à cause de la présence constante d'un nuage ou brouillard sur la surface préparée.

» Ce nuage paraît être dû à un dépôt d'humidité sur la plaque provenant de l'eau dans laquelle le brôme est dissous.
Pour obvier à cet inconvénient, on a recommandé de maintenir la boîte à une basse température dans un mélange ré-
frigérant, et M. Daguerre avait prescrit, dans une communication faite à l'Académie des sciences, de chauffer la plaque;
mais, dans la pratique, ces deux moyens n'ont eu aucun succès.

» Il m'a semblé que si l'on pouvait éviter l'emploi de l'eau
dans le mélange accélérateur, non seulement on éviterait
l'inconvénient dont il vient d'être question, mais encore on
obtiendrait une surface beaucoup plus sensible sur la plaque.
C'est dans ce but que je me suis efforcé de combiner le brôme
avec la chaux, de manière à en former une combinaison analogue au composé de chlore qui sert au blanchiment. J'ai
réussi et trouvé que le brôme, le chlorure d'iode et l'iode,
peuvent s'unir à la chaux pour former des composés jouissant
de propriétés analogues à ce qu'on appelle le chlorure de
chaux,

» Le brômure de chaux peut être produit en faisant agir de la vapeur de brôme sur de la chaux hydratée pendant quelques heures ; le procédé le plus convenable pour cette opération, consiste à placer un peu d'hydrate de chaux sur le fond d'une fiole, puis à déposer un peu de brôme dans une capsule de verre qu'on suspend un peu au dessus de la chaux. Comme il s'en dégage de la chaleur pendant la combinaison, on fera bien de plonger la partie inférieure de la fiole dans de l'eau, à une température d'environ 10° C. La chaux prend graduellement une belle couleur écarlate et un aspect tout-à-fait semblable à celui de l'iodure rouge de mercure.

» Le chloro-iodure de chaux se prépare de la même manière ; il a une couleur foncée.

» Ces deux composés, lorsque la vapeur qui s'en élève n'est pas trop intense, ont une odeur analogue à celle du chlorure de chaux et tout-à-fait distincte de celle du chlore, du brôme et de l'iode seuls.

» Les photographistes qui emploient le chlore en combinaison avec le brôme, comme dans le mélange américain de Wolcoll ou la solution hongroise de Guérin, qui est un composé de brôme, de chlore et d'iode, peuvent obtenir ces mêmes substances à l'état solide, sous lequel leur usage est bien plus avantageux. En faisant passer du chlore sur du brôme, et condensant les vapeurs dans un liquide, puis faisant agir les vapeurs qui s'exhalent de celui-ci sur de la chaux, on obtient une substance solide jouissant de toutes les propriétés de l'accélérateur américain, ou bien, en combinant le chloro-iodure de chaux avec un peu de brôme, un mélange semblable à celui de Guérin ; mais, dans le fait, je préfère réellement et je recommande le brômure de chaux pur, comme étant, à ce que je crois, la substance accélératrice la plus rapide qu'on connaisse actuellement.

» En colorant légèrement la plaque avec le chloro-iodure et l'exposant pendant un temps convenable au dessus du brômure, on peut obtenir des épreuves dans une fraction de seconde, même assez tard dans l'après-midi. Il faut donner une couleur jaune en employant la première substance, et le brômure s'obtient aisément par un ou deux essais. Avec environ 1 gr., 77 de la substance dans une boîte plate, je laisse la plaque 10 secondes pendant toute la durée du premier jour où je me sers de cette préparation, et j'ajoute encore 3 secondes par chaque jour suivant. Le composé doit être répandu uniformément sur le fond de la boîte, et dure avec quelque soin pendant environ quinze jours.

» Le grand avantage de ce composé, c'est qu'on peut s'en servir d'une manière continue pendant une quinzaine de jours sans qu'il soit nécessaire de le renouveler, et que, contrairement à l'eau brômée, son action n'est pas affectée par les changemens ordinaires de la température. »

— Des amateurs ont produit de très belles épreuves à l'aide de procédés secrets ou de liqueurs dont la composition n'a pas été publiée; je dois, à mon grand regret, me borner à les mentionner. M. Thiesson a obtenu des résultats magnifiques en portraits (quart de plaque). MM. Thierry et Bros, de Lyon ont aussi fait voir de belles épreuves. MM. Foucault et Belfield-Lefèvre ont envoyé à l'Académie des notes intéressantes sur l'emploi du brôme. (Compte-rendu de l'Académie, n° 15. — 12 octobre 1846.)

— M. Bayard a promis une brochure sur la photographie sur papier; d'un autre côté M. Abel Niepce donnera bientôt des détails complets sur la photographie sur verre, CE NOUVEL ART APPELÉ A UN GRAND AVENIR ! La photographie sur papier marche à grands pas; il faut espérer que M. Talbot, ce savant infatigable, nous donnera encore quelque nouveauté en ce genre ; on peut être sûr qu'il ne restera pas en arrière : de tous côtés ses disciples font des merveilles et nous promettent des perfectionnemens. Parmi ces derniers, je me plais à citer M. le docteur Guillot-Saguez, dont j'ai eu l'occasion de voir les belles épreuves, M. Guillot doit publier une notice indiquant les nouveaux procédés qu'il emploie ; c'est un bon exemple, car il faut bannir les secrets de la photographie, et chacun doit être fier d'apporter son tribut pour faire progresser cet art admirable !

On se sert toujours avec avantage de mon compte-secondes à cadran et à sonnerie, fig. 6, ainsi que de mon *support-niveau* pour chlorurer les plaques, fig. 7.

J'ai construit des pipettes graduées, fig. 2, planche 2, avec lesquelles il est très facile de prendre dans un flacon une aussi petite quantité de liquide qu'on peut le désirer ; il suffit d'introduire le tube dans le liquide et de le retirer après avoir appliqué l'indicateur sur son orifice supérieur, enlevant ensuite le doigt, on laisse écouler le liquide jusqu'à ce qu'il n'en reste plus dans le tube que la quantité nécessaire. — Ces pipettes sont graduées en fractions de centimètres cubes. — Un quart de centimètre divisé en 25 parties égales.

La fig. 8, planche 2, représente une petite machine à polir les plaques, inventée par M. Cazati, de Milan (en Angleterre on emploie un tour). La machine de M. Cazati fonctionne par un double mouvement de va et vient : tous les appareils destinés à polir les plaques deviendront moins utiles, si, comme on a lieu de l'espérer, le procédé de M. Aimé Rochas, (page 65) devient d'un usage général.

DESCRIPTION

ET USAGE DE L'OBJECTIF ACHROMATIQUE A VERRES COMBINÉS,
INVENTÉ PAR CHARLES CHEVALIER.

Cet objectif est composé de deux verres achromatiques,
l'un, ménisque, placé du côté de la plaque ; l'autre, bi-con-
vexe, du côté de l'objet. On adapte ordinairement à la partie
antérieure de l'objectif, un diaphragme plus ou moins étroit
qui sert à modérer la lumière et à donner plus de netteté aux
images.

Quand on veut faire un paysage, un monument, on dispose l'objectif de la manière indiquée fig. 3. Pour le portrait,
on remplace la lentille 1 par le verre 5, fig. 5.

Les amateurs de photographie n'ont pas tardé à reconnaître tous les avantages que possède mon objectif variable.
En changeant le verre antérieur, on allonge ou l'on rac-
courcit le foyer, on diminue ou l'on augmente le pouvoir
réfringent de l'objectif. Dans le principe, M. Daguerre croyait
qu'il serait impossible de faire des portraits photographiés ;
avec l'ancien daguerréotype c'était, en effet, chose impossible ; on ne put y réussir qu'en employant des objectifs à courts foyers. Quand on fait usage de ces derniers pour
reproduire des paysages, les épreuves manquent de netteté
sur les bords, et les objets sont reproduits sur une trop petite
échelle.

On explique facilement ces diverses particularités par les
variations d'incidence des rayons lumineux. Un objet éloigné
envoie à l'objectif des rayons beaucoup moins divergens
qu'un objet placé près de la lentille, et cette différence est
surtout sensible pour les rayons situés à la périphérie du cône

lumineux. Une lentille trop convexe fera éprouver à ces rayons extrêmes, une réfraction trop forte relativement à celle que subissent les rayons plus rapprochés de l'axe ; les diverses parties de l'image ne se formeront plus sur le même plan et l'ensemble manquera de netteté ; d'ailleurs les rayons extrêmes étant moins divergens pour les objets éloignés, il ne sera pas nécessaire de les soumettre à une puissante réfraction pour les faire converger vers un foyer commun. Lorsque l'objet est situé à une petite distance de l'objectif, les rayons divergent considérablement, et cette divergence est d'autant plus sensible que les rayons sont plus éloignés de l'axe ; il faudra donc leur faire subir une plus grande déviation et l'on aura recours à une lentille plus convexe.

On comprend sans doute maintenant toute l'utilité du changement de verre, et l'on ne sera plus étonné de ne faire que de mauvais paysages avec un objectif à portraits.

Quand on veut copier un monument, il arrive souvent qu'on est placé trop près de l'édifice pour que son image puisse se peindre entièrement sur la plaque, et lorsqu'on peut se placer à une plus grande distance, l'image est trop petite et les détails sont imperceptibles. Pour le paysage, il faut nécessairement de grandes images, parce que les objets sont toujours très éloignés. Ces divers exemples démontrent clairement l'utilité de *l'objectif variable*, dont il suffit de changer un seul verre d'un prix peu élevé, pour obtenir dans tous les cas des images parfaites.

L'ouverture du diaphragme doit varier suivant que l'on exécute un paysage ou un portrait.

On se sert du plus petit diaphragme pour faire le paysage ou copier des gravures ; les deux autres s'emploient alternativement pour le portrait et pour le paysage ; le plus étroit donne plus de netteté, le plus large plus de rapidité. On

se sert du grand diaphragme pour le portrait, du moyen
pour le portrait plus net et le paysage, et du petit pour
copier des tableaux ou des gravures ainsi que pour le paysage, quand on désire avoir une grande netteté et qu'on
ne tient pas à opérer très rapidement.

Les différentes pièces de l'objectif sont (fig. 3 et 4) :

A. lentille achromatique postérieure.

1. Lentille antérieure.

0. Le cône ou premier tube. Pour les petits appareils, ce
tube est muni d'un engrenage B, fig. 4.

5. Fig. 5. objectif de rechange pour portrait.

2. Second tube.

3. Diaphragme.

4. Obturateur.

6. Glace parallèle ou prisme.

Il est excessivement difficile de se procurer du verre bien
pur pour construire des prismes; je remplace donc fréquemment ces derniers par des glaces parallèles que j'ajuste dans
une monture prismatique, afin que les rayons latéraux ne
viennent pas nuire à la netteté de l'image.

On aura soin de tenir les verres bien propres, et de ne les
essuyer qu'avec un morceau de batiste après avoir enlevé la
poussière à l'aide d'un pinceau de blaireau.

Les amateurs devraient faire construire des appareils disposés de manière à reproduire les monumens sur. de très
grandes plaques. Avec un daguerréotype à tirage de 1 à 2
mètres de longueur, on obtiendrait, sur une grande échelle,
les petits détails des objets situés à une grande distance, ou
en un lieu inaccessible.

APPROBATIONS.

M. H. FOX TALBOT,

A M. CHARLES CHEVALIER.

Monsieur.

Les vues photographiques que j'ai eu le plaisir de vous montrer à Paris, ont été faites avec vos chambres obscures.

Je suis parfaitement content de vos appareils que j'emploie presque toujours.

Agréez, Monsieur, l'expression de ma considération,

H. FOX TALBOT.

Membre de la Société royale de Londres.

8 novembre 1846.

M. JAMES ODIER,

A M. CHARLES CHEVALIER.

Paris, le 16 décembre 1846.

Mon cher Monsieur,

Suivant la promesse que je vous ai faite, je m'empresse de vous dire que de tous les appareils de daguerréotype dont je

me suis servi, les vôtres seuls m'ont donné une entière satisfaction. Grâce à votre système de verres combinés, j'ai toujours obtenu la plus grande netteté et jamais la moindre
aberration de sphéricité. Les lignes droites, dans les reproductions d'édifices, ne sont nullement déformées et conservent
leur parfait parallélisme à la verticale et l'horizontale, jusque sur les bords de la plaque. Les portraits, de leur côté,
présentent une uniformité remarquable de réussite, c'est à
dire que le centre de la plaque ne réussit pas aux dépens des
bords, et si le centre présente parfois de la solarisation, elle
s'étend à la plaque entière ; en un mot, les bords des plaques sont aussi sensibles que le centre, tandis que les autres
appareils, et notamment ceux dits allemands, présentent le
plus souvent une différence notable entre les bords et le centre des images : si l'image au centre est bonne, les bords res-
tent diffus ; si, par contre, les bords donnent une bonne
image, le centre se trouve solarisé.

Je ne puis que vous répéter que vos appareils seuls m'ont
donné pleine et entière satisfaction.

Venons maintenant à votre lunette à objectif à verres combinés.

C'est au mois de juin 1839 que vous m'avez fourni la première lunette de ce genre, je m'en sers toujours avec le plus
grand avantage et le plus grand plaisir ; bien que l'objectif
n'ait que 18 lignes de diamètre et que la longueur totale de
la lunette soit moindre d'un pied, elle donne une parfaite
netteté et un grossissement des plus remarquables, bien supérieur à celui de toutes les lunettes du même diamètre et
de même longueur.

Depuis lors, vous m'avez livré une lunette de 42 lig.
du même système ; toutes les personnes qui s'en sont
servies chez moi, s'accordent, ainsi que moi, à la trouver

excellente ; elle donne également un grossissement beaucoup plus fort que toutes les autres lunettes du même diamètre. De plus, elle est d'une extrême netteté et très lumineuse ; elle admet des oculaires de différentes forces et d'une puissance bien supérieure à ceux généralement employés pour des objectifs de ce diamètre. En outre de ce, le système d'oculaires microscopiques que vous y avez adapté leur donne plus de clarté et de puissance : je ne puis donc que vous répéter ce que je vous ai déjà dit maintes fois, que votre lunette est la meilleure et la plus puissante à diamètre égal que j'aie vue. Ce qu'il y a encore de bien remarquable dans votre système, c'est qu'il vous permet à diamètre égal de diminuer la longueur des lunettes.

J'attends avec impatience que vous ayez terminé votre lunette de 5 1/2 pouces que vous êtes occupé à monter ; je suis sûr qu'elle répondra à ce que vous pouvez en espérer.

Votre tout dévoué,

James ODIER.

———————

M. ED. DE VALICOURT

A M. CHARLES CHEVALIER.

Bécourt, le 28 octobre 1846.

Monsieur,

Par votre lettre du 22 de ce mois, vous me demandez de vous exprimer *franchement* et *librement* ma pensée quant au mérite de vos objectifs à verres combinés. Je le fais avec d'autant plus de plaisir, que mon opinion vous est entièrement favorable. Je pourrais à cet égard m'en référer à ce que j'ai déjà dit dans mon *Traité de photographie*, publié en 1845. J'ajouterai toutefois que de nouvelles expériences comparatives, entreprises depuis cette époque, sont encore venues ajouter à mes convictions en faveur de votre système.

Ayant eu occasion d'expérimenter avec un grand objectif construit par Woigtlander, j'ai pu constater que, semblable aux objectifs de moindre dimension du même opticien, il ne donnait de netteté qu'au *centre* de la plaque, tandis que vers les bords l'image des objets était toujours confuse et mal éclairée. Les portraits obtenus avec cet objectif étaient généralement peu ressemblans. Quant à la reproduction des paysages, des monumens et de gravures, je n'hésite pas à affirmer qu'elle est complètement impossible avec l'objectif viennois, même en y ajoutant un très petit diaphragme. Le fait me paraît d'une évidence palpable, et sans aucun doute les personnes qui se sont procuré l'objectif allemand au prix énorme de 450 francs, seront les premières à le proclamer.

Quant aux imitations qu'on a essayé de faire en France du prétendu système allemand, j'en distingue de deux sortes.

Dans les unes, on s'est étudié à reproduire des courbures semblables à celles de Woigtlander ; mais comme, par des motifs que je n'examine pas, le choix des matières premières a été singulièrement négligé, on n'a réussi qu'à exagérer les défauts du système imité.

Les autres imitations mériteraient plutôt le nom de contrefaçon ; car, pour le diamètre et la courbure des verres, pour la distance entre les lentilles, elles sont la copie identique de votre système d'objectifs. Ces combinaisons sont préférables à l'objectif allemand et à ses maladroites imitations. Il est fâcheux seulement que ceux qui s'appliquaient dans l'ombre à reproduire servilement votre invention, en même temps qu'ils la dénigraient dans le public, n'aient pas eu le courage d'avouer leur modèle ; il est plus fâcheux encore que, par l'emploi de verre rempli de *fils* et de *stries*, ils soient parvenus à défigurer une combinaison qui, entre vos mains, me paraît toujours la meilleure.

En résumé, j'ai possédé des objectifs de presque tous les systèmes ; je me suis défait de tous, pour m'en tenir exclusivement aux vôtres.

Je vous autorise à faire de ma lettre tel usage que bon vous semblera.

Agréez, je vous prie, Monsieur, mes salutations distinguées.

Signé E. DE VALICOURT.

MM. CHOISELAT ET RATEL,

A M. CHARLES CHEVALIER.

Monsieur,

Par votre lettre du 25 courant, vous nous priez de déclarer par écrit que nos épreuves photographiques ont été prises au moyen de vos appareils et objectifs ; nous nous empressons de nous rendre à votre désir, et nous constatons bien volontiers que nous faisons habituellement usage de vos appareils et que nos épreuves sont prises a l'aide de vos objectifs à verres combinés.

Recevez, Monsieur, nos salutations empressées,

CHOISELAT et RATEL.

11

M. BACOT,

A M. CHARLES CHEVALIER.

Monsieur,

Je suis toujours très satisfait des trois objectifs que vous m'avez fournis ; j'obtiens maintenant des résultats très beaux, non seulement sous le rapport de la rapidité, mais encore sous celui de la netteté. Avec mon objectif pour grande plaque, j'ai obtenu, l'été dernier, des épreuves en une fraction de seconde, qui ne laissaient rien à désirer sous le rapport de la netteté, quoique je ne me sois servi d'aucun diaphragme. Je vous félicite donc bien sincèrement de la bonne fabrication de vos objectifs, et je vous remercie de la complaisance que vous avez eue de me donner tous les renseignemens qui m'ont mis à même d'obtenir avec assez de certitude de fort belles épreuves.

Agréez, je vous prie, Monsieur, l'assurance, etc.,

Edmond BACOT.

M. RONDONI

A M. CHARLES CHEVALIER.

Monsieur,

Je vous écrirai de Rome toutes les observations que j'ai pu faire sur la bonté et la perfection de vos objectifs. Je vous dirai que, d'après mes expériences, ils sont préférables aux autres ; que les courbures de vos verres sont exécutées avec le soin le plus minutieux, c'est à dire ainsi qu'il convient pour obtenir de bons résultats photographiques. Je vous apprendrai aussi quelque chose d'utile et de nouveau concernant la préparation chimique des plaques et la photographie sur papier.

Actuellement je ne puis vous écrire tout cela, parce que je suis occupé de mon départ de Paris.

Samedi prochain, je vous remettrai une épreuve du portrait de Pie IX, lithographié par moi d'après une image daguerrienne que j'ai exécutée par ordre souverain, avec un de vos objectifs demi-plaque. L'épreuve a été faite au soleil en six petites secondes, le 19 juin dernier, dans le jardin du Quirinal, à Rome.   François RONDONI, peintre.

Je trouve les lignes suivantes dans une lettre que j'ai reçue, le 5 octobre 1846, d'un amateur distingué, M. Aimé Rochas ; je m'empresse de les joindre aux divers certificats qui démontreront, je l'espère, la justice de ma cause. C. C.

— « Ce n'est jamais, comme vous le voyez, que pour
» obliger quelques amis que je me charge de leur indiquer la
» source où ils pourraient obtenir les meilleurs photographes.
» Je suis si convaincu de la supériorité de vos instrumens,
» que je n'accorderais à aucun autre la même confiance ; dans
» maintes occasions, j'ai combattu victorieusement les parti-
» sans de l'objectif, improprement dit système allemand, et
» cela par la seule comparaison des résultats obtenus avec
» l'objectif que vous m'avez envoyé, il y a bientôt trois
» ans.   Aimé ROCHAS. »

— La première de toutes les conditions étant d'opérer avec de bons objectifs, nous conseillons, dans l'intérêt des amateurs, ceux de M. Charles Chevalier, dont la supériorité est incontestable.

Note de M. Thierry. (Nouveaux élémens de photographie, mai 1844).

N. B. Voir les lettres de MM. le baron Gros, de Valicourt, Lewistky, Mailand, de Saint-Hildephont, etc.

P. S. Au moment de mettre sous presse, je reçois de M. HAMARD un Mémoire fort intéressant. Je m'empresse de le rendre public. Je rappellerai en terminant que M. Laborde, professeur de physique, a publié, dans l'*Écho du Monde savant*, 15 août 1844, une note reproduite dans mes nouveaux renseignemens 1846, intitulée : *Moyen certain de prévenir le voile des substances accélératrices et de donner plus de sensibilité à la couche impressionnable;* elle est ainsi conçue : « Après avoir iodé la plaque jusqu'au jaune » clair, on la soumet aux vapeurs accélératrices, puis on la » porte de nouveau sur l'iode jusqu'à ce qu'elle ait atteint » la teinte rose (1). »

Ce procédé, après avoir été négligé en France et après avoir voyagé en Angleterre et en Amérique, a définitivement pris rang parmi les préparations importantes de la photographie. On s'en sert partout et *le plus souvent sans en rien dire :* il était de mon devoir de signaler ce fait. On comprend que toutes les substances accélératrices peuvent être également employées, le brômure de chaux de M. Bingham réussit très bien; mais il est probable que l'emploi de l'éther dans la boîte à mercure, le perbrômure de carbone, le procédé de M. Rochas pour la préparation des plaques, donneront un nouvel essor à la photographie; et les belles expériences de M. le baron Gros, celles de M. Lewitsky, de M. le docteur Clet, etc., etc., stimuleront sans doute le zèle des véritables amateurs.

(1) Dans ce dernier temps de la préparation de la plaque, on doit éviter la présence de la lumière; on devra donc compter le temps plutôt que de regarder la plaque.   C. C.

NOUVEAUX

PROCÉDÉS PHOTOGRAPHIQUES

PAR M. HAMARD,

PHARMACIEN A FRESNAY (SARTHE).

DÉCOUVERTE

D'UNE NOUVELLE SUBSTANCE ACCÉLÉRATRICE.

1847.

SOMMAIRE.

—

Emploi d'un liquide pour le polissage des plaques,
supérieur à tous ceux dont on a fait usage jusqu'à présent.

Substance pour iodurer les plaques, n'ayant pas,
comme l'iode, l'inconvénient de passer à l'état
d'acide iodhydrique, en absorbant l'humidité.

Dosage exact de l'eau brômée saturée.

Emploi du *perbrômure de carbone,* découvert par
H. Hamard.

Construction d'une nouvelle chambre obscure, au
moyen de laquelle on peut faire venir avec une
égale netteté, des objets situés sur différens plans.

En publiant quelques notions sur les opérations photographiques, je n'ai pas l'intention de faire un ouvrage élémentaire : je
me bornerai à indiquer les procédés entièrement nouveaux que
j'ai découverts, et à l'aide desquels j'opère avec une certitude inconnue aux photographistes.

NOUVEAUX
PROCÉDÉS PHOTOGRAPHIQUES

PAR M. HAMARD,

PHARMACIEN A FRESNAY (SARTHE).

DÉCOUVERTE

D'UNE NOUVELLE SUBSTANCE ACCÉLÉRATRICE.

QUELQUES MOTS SUR L'OBJECTIF.

D'après les règles établies par l'auteur de la photographie, un objectif pour plaque normale, doit avoir au moins 30 centimètres de distance focale, ce qui donne 15 centimètres pour quart de plaque. Cependant, la plupart des opticiens ne donnent à ceux-ci que 11 centimètres de foyer; il en résulte une aberration de sphéricité considérable, qu'aucune combinaison optique ne peut détruire.

On allègue en faveur des courts foyers, la vitesse avec laquelle ils opèrent, et pour atteindre ce but, on a recours à un moyen qui ne peut donner que des images déformées. Il serait bien plus judicieux de n'employer que les substances accélératrices les plus énergiques; de chercher à perfectionner la forme et le poli des verres, et de ne faire servir à leur confection que des matières de premier choix.

Je possède des objectifs sortant des meilleures fabriques de Paris; j'en ai un de 15 centimètres de foyer, construit par

M. Charles Chevalier, qui en est l'inventeur. Cet objectif, entièrement exempt d'aberration sphérique et chromatique, opère avec tout autant de vitesse (à diaphragme d'égale ouverture), que ceux de 11 centimètres de foyer, construits par les op iciens les plus en renom de la capitale.

J'attribue cette éminente qualité à l'excellent choix de la matière, qui est exempte de stries; à la répartition des courbures savamment combinées, et aussi à la perfection du travail des verres. M. Charles Chevalier a su leur donner un poli des plus vifs, sans en altérer la forme.

La supériorité de ses appareils me semble incontestable.

DU POLISSAGE DES PLAQUES.

La perfection du poli est une condition essentielle à la finesse de l'épreuve : cependant, on peut obtenir une image très nette, sur une plaque dont le poli aura été très négligé, *à la condition expresse* de la débarrasser entièrement de toute substance étrangère, ce qui n'est pas toujours facile : il reste souvent, sur la plaque, une poussière d'une ténuité extrême, qui communique à l'iodure d'argent vu de face, une couleur gris-bleuâtre terne. Une plaque d'un aspect semblable, ne donnera jamais une bonne épreuve. Il en sera de même quand on emploiera au polissage, les huiles essentielles ou l'alcool, même absolu : ces substances ayant la propriété de mouiller les métaux, il en résulte une difficulté étonnante pour enlever la dernière couche : l'attraction exercée par la surface métallique, étant d'autant plus puissante que la couche est plus mince.

Une plaque polie à l'aide de ces liquides, pourra s'ioduror d'une manière égale, *quand bien même elle en aurait retenu une légère couche* : l'iodure semblera encore assez limpide, et présentera même une belle couleur, vu de face ; mais, à coup sûr, cette plaque *sera beaucoup moins sensible* aux radiations lumineuses, que si elle eût été entièrement débarrassée de tout liquide ; on ne peut obtenir qu'en insistant sur le polissage à l'aide des poudres sèches, et en changeant souvent de poudre et de coton.

J'abrège singulièrement cette opération, en substituant à ces divers liquides l'eau commune qui, comme on sait, ne mouille pas les métaux. C'est à cette cause que j'attribue la facilité et la promptitude avec laquelle j'en fais disparaître les dernières traces.

Les substances dont je me sers pour le polissage des plaques, sont :

1° *L'eau commune* (1) ;

2° *La terre pourrie* ;

3° *Les Os calcinés.*

ON PROCÈDE AU POLISSAGE DE LA MANIÈRE SUIVANTE :

1° *Coton cardé, eau commune et terre pourrie.*

On frotte jusqu'à siccité, d'abord circulairement, puis longitudinalement ou transversalement, selon qu'on veut faire l'épreuve dans le sens de la largeur ou de la longueur de la plaque. On réitère quand on polit une plaque neuve : on recommence une troisième fois, si on veut faire disparaître une épreuve fixée au chlorure d'or.

2° *Terre pourrie et coton sec.*

On frotte longitudinalement ou transversalement, pendant une minute au plus : d'abord en appuyant, ensuite légèrement.

(1) C'est peut-être à cause qu'on la rencontre partout, qu'on n'a pas songé à en faire usage, malgré sa supériorité incontestable.

3° *Os calcinés et coton sec.*

Même manipulation que le n° 2.

4° On enlève la poussière adhérente à la plaque, en promenant dessus une pincée de coton.

Cette opération est importante. Pour y réussir, il faut tenir la plaque horizontalement, à la hauteur des yeux, en y faisant réfléchir un corps noir. De cette manière, on distingue facilement les grains de poussière les plus ténus.

IODURAGE.

L'iode ayant la propriété de former de l'acide iodhydrique, en décomposant l'eau répandue à l'état de vapeur dans l'atmosphère, donne souvent un iodure terne, privé de cette belle transparence qui seule peut fournir une bonne épreuve. J'évite complètement cet inconvénient, en employant l'*iodure de soufre*, qui forme toujours un iodurage parfait quand la plaque a été polie à l'aide des moyens que j'ai indiqués.

M. Charles Chevalier a eu l'heureuse idée de couler cette substance en tablettes, ce qui en rend l'emploi d'une facilité et d'une certitude que rien n'égale.

EMPLOI DE L'EAU BROMÉE SATURÉE (1).

Tous les photographistes savent que les diverses méthodes proposées jusqu'à ce jour, pour régulariser l'emploi de l'eau brômée, sont insuffisantes. Je crois avoir résolu

(1) Il est facile de constater l'altération de l'eau brômée, en laissant tomber une goutte sur une pierre calcaire : si cette goutte produit de l'effervescence, c'est qu'il s'est formé de l'acide brômhydrique. Dans ce cas, l'eau doit être rejetée.

le problème, au moyen du procédé que je vais indiquer :

1° On ajuste au goulot d'une petite poire en caoutchouc, un tube en verre, d'un demi-millimètre à un millimètre de diamètre intérieur, et de 9 à 10 centimètres de longueur, effilé à une extrémité, et divisé en demi-centimètres au moyen de plusieurs traits faits à la lime;

2° On dépose au fond de la cuvette inventée par M. Foucault (1), un fragment d'assiette en faïence, de 10 à 12 millimètres de longueur. Ce fragment doit être renouvelé à chaque opération;

3° On pratique, au milieu de la glace qui recouvre la cuvette, une ouverture circulaire par laquelle on introduit le tube.

Pour doser l'eau brômée saturée (2), on introduit l'extrémité effilée du tube dans l'eau brômée, qui monte aussitôt par l'effet de la capillarité; on le retire quand elle a atteint

----

(1) La boîte inventée par M. Foucault, est, je crois, la plus parfaite que l'on connaisse ; cependant elle n'est pas exempte de reproche : on laisse toujours arriver dans la cuvette plus ou moins d'air, selon qu'on retire plus ou moins rapidement la glace qui la recouvre. Cette portion d'air, qu'il serait difficile d'apprécier, se mêle inégalement avec celle qui est chargée de vapeurs accélératrices ; d'où résulte un trouble plus ou moins grave dans l'opération du brômurage.

Je me sers d'une boîte de mon invention, beaucoup plus embarrassante, il est vrai, que celle de M. Foucault, mais complètement exempte du défaut que je viens de signaler. Les amateurs, curieux d'opérer *avec une entière certitude*, peuvent construire une cuvette semblable à celle que j'ai déposée chez M. Charles Chevalier, ingénieur-opticien, Palais-Royal, 163.

(2) L'eau brômée saturée se recouvre d'une légère pellicule formée par la vapeur du brôme qui se condense à sa surface. *Il est donc essentiel* de presser la poire, quand on a introduit le tube dans le flacon, afin de chasser la première portion d'eau qui s'est introduite et qui contient toujours en suspension une quantité de brôme qu'on ne peut apprécier.

la hauteur voulue, on l'essuie avec les doigts, et on l'introduit dans la cuvette (1) en touchant avec son extrémité le
petit fragment de faïence, *dans un endroit où il n'y ait
pas d'émail*; on presse la poire pour chasser l'eau brômée,
qui est immédiatement absorbée. On retire le tube, et on
bouche, avec un morceau de glace mince, l'ouverture par
laquelle on l'a introduit.

On laisse écouler 40 secondes, temps nécessaire pour le
dégagement du brôme et son mélange intime avec l'air contenu dans la cuvette. On expose alors à ce mélange, pendant 20 secondes, la plaque iodurée.

La dose la plus convenable d'eau brômée saturée, est un
centimètre et demi, mesuré dans un tube de deux tiers de
millimètre de diamètre intérieur, pour une cuvette d'une
contenance de 240 grammes d'eau.

On conçoit que, par ce procédé, en employant toujours la
même quantité d'eau brômée, il doit se dégager constamment dans la cuvette, une égale quantité de vapeur de
brôme, l'eau restant toujours au même degré de saturation
au moyen d'un excès de brôme qu'on a soin d'y maintenir.

PERBROMURE DE CARBONE.

Cette nouvelle substance, que j'ai découverte, possède
une propriété accélératrice, au moins aussi puissante que
le *brômoforme Choiselat et Ratel* ; elle est composée de
brôme et de carbone, en proportions définies. Ne conte-

(1) Il faut essuyer de temps en temps la cuvette avec un linge
propre et *très sec*. Cette précaution est indispensable surtout **en**
hiver.

nant aucune trace d'hydrogène, elle ne peut se transformer en acide bromhydrique, comme le bromoforme, qui est composé de trois élémens : brôme, carbone et hydrogène. C'est à la facilité avec laquelle cette transformation s'opère dans le brômoforme, qu'il faut attribuer l'inconstance de son action.

Le *perbrômure de carbone* est complètement inaltérable. On l'emploie à l'état de vapeur que l'on puise à l'aide d'une pipette en cristal, graduée avec soin, parfaitement calibrée et munie *d'un piston garni en liége et entrant à plein dans le corps de la pompe* ; on le roule dans la poudre de plombagine, pour adoucir le frottement.

On puise, avec cette pipette, cinq à six fois plus de vapeur qu'on n'en veut employer ; on bouche son extrémité avec le doigt, afin d'éviter la déperdition de la vapeur qu'elle contient ; on l'essuie soigneusement avec un linge, puis on l'introduit dans la cuvette, par un trou que l'on a fait au milieu de la glace qui la recouvre. On enfonce lentement le piston, pour chasser la *quantité de vapeur seulement qu'on veut introduire dans la cuvette*. On retire la pipette, et on bouche l'ouverture de la glace. On laisse écouler 40 secondes, puis on expose la plaque iodurée à l'action de la vapeur accélératrice.

En prenant ces précautions, on évite d'introduire dans la cuvette *l'air contenu dans la partie effilée de la pipette*, et qui est mêlé avec une quantité de vapeur qu'on ne saurait apprécier. Ce mélange reste auprès du piston, dans le corps de la pipette.

DESCRIPTION

D'UNE CHAMBRE OBSCURE, PROPRE A RECEVOIR DES OBJECTIFS
DE DIFFÉRENTES LONGUEURS FOCALES, ET DONNANT LA FACILITÉ
DE REPRÉSENTER AVEC UNE ÉGALE NETTETÉ, DES OBJETS
PLACÉS SUR PLUSIEURS PLANS.

Ma chambre obscure se compose d'une planche de 50 centimètres de longueur (1), traversée par deux mortaises longitudinales et parallèles, dans lesquelles sont engagées quatre vis qui servent à fixer où l'on veut, deux planches verticales, à l'une desquelles on adapte les planchettes à coulisse qui portent les objectifs : l'autre sert à recevoir les châssis dans lesquels on introduit les plaques iodurées. Ces deux planches verticales sont placées parallèlement, et réunies au moyen *d'un soufflet d'accordéon*, qui permet de les éloigner et de les rapprocher à volonté, selon la distance focale des objectifs qu'on emploie.

On peut placer cette chambre obscure dans le sens de la largeur, au moyen d'écrous fixés au côté des planches verticales.

Ce système a l'avantage de ne pas se déformer, comme les boîtes en menuiserie.

On peut, à l'aide de cette chambre noire, représenter avec une égale netteté, des objets placés sur des plans très différens ; mais *à peu près sur une même ligne* : il suffit, pour cela, de détruire le parallélisme des deux planches qui portent l'objectif et la plaque iodurée, en laissant la

---

(1) J'ai pratiqué au revers de cette planche, une rainure longitudinale faite en forme de **T**, dans laquelle est engagée une vis à tête plate qui sert à fixer l'appareil sur son pied.

plus grande distance du côté où vient se peindre l'objet le plus rapproché de l'appareil.

J'ai l'habitude de répandre dans la chambre obscure, trois ou quatre gouttes d'*éther rectifié*, avant d'y placer la plaque iodurée. Par ce moyen, j'augmente encore la sensibilité de la couche impressionnable.

LÉGÈRE MODIFICATION DE LA BOITE A MERCURE.

J'ai supprimé la cuvette en tôle qui est au fond de la boîte au mercure, pour la remplacer par une plaque en cuivre rouge, de quatre à cinq millimètres d'épaisseur, légèrement concave et *richement amalgamée*. Cette plaque entre à coulisse et forme le fond de la boîte. Par ce changement, j'évite l'inconvénient qui a lieu quelquefois avec le mercure coulant : il arrive souvent, que l'air qui est renfermé entre la cuvette et la nappe de mercure, chassé par la chaleur, s'échappe avec effort en faisant jaillir des gouttelettes de ce métal jusque sur l'épreuve.

Je me sers aussi, avec le même avantage, d'un châssis en bois, au fond duquel je place la même plaque amalgamée. Je constate les progrès de l'épreuve en la regardant de temps en temps à travers un verre jaune. Cet appareil est beaucoup moins embarrassant que la boîte au mercure.

Dans toutes les opérations que je viens de décrire, j'emploie les plaques nues.

Je n'ai rien à dire du lavage des épreuves ni de leur fixage au chlorure d'or.

Paris. — Imprimerie Proux et Cᵉ, rue Neuve-des-Bons-Enfans, 3.

RAPPORTS
SUR LES INSTRUMENS

INVENTÉS OU CONSTRUITS

PAR CHARLES CHEVALIER.

PARIS. — IMP. ÉD. PROUX ET Cᵉ, RUE NEUVE-DES-BONS-ENFANS, 3.

RAPPORTS

SUR LES INSTRUMENS

INVENTÉS OU CONSTRUITS

PAR CHARLES CHEVALIER.

MICROSCOPE SIMPLE,

CONSTRUIT ET PERFECTIONNÉ PAR CHARLES CHEVALIER.

—

RAPPORT DE M. LE BARON SÉGUIER.

« Messieurs, l'invention du microscope livra à l'observation tout un monde nouveau. Cette découverte fut pour nos sens imparfaits une précieuse conquête qui enrichit leur domaine d'une foule innombrable de corps, d'êtres organisés dont notre intelligence ne pouvait même pas soupçonner l'existence.

» Tout d'abord formé d'un globule de verre, ou de toute autre matière transparente, il suffisait pour satisfaire la seule curiosité ; mais cet instrument devait bientôt être dépouillé de toutes ses imperfections par les sciences qui empruntèrent son secours. C'est ainsi que, par de savantes applications des lois de l'optique, de simple devenu composé, il fut débarrassé de ses défauts primitifs.

» Le microscope reçut ses premiers perfectionnemens aux dépens de sa simplicité, et si la conjugaison de plusieurs verres évita les aberrations de sphéricité et de réfrangibilité, ces avantages furent tempérés par l'inconvénient grave du renversement que le croisement des rayons fit éprouver aux images.

» Ce n'est que dirigé par une rectification intellectuelle que la main peut aller chercher dans un point où l'œil semble lui dire qu'il n'est pas, l'objet soumis à l'examen du microscope composé ordinaire.

» Le microscope simple, qui amplifie sans renverser les images, est préférable pour les observations où la main doit arriver au secours de l'œil. Il importait donc, en lui conservant cette précieuse qualité, de trouver le moyen d'éviter les déformations et les fausses couleurs qu'il fait éprouver aux objets observés. Plusieurs procédés furent tentés, le plus généralement usité fut l'emploi des diaphragmes qui limitent le champ du verre et ne laissent voir que la partie de l'image dont la déformation est peu ou point sensible. Ce moyen est bien insuffisant, puisqu'en circonscrivant la vision il ne fait que soustraire à l'œil des défauts auxquels il ne remédie pas.

» L'invention récente par le docteur *Wollaston* de son doublet microscopique, composé de deux lentilles, était le perfectionnement le plus réel qu'ait reçu le microscope simple, lorsque M. *Charles Chevalier,* aidé de l'expérience de tous ceux qui l'ont précédé, dirigé par ses connaissances personnelles, non seulement dans la pratique de son art, mais aussi dans la théorie des sciences qui s'y rattachent, découvrit à force d'essais une nouvelle disposition de lentilles. Leurs effets remarquables par la grandeur du champ d'observation, par la pureté des formes et la belle lumière, ont été soumis par lui à votre vérification.

» Un tel examen ne pouvait se faire en un seul instant; il devait être le résultat d'observations délicates, de comparaisons nombreuses. Vous nous avez chargé d'examiner à loisir le microscope simple de M. *Chevalier,* pour vous en rendre compte. C'est le devoir que nous remplissons aujourd'hui.

» Nous allons commencer par vous donner la description de l'instrument présenté. . . . .

» Cet instrument ainsi modifié devient, quant à présent, le plus parfait que nous connaissions. Cette opinion n'est pas seulement la nôtre, elle serait d'un trop faible poids dans la balance de vos décisions ; c'est encore celle de MM. *Audouin, Brongniart, Breschet, Nonat,* dont nous avons cru devoir nous-même consulter les lumières. Ces savans, voués aux études microscopiques, ont bien voulu, dans des notes écrites et que nous déposons à l'appui de ce rapport, nous transmettre, pour servir de base à notre jugement, les réflexions que leur suggère leur pratique quotidienne.

» Vous ne vous étonnerez pas, Messieurs, que M. *Charles Chevalier* ait amené le microscope simple à ce degré de perfection, lorsque vous réfléchirez qu'il est le fils d'un constructeur que vous avez plusieurs fois récompensé, et que la profession qu'il exerce lui-même, non en simple fabricant, mais en artiste éclairé, lui a fourni l'occasion d'exécuter un grand nombre de ces instrumens.

» Aussi habile à se servir du microscope qu'à le construire, M. *Chevalier* s'est plu à écouter et recueillir les observations des nombreux savans avec lesquels il est sans cesse en relation. Honoré pendant long-temps de l'amitié de l'homme qui s'est le plus occupé du microscope, je veux parler de M. *Le Baillif,* à la mémoire duquel je suis heureux de payer moi-même ici un tribut de vive reconnaissance, M. *Charles Chevalier* a pu étudier et reconnaître les formes les plus appropriées à tous les genres d'observations.

» Félicitons-nous, Messieurs, de trouver l'occasion de récompenser en sa personne ces heureux fruits toujours certains de l'alliance féconde de la théorie et de la pratique.

» Nous avons donc l'honneur de vous proposer, au nom du Comité des arts mécaniques, d'adresser le nom de M. *Charles Chevalier* au Comité des médailles, et d'insérer le présent rapport au *Bulletin.*

» *Signé* le baron SÉGUIER, *rapporteur.*

» *Approuvé en séance, le 8 janvier 1834.* »

N. B. Dans le rapport de M. le baron Séguier, on remarque aussi la note qui suit :

« Nous vous ferons remarquer que M. *Chevalier* est le premier, en France, qui ait imité *Wollaston* et *Pritchard*, en construisant des lentilles de diamant, de saphir et de grenat. »   C. C.

MÉDAILLE D'OR. — SOCIÉTÉ D'ENCOURAGEMENT. — 1834.

« Le microscope simple de M. Ch. Chevalier est, quant à présent, le plus parfait que l'on connaisse. Cette opinion n'est pas seulement la nôtre, c'est encore celle de plusieurs savans voués aux études microscopiques.

» Vous ne vous étonnerez pas, Messieurs, que M. Chevalier ait amené le microscope simple à un haut degré de perfection, lorsque vous saurez que la profession qu'il exerce, non en simple fabricant, mais en artiste, lui a fourni l'occasion d'exécuter un grand nombre de ces instrumens.

» Aussi habile à se servir du microscope qu'à le construire, M. Chevalier *s'est plu à écouter et recueillir les conseils des nombreux savans avec lesquels il est sans cesse en relation.*

et il a pu étudier et reconnaître les formes les plus appropriées à tous les genres d'observations.

» Nous nous félicitons, Messieurs, de trouver l'occasion de récompenser en sa personne ces heureux fruits, toujours certains de l'alliance féconde de la théorie et de la pratique, en vous proposant, au nom de votre conseil d'administration, de décerner à M. Charles Chevalier une médaille d'or de deuxième classe. »

M. le baron Séguier, *rapporteur*.

EXTRAIT

DES ANNALES DES SCIENCES NATURELLES (1833),

PAR MM. AUDOUIN, ADOLPHE BRONGNIART ET DUMAS.

—

NOTE SUR UN MICROSCOPE SIMPLE PERFECTIONNÉ.

« Les microscopes simples, c'est à dire ces instrumens formés d'une seule lentille de verre ou d'autre matière transparente qui a la propriété de faire voir les petits objets plus près qu'à la vue simple et de les grossir en raison de ce rapprochement, sont depuis long-temps employés avec succès pour l'observation et surtout pour la dissection des parties végétales ou animales qui échappent à la vue. En général, cependant, l'emploi de ces utiles appareils était fort limité, à cause des diaphragmes qui en diminuaient beaucoup la clarté et la pureté, mais qui étaient nécessaires pour obvier aux aberrations de réfrangibilité et surtout de sphéricité. Le célèbre Wollaston avait, il est vrai, amélioré le microscope simple, tant par l'application du principe périscopique aux lentilles de microscope (*Transactions philosophiques* de 1812, 2° partie), que par son *doublet* microscopique, décrit dans les *Transactions philosophiques* de 1829. Mais aucun instrument ne nous paraît avoir rempli les conditions d'un champ de vue étendu, joint à beaucoup de netteté et de clarté, avec autant d'avantages que les lentilles *plano-convexes doubles ou triples* de M. Charles Chevalier, ingénieur opticien, Palais-Royal, n° 163. La disposition des verres, leur courbure, leur diamètre, leur ouverture et leur distance respective sont tellement calculés, que l'effet en est, selon nous, supérieur à ce qui a été fait jusqu'à ce jour; et ce n'est pas le seul perfectionnement qu'il ait apporté aux microscopes simples, car il en a combiné la monture de manière à rendre leur usage aussi commode que possible. On peut, à volonté, s'en servir pour les grossissemens faibles ou très forts, et les employer, par conséquent, à la préparation et à l'examen des gros objets ou à l'observation des corps les plus ténus et les plus déliés. Une connaissance spéciale de ces précieux instrumens et une comparaison attentive des diverses modifications qu'on leur a fait subir, ont pu seules amener cet heureux résultat que nous désirions depuis longtemps, et nous ne pouvons que féliciter M. Charles Chevalier d'être parvenu ainsi à faciliter les travaux des botanistes et des zoologistes. »

EXPOSITION DE 1834. — MÉDAILLE D'OR.

RAPPORT DU JURY.

« M. Charles Chevalier obtint, en 1827, une médaille d'argent avec son père. M. Vincent Chevalier auquel il était alors associé.

» Maintenant M. Charles Chevalier est à la tête d'un établissement qu'il a formé depuis quelques années. Il expose personnellement divers instrumens de physique d'une très bonne exécution : ses microscopes achromatiques, dont nous connaissions déjà les effets remarquables, ont particulièrement attiré notre attention. Nous les avons comparés avec un excellent microscope d'Amici, le meilleur de ceux qu'on possède à Paris ; nous avons dû reconnaître, non sans étonnement, mais avec une vive satisfaction, que *le microscope de M. Charles Chevalier est véritablement supérieur à celui d'Amici.*

» On sait que les instrumens de ce genre sont indispensables au succès d'une foule de recherches intéressantes : en ces derniers temps ils ont conduit à de véritables découvertes, soit dans la chimie organique, soit dans l'anatomie végétale ou animale. »

» *M. Charles Chevalier, en portant le microscope à un plus haut degré de perfection,* REND AUX SCIENCES UN SERVICE IMPORTANT ; *le jury lui décerne une médaille d'or.*

» *Rapporteurs :* MM. le baron SÉGUIER, SAVARY et POUILLET.

» Présidence de M. le baron THENARD.

SÉANCE DE LA SOCIÉTÉ ENTOMOLOGIQUE.

6 avril 1836.

MÉGAGRAPHE. — « M. Charles Chevalier présente un nouvel instrument d'optique de l'invention de M. Percheron, et à l'aide duquel on peut dessiner les objets transparens et demi-transparens à tous les degrés de grossissemens désirables. Cet instrument, exécuté par M. Chevalier, porte le nom de *mégagraphe*. M. Lefebvre, qui s'était livré de son côté, de concert avec M. Percheron, à la recherche d'un pareil instrument, était parvenu à un résultat semblable par un effet inverse de la lumière. »

EXTRAIT DES PROCÈS-VERBAUX

DES SÉANCES DU CONSEIL D'ADMINISTRATION DE LA SOCIÉTÉ D'ENCOURAGEMENT.

Séance du 24 mai 1837.

« M. Ch. Chevalier, ingénieur opticien, prie la Société de faire examiner *un nouveau système de microscope simple,* dont la partie essentielle se compose *d'un verre convexe et d'un verre concave,* ainsi que les appareils suivans, savoir : *une chambre claire appliquée à une lunette* qui donne la mesure exacte du grossissement d'une lunette quelle qu'elle soit; la distance d'un objet, quand on connaît son diamètre et réciproquement; enfin toutes les dimensions des objets placés sur le même plan et à la même distance qu'un objet éloigné dont on connaît, au préalable, les dimensions, enfin qui permet de dessiner avec détail toutes les parties d'un objet éloigné; 2° *une nouvelle chambre claire double,* plus commode que les anciennes pour le dessin, par le plus grand champ qu'elle offre ; 3° *une autre chambre claire*, remarquable autant par l'exiguité de ses dimensions que par les heureux résultats qu'on en peut obtenir dans la pratique des arts. »

RAPPORT FAIT PAR M. FRANCOEUR,

AU NOM DU COMITÉ DES ARTS MÉCANIQUES,

SUR LES INSTRUMENS D'OPTIQUE DE M. CHARLES CHEVALIER,

Palais-Royal, n° 163, galerie de Valois.

« Messieurs, les produits de l'industrie de M. Ch. Chevalier vous sont déjà connus, et ils ont fait le sujet de vos honorables récompenses, lorsqu'il était associé à son père, M. Vincent Chevalier ; depuis, cet habile artiste a continué de mériter votre bienveillance, par le soin qu'il met à confectionner ses instrumens d'optique, qui ont fondé sa réputation, tant en France qu'à l'étranger.

» Les instrumens qu'il a l'honneur d'offrir à votre examen sont une lunette télescopique, une chambre claire et un microscope achromatique. Je vais passer en revue rapide ces objets :

» La chambre claire ou *camera lucida*, est un instrument destiné à transporter sur un papier les images des corps qui sont exposés devant lui. L'invention de cet instrument, par Wollaston, ne remonte qu'à un petit nombre d'années, et il a été modifié et perfectionné par plusieurs habiles physiciens: Amici, Sœmmering, etc., ont apporté à la chambre claire des changemens plus ou moins heureux, et maintenant elle est généralement mise en usage par une foule d'artistes pour dessiner des vues et des perspectives avec beaucoup plus de facilité et d'exactitude qu'on ne le faisait avec le volumineux attirail des chambres obscures.

» **M. Ch. Chevalier** a présenté une **nouvelle** *camera* double ou jumelle qui accroît le champ de la vision, et qui permet de faire des expériences de physique sur l'emploi séparé ou simultané des deux yeux. Il a offert une camera, curieuse par la petitesse de ses dimensions; elle est renfermée avec les verres grossissans ou obscurans dans un étui de 2 décimètres de long sur 3 centimètres de large. Il faut, quand on se sert de la camera, que l'éclat de l'objet ne soit pas trop vif, car on ne verrait plus le crayon. Réciproquement, si l'éclat du papier était trop fort, on ne verrait plus l'image. Les verres dont nous parlons servent à modérer l'une ou l'autre de ces lumières, comme aussi de se prêter à la force de vision du dessinateur. Cet instrument très portatif est monté sur des tubes en cuivre qui se prêtent à l'allongement de la tige pour agrandir le dessin des objets ; des mouvemens de rotation très simples permettent d'incliner la tige comme on veut, et une pince située à la base sert à fixer cette tige à la table sur laquelle on dessine.

» Nous remettrons à parler plus tard de l'emploi que M. Charles Chevalier fait de la chambre claire, en l'adaptant aux longues vues et aux microscopes.

» Le microscope solaire de M. Ch. Chevalier, établi dans le cabinet même qu'occupait Lavoisier (ou Rumfort), est très bien disposé. On se rappelle que d'après les conseils de M. Selligue, *c'est M. Vincent Chevalier et son fils qui ont les premiers exécuté les microscopes achromatiques, selon le système d'Euler.* Ce qui offrait alors de grandes difficultés d'exécution, n'en présente plus maintenant. Le microscope solaire de M. Ch. Chevalier est achromatique, et les images y sont d'une grande netteté; *il y a apporté une utile modification en interposant un verre concave qui augmente beaucoup le champ,* en sorte que, pour obtenir de vastes images et de forts grossissemens, il n'est plus nécessaire que l'instrument soit établi dans une chambre profonde, qui permette de reculer beaucoup l'écran qui les reçoit. M. Charles Chevalier réclame comme lui étant propre l'emploi de ce verre concave; mais, à cet égard, nous nous abstenons de nous prononcer sur cette prétention.

» Nous ne dirons rien du microscope simple fabriqué par M. Chevalier, parce que cet instrument a déjà été le sujet d'un rapport favorable fait par M. Séguier, au nom du comité des arts mécaniques. Vous avez accordé votre approbation à la construction de cet appareil.

» *Quant au microscope composé achromatique, bien que vous l'ayez déjà approuvé, et que depuis long-temps il ait été jugé si avantageux, qu'il est actuellement répandu dans toute l'Europe*, les nouveaux perfectionnemens qu'il a reçus accroissent beaucoup son utilité. L'ajustement est tellement combiné, qu'on peut donner au tube toutes les inclinaisons, afin de se prêter à tous les genres d'observation. On peut, en outre, y adapter l'appareil à prisme d'Amici, qui, en rendant le tube horizontal sans changer la position du porte-objet, rend certaines observations beaucoup plus commodes, et, nous le répétons, elles ne peuvent jamais offrir de précision que sous la condition d'être faciles à faire.

» Cette disposition du tube horizontal a conduit M. Charles Chevalier à mettre en pratique un procédé indiqué par Amici, qui consiste à fixer une chambre claire devant l'oculaire. Cette addition offre deux avantages importans: 1° on peut dessiner les petits corps soumis au microscope, et par conséquent, en obtenir une figure exacte et amplifiée. Plusieurs naturalistes, parmi lesquels nous citerons MM. Montagne et Richoux, ne se servent que de cet appareil pour dessiner les objets microscopiques ; 2° on mesure directement le grossissement du microscope, on sait que la manière d'obtenir ce degré d'amplification, quelque méthode qu'on ait employée, laisse beaucoup d'incertitude, et exige, outre les observations directes, certaines pratiques délicates et des calculs. Avec la chambre claire, on est à l'abri de ces embarras. Voici comment on opère :

» On place sur le porte-objet un micromètre objectif ; c'est comme on sait, une lame de verre sur laquelle on a tracé les divisions d'un millimètre, en 1, 2, 3 ou 4 cents parties égales, appareil qu'on obtient, quoi qu'avec difficulté, avec les bonnes machines à diviser. Ce micromètre amené par la vis de rappel à la distance de l'objectif qui en rend la vision extrêmement nette, la chambre claire qu'on dispose devant l'oculaire, permet de marquer sur une feuille de papier horizontale, écartée de l'œil à la distance de la vision ordinaire, deux traits qui interceptent entre eux un intervalle représentant plusieurs subdivisions du micromètre. En comparant la longueur ainsi obtenue avec la longueur réelle de la distance représentée, le rapport sera le grossissement du microscope en diamètre. Ainsi, que le micromètre contienne le millimètre divisé en 100 parties ; si en prenant avec un compas la longueur d'une de ces divisions telle qu'on la voit projetée par la camera sur une feuille placée à 8 pouces de l'œil (22 centimètres) ; que cette longueur soit de 1 centimètre, le rapport $\frac{1}{100}$ de millimètre à 10 millimètres étant $\frac{1}{1000}$, le microscope grossit mille fois les diamètres. Cela connu, il est facile d'évaluer les dimensions véritables de très petits objets, puisque, si l'un nous apparaît sur le papier avoir un centimètre, sa grandeur linéaire, qui en est le millième, est donc le centième d'un millimètre.

» Cette évaluation exige que la feuille de papier sur la-

quelle la camera projette les images soit à la distance de la
vision de l'observateur ; car la divergence des rayons réfléchis, rend les intervalles projetés plus courts ou plus longs,
suivant qu'on approche ou éloigne la feuille de l'œil. Chacun
a une portée de vue que l'expérience lui a fait connaître, et
on sait qu'un microscope grossit plus pour un presbyte que
pour un myope. Le grossissement réel est le rapport exact
des angles optiques d'un objet vu à la distance de la vision
nette à l'œil nu, et à la distance où l'instrument d'optique
transporte cet objet.

» On conçoit toute l'importance de l'emploi de la camera
pour dessiner, après les avoir agrandis, tous les petits corps
que la nature nous présente et pour en évaluer les dimensions réelles.

» Le même ajustement du microscope de M. Ch. Chevalier reçoit, en outre, des lentilles qui en font un microscope
simple, ces lentilles pourvues du verre concave qui en accroît
la puissance de grossissement, ainsi qu'il a déjà été expliqué.

» Il nous reste à parler des longues-vues ou lunettes téles-
copiques que M. Ch. Chevalier nous a présentées. Elles sont
construites avec tout le soin et le talent que les habiles opticiens réussissent à apporter à leur exécution ; mais l'appareil dont il les a pourvues pour mesurer directement leur
puissance d'amplification et la distance des objets dont la
grandeur est connue, mérite d'être exposé.

» Le moyen usité pour trouver le grossissement d'une
lunette par expérience consiste à placer, à une certaine distance, une règle divisée, par exemple, un double mètre : de
la regarder d'un œil par vision directe, et aussi en plaçant
l'autre œil devant l'oculaire. On perçoit alors deux images
inégales de la règle ; comparant leurs grandeurs apparentes,
le rapport est la mesure réelle de l'amplification de la lu-

nette. Si l'on trouve que la vision directe du double mètre en fait coïncider la longueur apparente avec un décimètre de celle que voit l'œil à travers la lunette, le grossissement est de vingt fois, rapport de 20 décimètres à 1.

» Mais, quoique ce procédé soit d'une pratique beaucoup plus facile et plus sûre que la comparaison des effets optiques des verres de lunette, on conçoit que la coïncidence de l'une des images sur l'autre n'est sans difficulté ni sans quelque sujet d'incertitude. M. Ch. Chevalier dispose une chambre claire devant l'oculaire et marque, sur un papier horizontalement fixé, la longueur projetée de l'image ; puis, par un mouvement qu'on fait prendre à la camera, on la place à côté de la lunette et on marque de même sur le papier la longueur de cette seconde projection : le grossissement est le rapport de ces deux longueurs. Il est évident que la chambre claire est un moyen très simple de faire la comparaison de l'image vue directement à l'image vue par la lunette, et de mesurer très exactement ces deux dimensions. Il n'est d'ailleurs plus nécessaire de prendre pour objet une règle divisée : un édifice quelconque, ou tout autre corps, peut également servir à l'observation, ce qui permet de la répéter plusieurs fois pour des distances et des grandeurs diverses, et d'obtenir un résultat moyen exempt de toute erreur.

» Quant au moyen de mesurer les distances des corps de dimension connue, voici comment M. Ch. Chevalier opère :

» Il arme l'oculaire d'une camera et fait soutenir par le tube un assemblage de tringles très légères qui porte une petite tablette ; sur cette tablette est étendu un papier blanc, à la distance de 3 à 5 décimètres environ de l'oculaire : il place un double mètre vertical à la distance mesurée de 100 mètres, et marque sur le papier la longueur de l'image projetée par la camera. Il recommence cette opération pour la distance de 50, de 150, de 200 mètres, etc., et obtient ainsi sur sa feuille de papier une suite de longueurs qui sont celles du corps observé ayant 2 mètres de haut, situé à des distances exactement connues ; bien entendu que ces images sont propres uniquement à la vue de l'observateur, et pourraient ne convenir qu'à lui seul. On fera de ces longueurs d'images une sorte d'échelle sur le papier, laquelle servira d'étalon pour les expériences qu'on voudra faire (1). En ob-

---

(1) Les épreuves pour tracer l'échelle des distances ne peuvent avoir une grande précision ; mais elles sont inutiles quand on connaît le degré d'amplification de la lunette, et nous avons dit qu'il est aisé de l'obtenir avec exactitude par des expériences répétées, qui annulent les erreurs d'observation.

Le triangle rectangle formé par la distance et la règle verticale, telle qu'on la voit amplifiée par la lunette, est semblable à celui que font les rayons réfléchis par la camera, savoir la distance de l'oculaire au papier qui reçoit l'échelle qui correspond à cette distance ; on en tire aisément cette longueur.

Par exemple, si la lunette grossit vingt fois les objets, et que la règle verticale de 2 mètres soit placée à 100 mètres de distance, on posera cette proportion :

100 mètres est à 20 fois 2 mètres, comme la distance du papier à l'oculaire (que nous supposerons de 25 centimètres est à x.

On trouve $x = \dfrac{40 \times 0.25}{100} = \dfrac{10}{100}$ 0, ^{m}, 1 $= 1$ décimètre, partie de l'échelle qui répond à 100 mètres d'éloignement de la mire de 2 mètres.

Plus généralement, si g est le grossissement de la lunette, L la longueur de la règle, D sa distance, i la distance de la vision nette (ou de l'échelle oculaire), on a D : L g : : i : x.

$$x = \frac{L\ g\ i}{D},$$

en sorte qu'on peut prendre pour mire tout objet de hauteur connue L, et qu'en donnant à D diverses valeurs croissantes (toutes les quantités étant exprimées en mètres) on aura toutes les divisions de l'échelle. On tire de cette formule :

$$D = \frac{L\ g\ i}{x}, \qquad L = \frac{D\ x}{g\ i},$$

La première équation donne la distance D de tout objet de hauteur L connue, d'après la hauteur x de sa projection par la came-

servant une règle de 2 mètres placée au loin, on en connaîtra la distance par la longueur de l'image projetée par la camera, et portée sur l'échelle avec un compas. L'exactitude
de cette opération est vraiment remarquable ; et on conçoit
que le même procédé s'appliquera aux objets de toute dimension, pourvu qu'elle soit connue d'avance, et que, réciproquement, on peut obtenir la mesure de la grandeur d'un
objet dont la distance est connue.

» Tels sont, Messieurs, les appareils qu'a présentés
M. Ch. Chevalier. Le Comité a reconnu l'exactitude et le talent avec lesquels l'auteur les a combinés et ajustés ; il a
pensé que ce n'était pas une chose de peu d'importance,
dans le genre d'industrie qui fait le sujet de ce rapport, que
d'avoir rendu les expériences faciles et précises par des ar-
rangemens simples et faits avec art. Nous vous proposons
d'insérer le présent rapport au Bulletin et de le renvoyer
aux comités chargés de décerner vos récompenses.

» FRANCOEUR, *rapporteur.* »

Approuvé en séance, le 13 mars 1839.

---

ra ; la deuxième fait connaître la hauteur L d'un objet, d'après sa
distance D et cette même projection x. Bien entendu qu'on suppose que la puissance amplifiante de la lunette est mesurée avec
soin, et que chaque observateur ayant pris pour i la distance qui
convient à sa vue, l'échelle n'est utile que pour lui-même. Ces formules rendent même cette échelle inutile, puisqu'il suffira de mesurer avec un compas, le nombre de millimètres de l'image projetée par la camera ; car tout sera alors connu dans l'une ou l'autre
de ces équations.

EXPOSITION DE 1839.

—

RAPPORT DU JURY.

—

Rappel de médaille d'or. —*Diplôme délivré par ordre du Roi.*

« M. Charles Chevalier reproduit d'abord, exécutés avec la même perfection, les microscopes achromatiques qui lui ont mérité, en 1834, *la plus haute distinction*; il les reproduit, de différentes grandeurs, avec tous les mouvemens, on pourrait dire toutes les transformations qui en rendent l'application facile aux divers genres de recherches, aux états différens des corps soumis à l'observation. Indépendamment d'un grand nombre d'appareils connus, M. Ch. Chevalier présente encore des instrumens dont le principe ou l'objet est au moins en partie nouveau. Il en est ainsi d'une lunette micrométrique où le micromètre extérieur à la lunette, est tout simplement un cadre de verre dépoli portant un réseau de lignes noires. Ce cadre est fixé perpendiculairement au tuyau dans le voisinage de l'objectif. L'oculaire de la lunette est prismatique, et l'image des objets éloignés, sortant du prisme, traverse, pour arriver à l'œil, une petite ouverture circulaire pratiquée dans un miroir incliné qui réfléchit en même temps, vers l'observateur, les raies tracées sur le cadre de verre. La rétine superpose ainsi les deux images. C'est principalement pour déterminer à la fois la position d'un grand nombre d'objets voisins que ce genre de micromètre peut être utile; néanmoins, il s'applique aussi à la mesure des grossissemens, des distances pour les objets terrestres. Nous préférerions, ce qui revient exactement au même quant à l'effet, que la vision de l'objet éloigné se fît directement à travers la lunette (on facilite ainsi tout au moins la recherche de l'objet), et que les raies du cadre micrométrique, que l'on peut éclairer à volonté, parvinssent à l'œil par une double réflexion. Il faut ajouter qu'Herschell le père, que Schröter, quand ils dessinaient la carte de la lune, se servaient l'un et l'autre d'un moyen analogue : le cadre était placé de même, seulement on employait, pour superposer les deux images, les deux yeux à la fois, l'un appliqué à la lunette, l'autre au dehors, dirigé vers les divisions, exactement comme on le fait quand on mesure à l'œil nu des grossissemens médiocres. Un autre essai de M. Ch. Chevalier a plus d'importance : il s'agit d'une lunette, désignée sous le nom de télescope dioptrique, contenant, outre l'objectif ordinaire, un second objectif situé entre le premier et l'oculaire, comme le flint dans les lunettes dialytiques. On pourrait croire au premier coup d'œil que la lunette de M. Ch. Chevalier est une lunette dialytique, et pourtant il n'en est rien. Dans les lunettes que nous venons de citer, l'objectif extérieur et le verre intermédiaire sont l'un et l'autre simples, destinés à détruire à la fois la coloration et la confusion des images ; on économise de la matière et du travail : dans le système de M. Chevalier, on n'économise rien du tout ; l'objectif et le verre intérieur sont l'un et l'autre doubles et achromatiques séparément ; mais on se donne de nouveaux moyens d'arriver à une perfection plus grande : on se donne une indétermination de courbures et de distances dont il est possible de profiter pour obtenir des images plus nettes et plus pures. On perd, il est vrai, quelque chose en clarté ; mais, toute compensation faite, il y aura probablement encore avantage, dans certains cas. Des images nettes, quoique affaiblies, si distinguent encore lorsque des objets plus éclairés, mais confus, échappent à l'œil. La lunette ne nous a été présentée que comme l'essai d'un principe; toutefois, avec un grossissement de deux cents fois environ, l'effet en a été satisfaisant. Le jury rappelle à M. Ch. Chevalier la médaille d'or qu'il a obtenue en 1834.

» *Rapporteurs* : MM. Mathieu, Savart, Pouillet, Séguier, Savary. »

RAPPORT FAIT PAR M. FRANCOEUR,

AU NOM DU COMITÉ DES ARTS MÉCANIQUES,

SUR LE MANUEL DU MICROGRAPHE DE M. CH. CHEVALIER.

« M. Charles Chevalier, qui a mérité de vous, Messieurs, d'honorables récompenses pour l'exécution parfaite des divers instrumens d'optique qui lui ont valu une réputation européenne, est aussi auteur de plusieurs traités dignes d'estime, sur l'art qu'il exerce avec succès. Il vient de publier un ouvrage spécial sur le microscope, sa construction variée et ses usages; on n'y trouve aucune idée neuve sur les théories d'optique, et l'auteur n'avait pas pour objet de les accroître et de les éclairer; mais il a voulu mettre le public dans la confidence d'une multitude de pratiques que l'expérience lui a indiquées pour pouvoir tirer du microscope tout le parti désirable : on y remarque plusieurs chapitres destinés à indiquer les moyens de vérifier si les microscopes réunissent les conditions qu'on doit y trouver quand l'exécution en est convenable, et d'en savoir interpréter les indications avec rigueur sous les rapports de grossissement, de formes, de proportions, etc. Le *Manuel du Micrographe* est un très bon ouvrage qui sera consulté avec avantage par toutes les personnes qui ont besoin du secours du microscope pour voir, étudier et décrire les formes des corps qui échappent à nos yeux par leur petitesse. Ce livre est au courant de l'état actuel de la science et mérite votre approbation.

» J'ai l'honneur, Messieurs, de vous proposer d'adresser des remercîmens à M. Charles Chevalier pour l'exemplaire dont il vous a fait hommage, et d'insérer le présent rapport au *Bulletin.* »

Approuvé en séance, le 18 décembre 1839.

RAPPORT FAIT PAR M. FRANCOEUR,

Vice-Président de la Société d'encouragement,

SUR UN OPUSCULE DE M. CHARLES CHEVALIER,

intitulé

MANUEL DES MYOPES ET DES PRESBYTES.

« Un grand nombre de personnes sont obligées de se servir de besicles pour voir distinctement, soit à raison d'un vice de conformation de l'organe de la vue, soit par l'effet d'un affaiblissement causé par l'âge où la fatigue; mais il n'est pas rare, dans les relations ordinaires de la vie, que l'on ait une très fausse idée du secours qu'on peut retirer des verres optiques pour faciliter la perception des objets; faute d'une instruction spéciale, on se méprend étrangement sur un usage aussi indispensable, et on risque de s'altérer la vue par un mauvais emploi.

» Lorsque cette ignorance n'a d'autre effet que d'apparaître ridiculement dans la conversation par des propositions fausses, l'inconvénient n'est pas dangereux ; on laisse volontiers les discoureurs confondre l'usage des verres concaves qui servent aux myopes avec les verres convexes des presbytes, et on sourit lorsqu'on voit des gens étonnés que les premiers lisent sans lunettes , et ne peuvent s'en passer pour distinguer les objets à distance, tandis que c'est le contraire pour les autres. Mais ordinairement cette ignorance conduit à se servir de verres défectueux ou mal conformés pour l'organe qu'on veut aider , et on nuit d'une manière irréparable à cette précieuse faculté.

» M. Charles Chevalier , bien connu du public comme habile constructeur de beaux instrumens d'optique, auteur de plusieurs traités relatifs à cette science , a voulu , dans l'opuscule que nous analysons , mettre chacun à même de raisonner l'emploi qu'il doit faire des verres, pour l'organe qu'il veut aider, afin de faire un choix éclairé de la nature et de la force des verres dont sa vue l'oblige à faire usage.

» Dans une première partie, consacrée à la théorie de la vision , l'auteur donne l'histoire de l'invention des besicles , qu'il attribue à Salvino Armati et à Alexandre Spina, il expose la marche de la lumière à travers les verres convexes ou concaves ; la structure de l'œil analogue à celle de la chambre obscure ; l'explication donnée par M. le docteur Gerdy , du fait qui consiste à voir droites et directes des images qui sont peintes renversées sur la rétine ; il décrit les affections des yeux qui obligent de recourir à l'usage des verres, et la cause qui les rend myopes ou presbytes ; les premiers ne voient nettement que les objets rapprochés, ils ont la vue plus ou moins basse ; c'est le contraire pour les presbytes.

» La seconde partie expose les qualités que doivent avoir les verres relativement à la vue de la personne qui veut s'en servir, la construction des verres, des besicles et des diverses espèces de lunettes ; les conseils à suivre pour en faire un choix judicieux ; ce qu'on entend par les numéros distinctifs des verres , les modifications qu'on a apportées dans leur construction, etc.

» En définitive , le *Manuel des Myopes et des Presbytes* est un ouvrage utile, clairement écrit et à la portée de tous les lecteurs pour lesquels il est composé. Nous félicitons M. Chevalier d'avoir fait cet utile traité, qui ne renferme de science que ce qu'il était indispensable d'en donner pour l'intelligence du sujet. »

SOCIÉTÉ D'ENCOURAGEMENT.

Extrait du Rapport fait au nom d'une commission spéciale, composée de MM. le baron Silvestre, Amédée Durand, Gaulthier de Claubry, Herpin, Jomard, Chevalier, Payen, Gourlier, et baron A. Séguier, rapporteur.

(Séance du 23 mars 1842.)

« La simplification dans les procédés, sous le rapport de
» commodité et de la sûreté des opérations, vous avait sem-
» blé devoir être provoquée par des récompenses en médail-
» les. M. Charles Chevalier, déjà plusieurs fois honoré de vos
» plus hautes récompenses, vous paraît encore *celui qui a le*
» *mieux rempli, sous ce point de vue, les conditions de*
» *votre programme.*

» Pour mettre la rémunération en proportion avec le
» service rendu, et conserver ainsi une très utile gradation
» dans vos moyens d'encouragement, vous lui décernez en
» cette circonstance une médaille de platine : *la construc-*
» *tion de ses objectifs à doubles verres à foyer variable,*

» *diminuant les aberrations de sphéricité, offrant la pos-*
» *sibilité de faire coïncider la grandeur de l'image perçue*
» *avec l'étendue de la plaque qui la reçoit, le rend digne*
» *de cette récompense.*

  » Les modèles d'appareils qu'il vous a présentés vous ont
» paru d'une bonne disposition et d'une construction très
» soignée ; mais *les études de M. Charles Chevalier sur la*
» *composition des objectifs, les succès en ce genre obtenus*
» *avant tous les autres,* vous paraissent constituer un pro-
» grès plus important. De tels perfectionnemens intéressent
» l'art photographique en général, qui ne pourra probable-
» ment jamais se passer de l'intermédiaire des objectifs pour
» la perception des images. »

RAPPORT DU JURY CENTRAL *de l'exposition de 1844, sur les*
instrumens présentés par M. Charles Chevalier.

« M. Charles Chevalier est toujours l'un de nos plus habiles opticiens pour la construction des lunettes terrestres,
des appareils de toute espèce et surtout des microscopes. Les
perfectionnemens considérables qu'il avait apportés dans ces
derniers instrumens, lui valurent la médaille d'or, en 1834 ;
le rappel de cette distinction lui fut accordé, en 1839, pour
quelques perfectionnemens nouveaux et pour des dispositions
ingénieuses qu'il avait introduites dans plusieurs appareils.
L'exposition de 1844 constate que M. Charles Chevalier ne
cesse pas d'être en progrès. Ses microscopes comptent toujours parmi les meilleurs qui se construisent en France et à
l'étranger ; il en a varié avec beaucoup d'intelligence les
dimensions, les formes et l'ajustement, pour les approprier à
tous les usages et à toutes les recherches. Il **a donné** de

nouveaux développemens à l'idée qu'il avait eue de construire des lunettes à deux objectifs, et l'on peut espérer qu'elle recevra de lui d'utiles applications. Les nombreux appareils qu'il a présentés à l'examen du jury comme, machines pneumatiques, daguerréotypes, etc., etc., sont tous remarquables ou par la sagacité avec laquelle ils sont conçus, ou par la précision avec laquelle ils sont exécutés. Le jury rappelle de nouveau, en faveur de M. Charles Chevalier, la médaille d'or qu'il a reçue en 1834 et 39. .

» M. POUILLET, *rapporteur.* »

SOCIÉTÉ D'ENCOURAGEMENT

POUR L'INDUSTRIE NATIONALE.

(46e année, avril 1847).

—

RAPPORT DE M. EDMOND BECQUEREL,

SUR LA NOUVELLE MACHINE PNEUMATIQUE A MOUVEMENT CONTINU,

INVENTÉE PAR M. CHARLES CHEVALIER.

« M. Charles Chevalier, ingénieur-opticien, a soumis à l'examen de la Société (1) une nouvelle machine pneumatique qui rend plus facile la manœuvre de cet appareil et permet d'en étendre les applications.

» La machine pneumatique à deux corps de pompe, actuellement en usage dans nos laboratoires , est mue à l'aide d'une double manivelle avec laquelle on imprime directement un mouvement alternatif de va-et-vient aux pistons des

---

(1) Le 4 mars 1846.

corps de pompe destinés à raréfier l'air ; ce mouvement se transmet de la manivelle aux tiges des pistons à l'aide d'un pignon qui s'engrène dans les erémaillères de ces mêmes tiges. Or, cette disposition ne permet pas d'augmenter à volonté le diamètre des corps de pompes : en effet, pour un diamètre plus considérable que 8 à 10 centimètres, les tiges se trouvant plus éloignées que dans les machines de moyenne grandeur, on serait forcé de donner une plus grande dimension au pignon ; d'un autre côté, comme on ne pourrait augmenter la longueur de la manivelle, les bras de l'opérateur ne devant pas se trouver trop écartés, il faudrait trop de force pour faire mouvoir les pistons dans les corps de pompe.

» Le nouveau modèle, présenté par M. Charles Chevalier, est à l'abri de cet inconvénient et permet de construire des machines pneumatiques dont les corps de pompe peuvent avoir des dimensions quelconques. Cet appareil se compose d'abord comme les machines ordinaires, de deux corps de pompe et de leurs pistons; il n'en diffère que par le mécanisme moteur et par la manière dont les pistons sont fixés à leurs tiges. le mécanisme moteur est un double volant en fonte, au moyen duquel on imprime à un arbre horizontal un mouvement de rotation continu; sur cet arbre est fixé un pignon qui engrène dans une roue dentée. Cette roue entraîne un axe coudé formant deux excentriques sur lesquels sont ajustées les tiges inférieures de deux fourches, dont la disposition est telle que, lorsque l'arbre horizontal tourne, les fourchettes ont un mouvement de va-et-vient de haut en bas et de bas en haut, mais toujours en sens opposé, c'est à dire que, lorsque l'une s'élève, l'autre s'abaisse. Ces fourchettes communiquent leur mouvement aux tiges des pistons, qui sont toujours maintenues verticales, étant guidées par des galets dans des montans fixes formant coulisses. On voit que ce méca-

nisme consiste simplement à transformer le mouvement de
rotation des volans en mouvement vertical de va-et-vient.
Quant à la manière dont les pistons sont fixés à leurs tiges ,
c'est, sans contredit, une des innovations les plus importantes faites à la machine pneumatique. Ces tiges , en effet,
passent au milieu de ressorts d'acier tournés en hélice, qui
reposent sur la partie supérieure des pistons , et permettent
de faire appliquer exactement ceux-ci sur la base des corps
de pompe. Les accessoires de l'appareil et les robinets à double
épuisement, sauf de légers changemens , sont les mêmes que
dans les machines actuellement en usage.

» En résumé, ces dispositions permettent d'augmenter à
volonté les dimensions des cylindres, et de modifier la vitesse
de raréfaction de l'air ou la puissance de la machine, en
changeant le diamètre des roues dentées. On doit donc espérer que ce nouveau modèle multipliera les applications de la
machine pneumatique en lui donnant des dimensions que
l'on ne pouvait atteindre précédemment , et en permettant
d'y appliquer facilement un moteur quelconque.

» En conséquence, le comité des arts économiques a l'honneur de vous proposer d'approuver la nouvelle machine
pneumatique de M. Charles Chevalier, qui est construite avec
toute la précision que l'on remarque dans les appareils qui
sortent des ateliers de cet habile constructeur, et d'insérer le présent rapport au bulletin de la Société avec la gravure de l'appareil.

» Edmond Becquerel. »

Approuvé en séance, le 17 février 1847.

———

Depuis la présentation du rapport de M. Becquerel ,
M. Ch. Chevalier a ajouté un perfectionnement à sa machine ;
il a remplacé le robinet , inventé par M. Babinet , par une

soupape conique qui s'ouvre et se ferme à l'aide d'une vis, faisant partie de cette même soupape. Cette vis est mue par un levier ; la tige de la soupape traverse une boîte à cuirs, de manière à intercepter l'introduction de l'air extérieur. A l'aide des barres articulées, on ferme par le même mouvement le conduit du grand canal et l'on ouvre le robinet qui établit la communication entre les deux corps de pompe, afin d'obtenir le double épuisement indiqué par M. Babinet.

D.

Extrait du journal l'Artiste, 2ᵉ *série, t. VII*, 6ᵉ *livraison.*

(7 février 1841.)

« M. Charles Chevalier a obtenu, dès ses premiers essais,
» un résultat qui peut donner une idée de la finesse avec
» laquelle on peut mouler par le procédé Jacoby ; *dans*
» *un cas, l'application* du métal *fut si exacte, qu'une*
» *planche du daguerréotype fut reproduite* avec ses traits
» légers, etc. »

Extrait *du Technologiste, rédigé par M. Malpeyre (t. III,*
p. 382). *Nouvelles instructions sur l'usage du Daguer-*
réotype, par M. Ch. Chevalier.

« Depuis long-temps, M. Charles Chevalier, habile constructeur des beaux microscopes achromatiques répandus aujourd'hui dans les cabinets des savans les plus distingués de
notre époque, exposait au regard du public des images photographiques d'une telle pureté, d'une finesse de détails si
remarquable et d'un ton si chaud, qu'elles faisaient l'admiration des connaisseurs ; de plus on savait que cet ingénieur

était l'inventeur d'un nouveau photographe avec objectif achromatique à deux verres, qui avait produit dans ses mains et dans quelques autres des résultats excellens. Tout faisait donc désirer au public de voir hâter le moment où M. Charles Chevalier se déciderait enfin à faire part des fruits de son expérience, et à donner une instruction détaillée sur la structure et l'emploi de son nouveau photographe. Tel est le but de la publication de l'ouvrage que nous annonçons, dans lequel l'auteur, quoique riche de son propre fonds, ne s'est pas borné à consigner ce qui lui appartient en propre, mais a cru devoir y joindre une foule de notions éparses sur les perfectionnemens qu'a subis le daguerréotype depuis son invention. Ce livre renferme bien en effet des instructions nouvelles, plus étendues et plus complètes que celles qui les ont précédées et auxquelles l'auteur ajoute des détails si précis, des conseils tellement sûrs relativement aux moyens de reproduire les objets et d'en prendre l'image à la chambre obscure, qu'il est difficile qu'on ne réussisse pas très bien en suivant pas à pas ses instructions. Nous n'insisterons pas davantage sur le mérite et l'à-propos de ce nouvel ouvrage de M. Chevalier, qui sera d'une grande utilité, tant pour ceux qui ont déjà commencé à pratiquer la photographie que pour ceux qui désireront s'initier aux mystères les plus secrets de cet art nouveau, parce que les uns et les autres comprendront aisément que nous ne pouvons leur indiquer un meilleur guide pour sortir de cette reproduction daguerrienne banale et mercantile qui commence à nous envahir de toute part, et qui pourrait nous dégoûter d'un art appelé à un brillant avenir. »

RENSEIGNEMENS.

Charles Chevalier, ingénieur-opticien, à MM. les membres de la Société d'Encouragement pour l'industrie nationale.

« Messieurs, la photographie a déjà subi de nombreuses modifications, elles ont en quelque sorte donné à cet art une nouvelle existence ; on doit citer en première ligne, les travaux de MM. le baron Séguier, Fizeau et de Brébisson. J'ai cherché également à contribuer au perfectionnement du photographe, et je viens aujourd'hui vous soumettre le résultat de mes recherches.

» Le photographe comprend deux parties bien distinctes, l'appareil optique et l'appareil mécanique. Si une grande précision est indispensable à ce dernier, combien n'est-il pas plus important encore de posséder un bon objectif ? N'est-il pas permis en effet de nommer l'objectif : l'*âme de l'appareil ?*

» Un objectif parfait, voilà donc ce qu'il importait d'obtenir, niera-t-on que l'œuvre présentât quelque difficulté ? J'ai cherché à atteindre ce but, c'est à vous, Messieurs, qu'il appartient de dire si j'ai réussi.

» Dans le daguerréotype ordinaire, l'objectif est formé d'un seul verre achromatique à large diamètre, et la netteté des images ne s'obtient qu'en condamnant à l'inaction la plus grande partie de la lentille au moyen d'un diaphragme fort étroit, c'était là un grave inconvénient qui devenait surtout manifeste dans certaines applications de l'appareil.

» On sait aujourd'hui qu'il est parfois nécessaire d'avoir des verres de foyers différens, il faudrait donc faire l'acquisition de deux ou trois objectifs ? Mais on se plaint déjà du prix élevé de l'appareil, que dira-t-on s'il augmente encore ?

» Mon nouvel objectif se compose de deux verres achromatiques de diamètres différens, mais de courbures à peu près égales, l'un a le diamètre de l'objectif ordinaire du daguerréotype, mais son foyer est environ deux fois plus long. Le second verre placé en avant, est de moitié moins large, et c'est en variant les courbures et la distance de ce verre accessoire que j'obtiens les changemens de foyer. Cette dernière lentille est à peu près huit fois moins chère que la lentille principale. On peut donc avoir plusieurs foyers, et l'on pourrait dire plusieurs objectifs pour un prix égal à celui que coûterait un objectif ordinaire.

» La répartition des courbures entre les deux verres, met à l'abri de l'aberration de sphéricité, il suffit d'un diaphragme à large ouverture pour en effacer en quelque sorte jusqu'aux moindres traces. J'ai aussi adapté à mon appareil un diaphragme variable ou *pupille artificielle* qui permet d'obtenir avec un seul objectif *bi-achromatique*, la même netteté pour les objets situés à de grandes distances ou placés très près de l'appareil. Que si l'on reproche à cette combinaison de diminuer l'intensité de la lumière par la pluralité des réfractions, je répondrai que je compense amplement cette déperdition par la largeur de l'ouverture diaphragmatique si étroite dans l'appareil ordinaire.

» En résumé, au moyen de cette nouvelle combinaison j'obtiens les résultats suivans :

» 1° Je diminue considérablement l'aberration de sphéricité, puisque les courbures sont de moitié moins fortes.

» 2° Loin de diminuer l'intensité de la lumière, j'en ob-

tiens pour le moins autant qu'avec l'appareil ordinaire, puisqu'à foyer égal l'ouverture est beaucoup plus grande.

» 3° Les foyers se changent facilement et à peu de frais au
moyen du petit verre antérieur ; ce changement est une circonstance importante, car le portrait, par exemple, ne
peut se faire avec le même foyer que l'on emploie pour les
vues, etc.

» Jusqu'à présent on employait pour obtenir des images
dans la position naturelle, un miroir plan ou un prisme triangu-
laire rectangle, ou enfin, un prisme achromatique ainsi que
je l'avais proposé en 1829 dans ma Notice sur les chambres
obscures ; mais en employant ces procédés, on avait à combattre d'une part, l'imperfection des miroirs plans et la déperdition de lumière qu'ils occasionnent, de l'autre, la bande
colorée en bleu, qui traverse les images lorsqu'on emploie
un prisme seul ou avec une lentille à court foyer : en troisième lieu, la construction des prismes achromatiques présente de grandes difficultés et la matière très pure qu'il faut
employer en élève considérablement le prix, ils ont été complètement abandonnés.

» Pour obvier à ces inconvéniens, j'ai associé dans *des conditions favorables*, un petit *prisme plan* à mon objectif *bi-
achromatique* ; cette nouvelle disposition est à peu près analogue à celle que j'applique à mes lunettes astronomiques et
à l'objectif variable de mes microscopes ; c'est une nouvelle
combinaison à ajouter aux systèmes optiques adaptés aux
chambres obscures par divers auteurs et notamment par Wollaston.

» Restait à rendre encore plus portatif l'appareil que
M. le baron Séguier avait déjà si heureusement modifié. Ma
chambre obscure, etc. . . . .

» . . . . *J'ai voulu prendre date avant la fermeture de votre concours*, en vous communiquant mon nouveau modèle tel qu'il a été construit primitivement. Je dois avouer que cet appareil exigera beaucoup plus de soins et de travail que l'ancien modèle et que les constructeurs spéciaux pourront seuls lui donner toute la perfection nécessaire ; mais ce qui pourrait, au premier abord paraître un inconvénient, est à mes yeux une heureuse circonstance, *le commerce ne sera pas inondé d'appareils plus ou moins défectueux et les véritables amateurs y gagneront considérablement.*

» Paris, ce 1ᵉʳ décembre 1840.

» Je suis, Messieurs, avec le plus profond respect,

» Votre tout dévoué serviteur,

» Charles CHEVALIER.

» Pour extrait conforme : JOMARD. »

EXTRAIT

*Du certificat de demande d'un Brevet d'invention de dix
ans délivré à M. Charles Chevalier, à Paris, en date
du 6 septembre 1834.*

COPIE DU MÉMOIRE DESCRIPTIF.

« L'objectif de la lunette de M. Charles Chevalier ne se
compose plus d'un seul verre achromatique, mais bien de
deux placés à distance comme on le fait ordinairement pour
les oculaires à verres simples négatifs de Ramsden, de Huygens ou de Campani, etc. Ainsi, par exemple, dans le dessin
ci-joint, l'objectif B est d'un foyer double de celui A et leur
distance respective est de la moitié de la somme des foyers :
on aurait pu prendre pour exemple un des autres systèmes
cités plus haut, ce qui aurait donné les mêmes avantages,
car le but évident ici est de mettre un verre correcteur achromatique A avant la formation de l'image du premier objectif
achromatique B.

» Par ce procédé, on augmente considérablement l'ouverture de la lunette pour un foyer donné, ce qui fait que
la lumière est transmise en plus grande abondance ; on diminue l'aberration de sphéricité, on diminue l'épaisseur de
l'objectif, et notamment si les verres sont placés à leur juste
distance requise, on augmente encore l'achromatisme ; ces
avantages sont ceux que l'on recherche le plus dans les lunettes et télescopes achromatiques. Il est donc probable que
cette découverte fera un grand pas vers la perfection désirée
dans les lunettes.

» Ce nouveau système objectif employé soit pour lunettes de spectacle ou télescope réfracteur achromatique, sera, dans tous les cas, d'un avantage considérable, soit qu'on y adapte un verre concave ou qu'on y mette un oculaire composé de verres convexes.

» Pour la lunette à oculaire concave, malgré la perfection de l'objectif, il restait encore quelques iris autour des objets qui provenaient de l'oculaire. M. Charles Chevalier, pour obvier à cet inconvénient, a remplacé le verre concave ordinaire par celui représenté en C. Ce verre est concave, mais il est composé de deux verres différens crown glass et flint glass, taillés de manière à donner l'achromatisme; par ce moyen, ce verre est privé d'aberration de réfrangibilité; mais il a encore le défaut de l'aberration de sphéricité. Pour diminuer cet inconvénient autant que pour avoir un moyen de varier les grossissemens, *M. Charles Chevalier superpose deux verres concaves achromatiques* comme celui C, placés comme dans la fig. 3. Ce qui augmente le pouvoir de divergence et par conséquent le grossissement de la lunette, tout en atténuant l'aberration sphérique de l'oculaire. Pour plus de perfection encore, M. Charles Chevalier éloigne les deux verres concaves, fig. 3, suivant le principe renversé des oculaires négatifs convexes, et par ce moyen il augmente encore le pouvoir de divergence ainsi que la perfection de l'oculaire.

» On voit d'après tout cela que dans cette lunette tout est nouveau, oculaire et objectif.

» C'est donc pour l'objectif négatif à double lentille achromatique, placées à distance en A et B, fig. 1 et 2, applicable à toute espèce de lunette achromatique et pour l'oculaire concave achromatique (décrit dans le second paragraphe) qui peut s'adapter à l'objectif susdit pour former une lunette que la demande d'un brevet d'invention est faite par M. Charles Chevalier *pour dix années.* »

N. B. « M. Charles Chevalier emploie ce nouveau système de verres aussi bien pour les lorgnettes simples que pour les *lorgnettes jumelles*, et lorsqu'il emploie son objectif pour lunette astronomique, il se sert de préférence d'un oculaire négatif de Ramsden ou mieux de Huygens, mais composé de verres achromatiques comme en D D', fig. 1 (1).

» Paris, le 1ᵉʳ février 1834.   Signé : CHARLES CHEVALIER.

« Par délégation, *le secrétaire-général.*   signé : VITET.

» Pour expédition conforme, *le secrétaire-général*, signé : VITET. »

M. LE PROFESSEUR AMICI *à MM. Vincent Chevalier,*
père et fils.

Modène, 3 octobre 1826.

« Messieurs,

» M. Moss vient de me remettre votre obligeante lettre datée du 24 septembre 1825, ainsi que les notices et le mémoire que vous m'avez fait l'honneur de m'adresser. En vous remerciant de ce don, qui m'a été bien agréable, je vous dirai que j'ai appris avec un véritable plaisir que vous soyiez parvenus à une parfaite construction des objectifs achromatiques pour les microscopes. Cette partie intéressante de l'optique a été généralement négligée, peut-être à cause des grandes difficultés qu'elle présente, et la science demandait encore que des habiles opticiens s'occupassent de l'améliora-

---

(1) La description précédente ayant été placée ici à titre de renseignement, j'ai pensé qu'elle serait suffisamment comprise, et qu'il était inutile d'y joindre une copie du dessin, envoyé avec le mémoire inséré dans la collection des brevets d'invention, publiés par le gouvernement.   C. C.

tion de l'achromatisme dans les lentilles à court foyer. Les naturalistes doivent donc vous savoir bon gré de leur avoir offert, suivant les principes du célèbre Euler, *des microscopes qui l'emportent sur tous les autres dioptriques.*

» J'espère qu'il ne se passera pas long-temps que je pourrai admirer vos instrumens à Paris, et j'aurai alors le plaisir de vous montrer quelque petit ouvrage de cette espèce, que j'ai essayé en amateur de construire par moi-même.

» J'ai l'honneur d'être, etc.,

» J.-B. Amici. »

M. Pelletier, *pharmacien, chevalier de la Légion-d'Honneur, etc., à MM. Chevalier.*

Paris, le 1er août 1827.

« Messieurs,

» Ainsi qu'il en a été convenu entre nous, je vous prie de me faire remettre le plus tôt que vous pourrez un de vos microscopes achromatiques d'après Euler, en échange d'un microscope dit de Selligue, que m'a livré l'ingénieur Chevalier, opticien, Tour de l'Horloge ; *j'aurai plus de deux cents francs à vous donner en retour.*

» Cet échange, Messieurs, est la preuve *de la supériorité que j'ai reconnue à vos microscopes qui, à grossissement au moins égal, sont infiniment plus clairs que tous ceux que j'ai expérimentés jusqu'ici, et d'un usage plus commode,* en exceptant cependant le microscope d'Amici, mais dont le prix doit être infiniment plus élevé.

» Au point de terminer une série d'observations microscopiques sur des produits d'analyse, et voulant ne pas trop retarder la publication de ce travail, vous m'obligerez en me remettant votre microscope aussitôt qu'il vous sera possible.

» Agréez, etc., J. Pelletier. »

M. Le Baillif à *M. Charles Chevalier.*

Paris...... 1829.

« Monsieur et ami,

» Depuis hier, je suis chagrin, *et très chagrin*, parce que j'ai acquis la certitude que mon système lenticulaire est inférieur à ceux que votre talent vous a fait confectionner, et notamment à celui que nous avons essayé hier, et dont vous attribuez l'effet supérieur au temps. Non, car il y a un fait matériel, c'est que ne pouvant employer, hier matin, mon porte-objet Brassica, qui cependant laisse encore un intervalle quand je l'applique à mon microscope, j'ai été obligé de mettre de la même poussière sur une lame de verre : donc le foyer *est plus court.* Voilà ce qui, indépendamment de la pureté, nous a fait voir hier les *stries comme je ne les ai jamais vues ;* c'est la troisième fois que je suis assuré de l'amélioration apportée dans la confection des lentilles. Aujourd'hui, *j'invoque la bonne amitié pour me rendre la joie microscopique.* Adaptez à l'instrument qui va partir *un système tout aussi bon,* mais accordez-moi la préférence du système lenticulaire dont une ne visse pas complètement, mais *qui m'a donné hier tant de satisfaction ;* vous savez que vous ne pouvez obliger personne qui vous en sache un meilleur gré.

» J'ai l'honneur d'être, du meilleur de mon cœur, Monsieur et ami, votre bien affectionné.

» Le Baillif. »

P. S. « Je vous remercie beaucoup de la communication des expériences de M. Nobili. »

M. Le Baillif, *à M. Charles Chevalier.*

20 mai 1831.

« Monsieur et ami,

» Le fameux microscope de Modène est à la maison ; vers une heure MM. de Cassini et Duby doivent venir pour comparer les puissances.

» Les N°s 1, 2, 3 ne donnent que 81/100 de millimètre à mon oculaire n° 1.

» M. Amici est donc stationnaire sous ce rapport.

» Je pense qu'il serait *dans vos intérêts*, puisqu'il s'agit de *comparer*, que je pusse faire voir à ces messieurs vos *progrès* ; mais vous avez repris les 50 et les 40, je n'ai plus que vos 60 à montrer ; si vous avez un bon 50, je vous invite à l'apporter.

» Salut de tout cœur, votre ami, LE BAILLIF. »

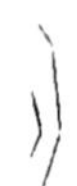

M. Ehrenberg, *à M. Charles Chevalier.*

Berlin, le 17 mars 1833.

« Monsieur,

» Ayant reçu la lettre du 23 février que vous m'avez adressée, l'estime pour votre talent et le talent de M. votre père, m'engagent à vous donner sitôt la réponse souhaitée. Votre microscope m'a été recommandé par M. de Humboldt en 1828, et d'après mes propres recommandations, plusieurs savans de Berlin en ont fait venir de Paris. J'en ai aussi fait acheter par M. Devillers, il y a deux ans. Ainsi nous avons à Berlin quantité de vos précieux travaux. En 1829 et 1830, j'ai terminé, avec votre microscope, la découverte de la parfaite organisation des infusoires que les autres microscopes dont j'avais fait usage, n'avaient pas suffisamment éclairées. Mes observations m'avaient fait présumer qu'il y avait une structure encore plus fine et j'étais très curieux de voir le microscope de Ploësll à Vienne, qu'on disait plus fort que le vôtre ; mais quoique l'augmentation de ce nouveau microscope fût vraiment beaucoup plus forte que celle de votre instrument que j'avais à côté, je n'ai pas réussi à en faire un ouvrage lucratif pour mon but, parce que les deux microscopes de Ploësll, du prix de 200 écus, que j'ai examinés à Berlin, avaient un foyer trop court pour l'observation des objets dans l'eau. C'est pourquoi j'ai sollicité MM. Pistor et Schieck de Berlin, d'essayer à construire un microscope à foyer grand comme le vôtre et à grossissement au moins aussi fort que celui de Ploësll. Aussitôt que M. Schieck eut terminé ce microscope, je découvris la structure des plus petits corps organisés, les dents et plusieurs systèmes des *Kolpodes*, comme je les avais soupçonnés. Voilà le sujet de mon petit traité. Le système des microscopes de Pistor et Schick est seulement nouveau par la combinaison des qualités du vôtre et de celui de Ploësll, et je ne doute pas que vous puissiez aller plus loin dans la perfection. L'amplification bien nette du microscope de Schick et Pistor, l'œil se trouvant à huit pouces de l'objet, est de mille à douze cents fois le diamètre, et en prolongeant le tube, on pourrait avoir un grossissement de trois mille fois le diamètre, mais sans clarté suffisante.

» En cas que vous réussissiez à augmenter le grossissement des verres sans allongement du tube, vous me feriez un grand plaisir de m'envoyer de tels verres pour votre microscope que je possède et dont vous connaissez sans doute les dimensions.

» Je suis toujours à portée d'augmenter mes observations qui
sont seulement bornées par le défaut d'instrumens. . . .

. . . .

» Je suis, avec beaucoup d'estime,   Votre très dévoué,

» EHRENBERG. »

—————

M. ARAGO , *à M. Charles Chevalier.*

7 mars 1836.

« Monsieur,

» Lorsque la commission qui doit rendre compte de votre
microscope fera son rapport, il lui sera, je suppose, très
agréable de s'étayer de l'opinion des naturalistes et des ana-
tomistes. Je prends donc la liberté de vous inviter à confier
pour quelque temps, un de vos meilleurs instrumens à M. le
Dr Serres, membre de l'Académie des sciences (1). Les observations microscopiques dont mon illustre confrère est actuellement occupé, fixeront probablement la place qu'il sera juste
de donner à vos instrumens dans la longue liste de ceux que
tant d'artistes habiles ont exécutés.

» Agréez, Monsieur, l'expression de ma haute
considération,

» F. ARAGO. »

—————

(1) Depuis cette époque, j'ai fourni à M. le Dr Serres, un grand
microscope universel, semblable à celui de l'Académie des sciences et du collége de France.   C. C.

—————

M. BECQUEREL, *vice-président de l'Académie des Sciences,*
*à **M**. Charles Chevalier.*

« Monsieur,

» J'ai l'honneur de vous prévenir que la commission admi-
nistrative de l'Académie des sciences vient de décider que les
instrumens ci-après désignés seraient acquis pour nos col-
lections.

1° Un Microscope universel ;

2° Un Prisme redresseur ;

3° Un Appareil porte-objet pour la chimie ;

4° Deux Lampes à alcool ;

5° Un Compresseur ;

6° Une Lampe à réflecteur ;

7° Goniomètre oculaire ;

8° Une Machine électro-magnétique de Clarke.

» Vous êtes invité à fournir lesdits objets aussitôt qu'il
vous sera possible.

» J'ai l'honneur de vous saluer,

» Signé : BECQUEREL,

» *Vice-président de l'Académie des sciences.* »

Paris, 20 décembre 1837.

SIR WILLIAMS HERSCHELL, *à **M**. Charles Chevalier.*

18 Avril 1840.

« Je vous remercie pour la description que vous avez eu
l'extrême bonté de m'adresser de votre nouvelle lunette
achromatique à deux objectifs et de votre nouveau micromètre. Je ne sais comment mieux faire justice à cette communication de votre part, qu'en en donnant connaissance à la
Société astronomique. — Ce que je ferai incessamment... »

RAPPORT A LA SOCIÉTÉ D'ENCOURAGEMENT

PAR M. LE BARON SÉGUIER.

11 Mars 1840.

« Les premières recherches pour fixer les images recueillies dans la chambre obscure remontent à 1814 ; elles appartiennent incontestablement à **M. Niepce**. Ce fut en 1827 que, pour la première fois, **M. Niepce**, entraîné par un penchant irrésistible vers l'étude des sciences physiques et chimiques, fut mis en relation avec M. Daguerre, l'un des fondateurs du Diorama. Ce peintre habile, dont les travaux de peinture à effet avaient été tant et si souvent admirés, soit en France, soit à l'étranger, poursuivait de son côté la fixation des images de la chambre obscure.

» **M. Charles Chevalier**, alors associé de **M. Vincent Chevalier**, son père, eut la très heureuse pensée de mettre en rapport deux personnes préoccupées des mêmes recherches. Les résultats couronnés de succès, rendus publics en 1839, furent le fruit commun de cette féconde association. Vingt-cinq années se sont donc écoulées depuis que des tentatives ont été faites pour fixer des images que nous croirions encore insaisissables, si la solution du problème ne nous donnait un formel démenti : comment s'étonner alors que le fruit mûr de tant de méditations, que le curieux résultat de tant d'expériences ne soit pas susceptible de faciles perfectionnemens ?

» Un échantillon des images obtenues sur plaqué d'argent avait été remis, dès 1827, à **M. Charles Chevalier** par

M. Niepce, qui, dès l'origine, s'efforçait de transporter sur métal, à l'aide de la lumière, les tailles des gravures. Cette épreuve est aujourd'hui déposée dans les archives de l'Institut pour constater la priorité de la France à une invention dont l'honneur de la découverte était vivement revendiqué par nos voisins, alors que les procédés qui la constituent étaient encore complètement ignorés de tous.

» Les premières épreuves, obtenues après la communication officielle des moyens photographiques de *MM Niepce* et *Daguerre*, furent le fruit des essais de *MM. Charles Chevalier* et *Richoux*. L'attention du premier était comme nous venons de le dire, éveillée depuis long-temps sur la possibilité d'une telle découverte..... »

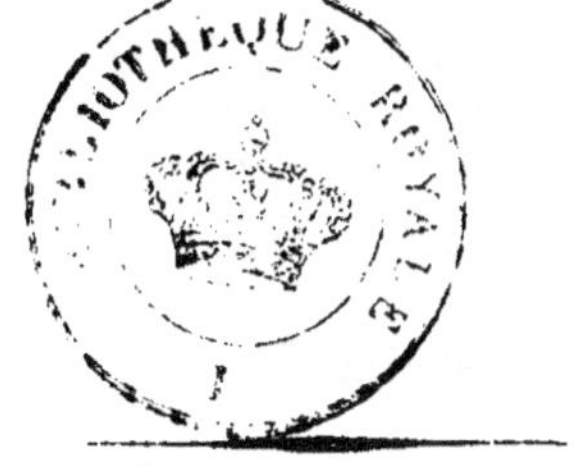

RAPPORTS

SUR LES INSTRUMENS CONSTRUITS

PAR VINCENT ET CHARLES CHEVALIER.

MÉDAILLE D'ARGENT. — EXPOSITION DE 1827. — *Rapport du Jury.*

« Messieurs Vincent Chevalier aîné et fils, à Paris, qui furent mentionnés honorablement en 1823, ont exposé plusieurs instrumens d'optique, notamment un microscope catadioptrique et achromatique, *parfaitement exécuté*, sur les principes de M. Amici, de Modène, et un microscope solaire.

» Une médaille d'argent est décernée à MM. Chevalier. »

M. ARAGO, *rapporteur.*

MÉDAILLE D'ARGENT. — SOCIÉTÉ D'ENCOURAGEMENT. — 1830.

« Messieurs, vous approuverez la médaille d'argent qui est accordée à MM. Vincent *Chevalier père et fils, qui ont donné au microscope une perfection inconnue jusqu'à eux.* Ils ont rendu achromatiques des lentilles de quatre, trois et même deux lignes de foyer. *Ce sont eux qui, les premiers, ont construit les microscopes selon le procédé de M. Amici.* Les chambres claires et *les chambres obscures à prismes convexes de MM. Chevalier père et fils,* leurs microscopes solaires, leurs lunettes micrométriques, et une multitude d'instrumens de physique sortis de leurs ateliers, justifient en tout point la renommée qu'ils ont acquise. »

M. FRANCŒUR, *rapporteur.*

TABLE.

—

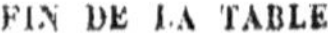

FIN DE LA TABLE.

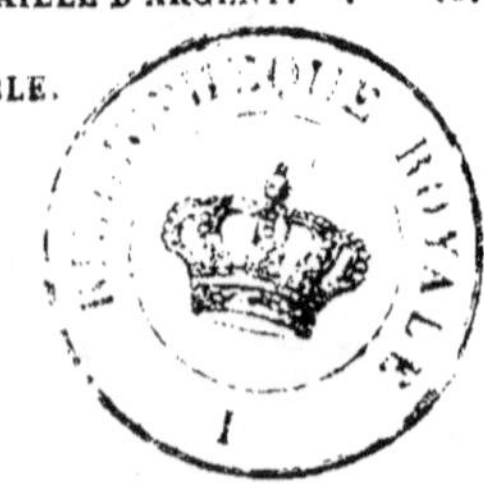

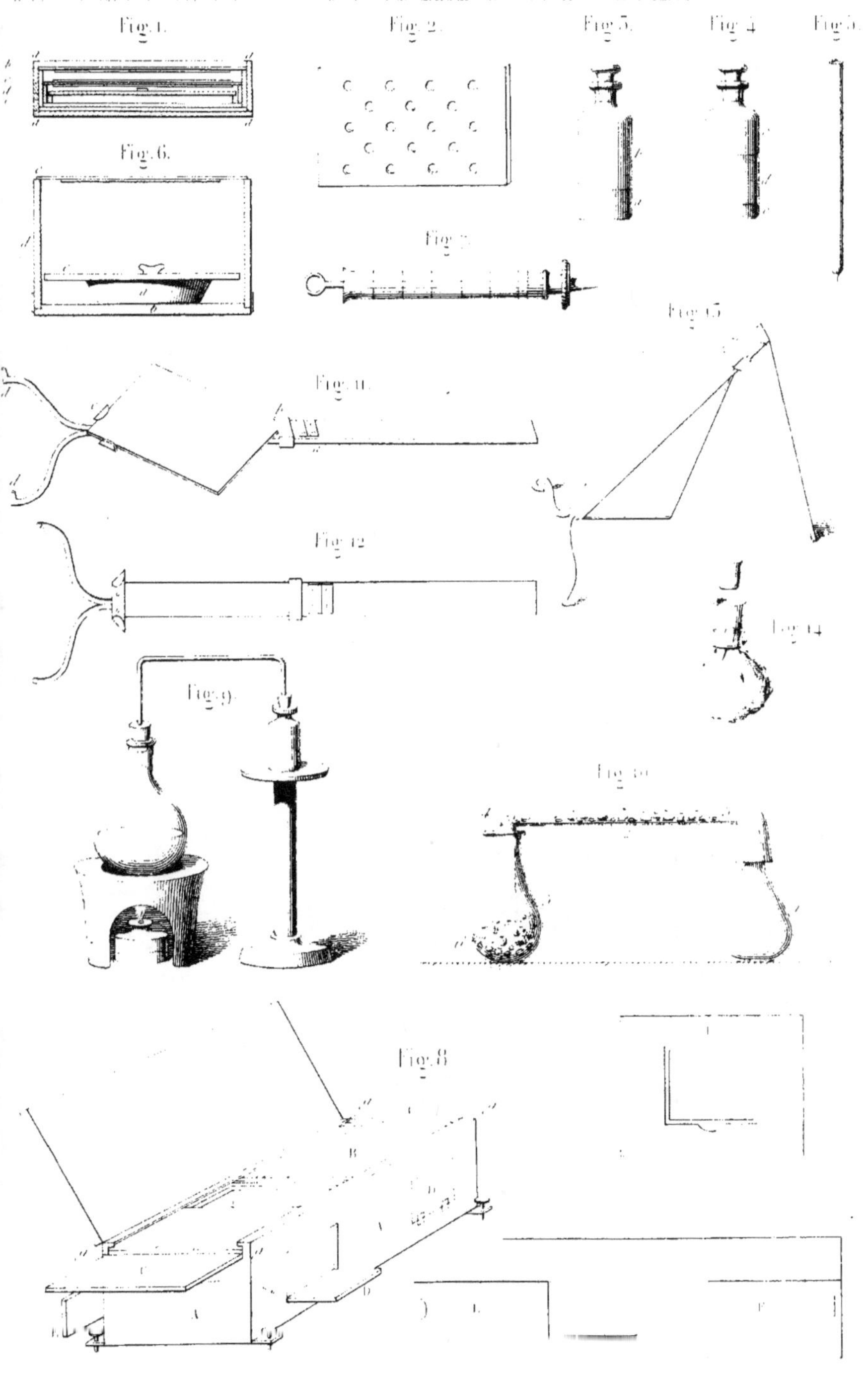
Pl. 3
Fig. 1.
Fig. 2.
Fig. 3.
Fig. 4.
Fig. 5.
Fig. 6.
Fig. 7.
Fig. 11.
Fig. 12.
Fig. 13.
Fig. 14.
Fig. 9.
Fig. 10.
Fig. 8.

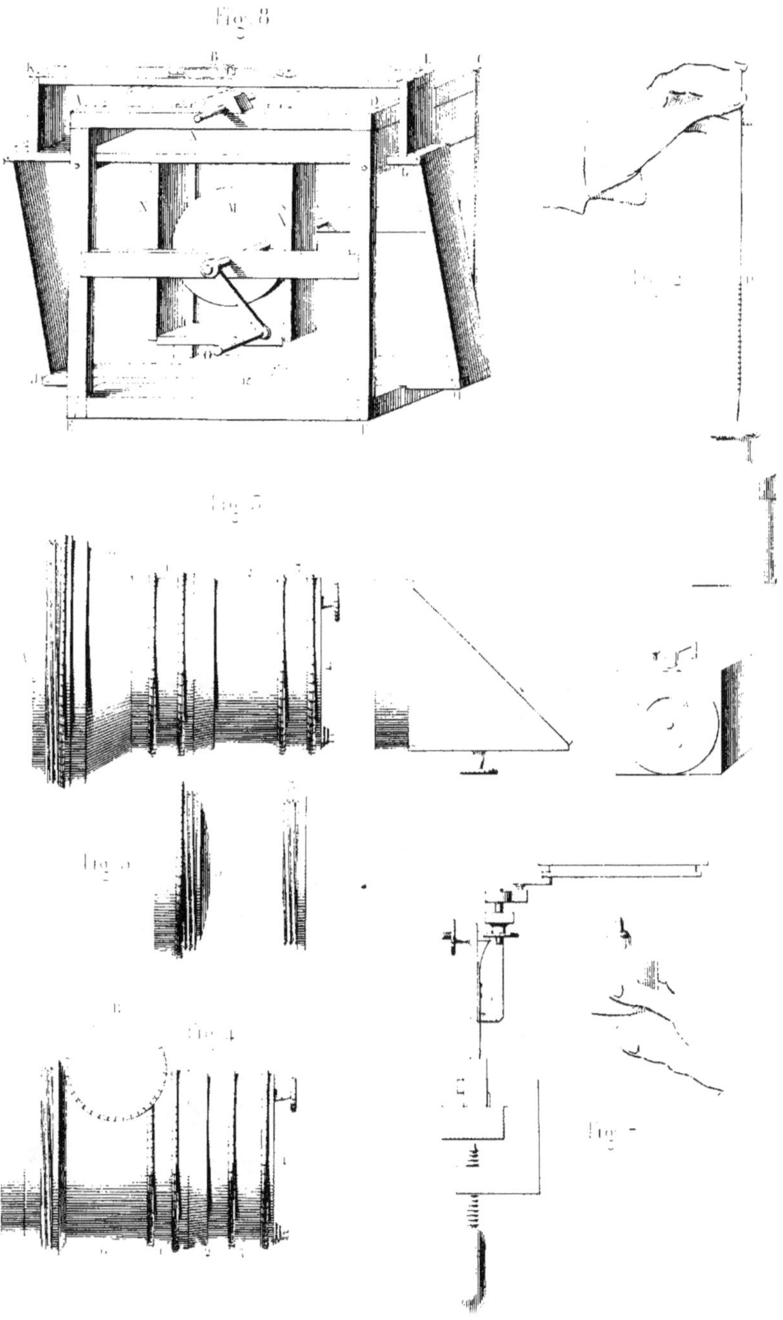

Fig. 8

Fig. 5

Fig. 6

Fig. 4

PRIX COURANT

DES

DAGUERRÉOTYPES ou PHOTOGRAPHES

PERFECTIONNÉS ET CONSTRUITS

PAR

CHARLES CHEVALIER,

(FILS ET SEUL SUCCESSEUR DE FEU VINCENT CHEVALIER),

Ingénieur opticien, membre de la Société d'Encouragement, *l'un des fournisseurs de l'Académie des Sciences*, du Collége de France, de la Faculté des Sciences, du Cabinet du Roi, du Conservatoire, de l'École polytechnique, etc ; *premier constructeur des microscopes achromatiques* (1823), auteur du *Manuel du Micrographe*, de celui des *Myopes et des Presbytes*, etc.; *seul opticien de ce nom ayant reçu des MÉDAILLES D'OR aux Expositions nationales et à la Société d'Encouragement,*

PALAIS-ROYAL, GALERIE DE VALOIS, A PARIS,

FABRIQUE

COUR DES FONTAINES, 1 *BIS*,

(CI-DEVANT QUAI DE L'HORLOGE).

PARIS.

IMPRIMERIE ÉDOUARD PROUX ET Cᵉ,

RUE NEUVE-DES-BONS-ENFANS, 3.

1847.

AVIS IMPORTANT.

M. Charles CHEVALIER, en garantissant la qualité des appareils qu'il construit, désire qu'on puisse toujours distinguer ceux qui sortent réellement de ses ateliers; à cet effet, il vient d'adopter une marque qui se trouvera sur tous les objets susceptibles de la recevoir.

Voici la marque de sa fabrique : 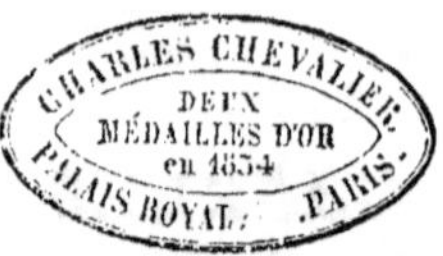

Plusieurs personnes du même nom exerçant à Paris la profession d'Ingénieur-Opticien, pour éviter toute erreur, on devra adresser les lettres et demandes d'Instrumens à M. Charles CHEVALIER, Palais-Royal, galerie de Valois.

Les envois destinés à des personnes éloignées de Paris, se feront en remboursement par les diligences. — On pourra encore désigner une maison de banque ou autre à Paris chargée d'acquitter le montant des factures au moment de l'expédition. (*Ce dernier mode de paiement est surtout applicable aux envois à l'étranger.*)

Affranchir les lettres lorsqu'on ne demande que des renseignemens.

Pour les Instrumens de physique, d'optique, de mathématiques, de minéralogie, etc. , voir le Catalogue général.

N. B. Lorsqu'il s'agit d'acquérir des instrumens de précision, il faut admettre les conseils de Cauchoix :

« Les personnes qui en éprouvent le besoin, doivent donner
» leur confiance aux maisons dont les chefs sont désignés
» comme les plus méritans par la voix publique, sous le rapport
» de la probité, et par les savans, sous celui de l'instruction.
» En suivant ces principes, elles ne seront point trompées sur
» les prix, elles seront mieux guidées dans leur choix, et les
» objets qu'elles achèteront leur seront plus utiles. »

(*Prospectus de l'Exposition de 1819.*)

MÉDAILLE DE PLATINE

DÉCERNÉE PAR LA SOCIÉTÉ D'ENCOURAGEMENT

POUR L'INVENTION DU PHOTOGRAPHE A VERRES COMBINÉS (1).

PRIX COURANT

DES

DAGUERRÉOTYPES ou PHOTOGRAPHES

PERFECTIONNÉS ET CONSTRUITS

PAR

CHARLES CHEVALIER,

INGÉNIEUR-OPTICIEN, PALAIS-ROYAL, A PARIS,

FABRIQUE COUR DES FONTAINES, 1 BIS.

APPAREILS AVEC BOITES EN NOYER.

fr.   c.

1. Photographe à deux verres achromatiques combinés
    pour portraits et paysages, 1/6 de plaque (de
    0,^{m}072 sur 0,^{m}082); chambre obscure avec glace
    dépolie et deux châssis à coulisse, boîte à mer-
    cure avec thermomètre et fond à coulisse, boîte
    à iode, boîte à plaques et six plaques, capsule
    à brôme avec couvercle en glace, bassines en
    cuivre, étamées des deux côtés, support à chlo-
    rurer ordinaire, planchette à polir, produits chi-
    miques, lampe à alcool, boîte d'emballage en
    chêne, à poignée et serrure 115   »

2. *Idem.* 1/4 de plaque (de 0,^{m}082 sur 0,^{m}108), avec
    deux planchettes pour 1/6, planchette à polir 1/4

(1) Tous les appareils fabriqués par Charles Chevalier sont construits d'après
son nouveau système à verres combinés, ayant remporté le prix de la Société
d'encouragement. Voir le rapport, page **XXIV** de la brochure *Recueil de Mémoires*, etc., et les *Mélanges photographiques.*

fr.   c.

    et 1/6, fourchette de Brébisson et support à chlo-
rurer à charnières . . . . 150 »

3. *Idem.* Grande 1/2 plaque avec planchettes pour 1/4
de plaque, planchette à polir 1/2 et 1/4; cadres
plaqués fixes nouveau modèle. . . . . . . 250 »

4. Daguerréotype grande 1/2 plaque, du prix de. . 350 »
ayant en plus: une boîte à brôme et à brômoforme,
un objectif spécial pour le paysage, le nouveau
support à chlorurer, à vis de rappel, de Ch. Chevalier, une plus grande quantité de produits chimiques avec une boîte séparée pour les contenir.
(Dans cet appareil, la boîte à iode se trouve avec
celle à brôme et les produits chimiques dans la
deuxième boîte d'emballage.)

5. *Idem* (pour plaque de 0,^m164 sur 0,^m210) construit
sur le modèle des daguerréotypes nᵒˢ 1, 2, 3,
avec planchettes pour 1/2 plaque. . . . . . 350 »

6. *Idem,* construit sur le modèle du photographe nᵒ 4,
objectif à trois verres achromatiques dont un
spécial pour le paysage, nouveau support à chlorurer, engrenage à la chambre noire, deux boîtes d'emballage en chêne, à poignée et à serrure,
dont une contenant les produits chimiques, la
boîte à brôme et la boîte à iode, etc. . . . . 450 »

APPAREILS SYSTÈME CHARLES CHEVALIER (1)

(EN ACAJOU VERNI).

7. Photographe pour grande 1/2 plaque à trois verres
achromatiques combinés, dont un spécialement
destiné au paysage, chambre obscure à développement, à engrenage, deux châssis avec planchettes recouvertes de métal (nouveau modèle),
deux planchettes supplémentaires pour 1/4 de
plaque, boîte à mercure à charnières, thermomètre gradué sur ivoire, bassines, fourchette de
Brébisson, boîte à plaques en acajou verni, support à chlorurer à vis de rappel, deux boîtes
d'emballage en chêne. dont une pour les produits
chimiques et les boîtes à brôme et à iode. . . 500 »

(1) Ces appareils de luxe réunissent à la solidité et à la facilité du service et
du transport, une élégance que l'on ne rencontre que dans cette disposition particulière.

fr.   c.

A cet appareil on peut ajouter :

Un prisme étamé monture en cuivre, pour mettre
les objets dans leur position naturelle. . . 80 »

Ou une glace parallèle, monture en cuivre, destinée au même usage.. . . . . 40 »

Un pied à six branches (nouveau modèle décrit
dans les mélanges photographiques). . . . 50 »

Tablette en acajou avec deux vis et un écrou en
cuivre pour fixer l'appareil sur le pied. . . . 14 »

Un étui en cuir pour les baguettes dudit . . . 10 »

Idem, avec sac pour la planchette . . . . . 15 »

Des châssis et accessoires pour la photographie
sur papier. (*Voir page* 14.)

8 Le grand photographe ou daguerréotype à trois verres achromatiques, dont un de 0,^m083 de diamètre, chambre obscure à engrenage et développement, châssis avec planchettes recouvertes de
métal (nouveau modèle) 4 planchettes supplémentaires pour 1/2 et 1/4 de plaque, boîte en
acajou garnie en peau renfermant l'objectif et ses
accessoires, boîte à mercure à charnières, thermomètre à mercure gradué sur ivoire, boîte à iode
garnie en verre, boîte à brôme et à brômoforme,
ba sines métalliques, boîte à plaques en acajou
verni, support à chlorurer à vis de rappel, fourchette de Brébisson à charnière, grande boîte à
produits chimiques, deux boîtes d'emballage en
chêne à poignée et serrure. . . . . 650 »

A cet appareil on peut ajouter :

Un prisme étamé, monture en cuivre, suivant la
dimension ou la pureté.. . . . . . 80 ou 100 »

Ou une glace parallèle. . . . . 50 »

Le pied à six branches, nouveau modèle. . . 50 »

Tablette en acajou avec deux vis et un écrou,
pour fixer l'appareil sur le pied. . . . . . 14 »

Un étui en cuir pour les baguettes dudit . 10 — 15 »

Des châssis et accessoires pour la photographie
sur papier. *Voir page* 14.

PRIX DES DIVERS OBJETS QU'ON PEUT ACQUÉRIR SÉPARÉMENT.

OBJECTIFS, GLACES PARALLÈLES ET PRISMES.

Objectifs à deux verres achromatiques combinés pour portraits et paysages.

	fr.	c.
Pour 1/6 de plaque avec engrenage	55	»
1/4 id. id.	80	»
1/2 id. id.	110	»
plaque entière id.	180	»
id. sans engrenage	160	»

OBJECTIFS A TROIS VERRES ACHROMATIQUES,
dont un spécialement destiné au paysage.

Pour 1/6 de plaque avec engrenage	70	»
1/4 id. id.	105	»
1/2 id. id.	150	»
plaque entière id. . . . . . 220 ou 270		»
id. sans engrenage (1) . . . 200 ou 250		»

MIROIR OU GLACE PARALLÈLE,
Pour mettre les objets dans leur position naturelle, avec monture en cuivre.

Pour 1/4 de plaque	30	»
1/2 id.	40	»
plaque entière	50	»

Prisme destiné au même usage suivant les dimensions. . . . . 55, 80, 100 et plus.

CHAMBRES NOIRES EN NOYER.

Pour 1/6 de plaque avec deux châssis à coulisse et glace
dépolie 15   »
1/4   id.   id.   et deux
planchettes pour 1/6. 20   »

(1) La pureté absolue du crown glass et du flint glass employé pour les objectifs de grand diamètre occasionnant une grande différence dans les prix, c'est ce qui fait qu'un objectif de la même dimension peut coûter 250, 200 fr. et au dessous.

fr.   c.

Pour 1/2   id.   avec deux châssis à coulisse, plan-
             chettes à cadres plaqués fixes (nou-
             veau modèle), deux planchettes sup-
             plémentaires pour 1/4   38   »
        grande plaque   id.   id.   deux
             planchettes supplémentaires pour 1/2   45   »
La même avec engrenage   60   »

BOITES A MERCURE,

En noyer, avec thermomètre et fond à coulisse.

Pour 1/6 de plaque   11   »
   1/4   id.   12   »
   1/2   id.   15   »
   plaque entière   19   »

BOITES POUR SUBSTANCES ACCÉLÉRATRICES,

En noyer, intérieur en porcelaine.

Pour 1/4 et 1/6 de plaque   11   »
   1/2   id.   16   »
   plaque entière.   24   »

BOITES A IODE,

En noyer, garnies en verre.

Pour 1/6 de plaque   5   »
   1/4   id.   6   »
   1/2   id.   8   »
   plaque entière   10   »

CUVETTES EN FAÏENCE

Avec couvercle en glace, pour substances accélératrices.

Pour 1/6 de plaque   2   »
   1/4   id.   2   75
   1/2   id.   3   50
   plaque entière   5   »

BASSINE EN FAÏENCES.

	fr.	c.
Pour 1/4 de plaque	1	75
1/2 id.	2	»
plaque entière	3	»

ACCESSOIRES.

Lampe à alcool en cristal	2	50
Pompe ou seringue graduée en centimètres cubes, avec		
étui.	4	»
Niveau à bulle d'air. . . . . 2 50 et 3		»
Pipette pour verser le chlorure d'or sur les plaques. .	1	25
Pèse-acides ou pèse-liqueurs, et étui	2	»
Éprouvette	1	»
Entonnoir . . . . 0,20 c., 0,40 ou 0		75
Lampe à chlorurer en cuivre, à trois mèches, avec man-		
che en bois	5	»
Grand polissoir couvert en peau de daim.	7	»
Flacon gradué pour le chlorure d'or liquide et con-		
centre.	3	»
Flacon avec bouchon et capsule à double rodage pour		
conserver les substances volatiles.	3	»
Pipettes graduées en fractions de centimètres cubes. .	1	50

BOITES A PLAQUES,

En noyer, à douze rainures.

Pour 1/6 de plaque.	2	»
1/4 id..	2	50
1/2 plaque avec poignée en cuivre.	5	»
grande plaque id.	6	»

En noyer verni, fond à coulisse (douze rainures).

Pour 1/6 de plaque.	5	»
1/4 id.	6	»
1/2 plaque avec poignée en cuivre.	8	»
grande plaque id.	10	»

PIEDS.

	fr.	c.
Pied à six branches, en noyer ou en chêne avec vis en bois, pour 1/4 et 1/6.	14	»
Pied avec vis en cuivre id.	18	»
avec vis en bois pour 1/2 et grande plaque . . .	18	»
avec vis en cuivre id. . . .	22	»
à six branches, en noyer ou en chêne, à charnières, avec vis en bois, pour 1/4 et 1/6. . . .	20	»
avec vis en cuivre id.. . . .	24	»
avec vis en bois pour 1/2 et grande plaque . . .	24	»
avec vis en cuivre id. . . .	28	»
à duobles charnières pour 1/2 et grande plaque, avec vis en bois	28	»
Id. id. avec vis en cuivre	32	»
Pied à 6 branches (nouveau modèle) très léger et très portatif, avec triangle en bronze.	50	»
Tablette en acajou avec 2 vis et un écrou en cuivre pour fixer l'appareil sur le pied.	14	»
Etui en cuir pour les baguettes dudit.	10	»
Id. avec sac en cuir pour la planchette. . . .	15	»

SUPPORTS A CHLORURER ET APPUI-TÊTE.

	fr.	c.
Support à chlorurer, à charnières, pour 1/4 de plaque.	3	»
Id. 1/4 de Ch. Chevalier, à vis de rappel, presse en bois.	12	»
Id. pour 1/2 et grande plaque, avec presse en bronze	18	»
Presse en bronze pour support à chlorurer ou planchette à polir.	5	»
Pied en bronze pour remplacer la presse.	5	»
Appui-tête en bois.	6	»
Id. en noyer, pièces en cuivre.	15	»

BASSINES

En cuivre, étamées des deux côtés.

	fr.	c.
Pour 1/6 de plaque, la paire.	4	»
1/4 Id. Id.	5	»
1/2 Id. Id.	6	»
plaque entière	12	»

PLANCHETTES A POLIR.

	fr.	c.
Avec presse en bois pour 1/6 et 1/4 de plaque. . . .	1	75
Id. pour 1/2 et grande plaque.	2	»

FOURCHETTES DE BRÉBISSON (à charnière).

Pour 1/4 et 1/6 de plaque.	3	50
1/2 plaque.	5	»
grande plaque..	7	»

COMPTE-SECONDES.

Compteur à balancier.	16	»
Nouveau compteur (de Charles Chevalier) à cadran et à sonnerie, boîte en acajou, poignée en cuivre. . . .	50	»

PLAQUES.

Au 30e la douzaine de 1/6.	8	40
Id. de 1/4.	12	»
Id. de grandes 1/2 plaques.	27	»
Id. de plaques entières.	48	»

PASSE-PARTOUT, CADRES, ÉCRINS, ETC.

Passe-partout ordinaires.

La douzaine, pour 1/6 de plaque.	2	75
Id. 1/4 id..	5	»
Id. 1/2 id..	7	»
Id. plaque entière.	13	»

Passe-partout peints, filet noir.

La douzaine, pour 1/6 de plaque.	4	60
Id. 1/4 id..	5	»
Id. 1/2 id	10	50
Id. plaque entière.	17	»

fr.   c.

Passe-partout peints, filet or.

			fr.	c.
La douzaine, pour 1/6 de plaque.			6	»
Id.	1/4	id.	7	»
Id.	1/2	id.	14	»
Id.	plaque entière.		21	»

Passe-partout peints, filet or, avec fond ou entre-deux écaille.

			fr.	c.
La douzaine, pour 1/6 de plaque.			7	50
Id.	1/4	id.	8	»
Id.	1/2	id.	17	»
Id.	plaque entière.		24	»

Passe-partout peints, filet or, guillochés.

			fr.	c.
La douzaine, pour 1/6 de plaque.			9	»
Id.	1/4	id.	11	»
Id.	1/2	id.	20	»

Passe-partout peints, filet or, genre grec.

			fr.	c.
La douzaine, pour 1/6 de plaque.			8	50
Id.	1/4	id.	9	25
Id.	1/2	id.	21	»

Passe-partout peints, filet or, guillochés, coins ornés.

			fr.	c.
La douzaine, pour 1/6 de plaque.			16	»
Id.	1/4	id.	18	»
Id.	1/2	id.	28	»

Cadres estampés, bronzés ou dorés.

			fr.	c.
La douzaine, pour 1/6 de plaque.			22	»
Id.	1/4	id.	26	»
Id.	1/2	id.	50 à 60	»
Id.	plaque entière.		72 à 80	»

Cadres en sapin verni, à filets.

			fr.	c.
La douzaine, pour 1/6 de plaque.			7	»
Id.	1/4	id.	7	50
Id.	1/2	id.	10	»
Id.	plaque entière.		15	»

Cadres en palissandre, érable ou citron, à filets.

		fr.	c.
La douzaine, pour 1/6 de plaque.		11	»
Id. 1/4 id.		11	50
Id. 1/2 id.		16	»
Id. plaque entière.		24	»

Cadres en palissandre, érable ou citron guillochés.

La douzaine, pour 1/6 de plaque.		20	»
Id. 1/4 id.		24	»
Id. 1/2 id.		28	»
Id. plaque entière.		39	»

Ecrins en maroquin, entourage doré glace.

La douzaine, pour 1/6 de plaque.		43	»
Id. 1/4 id.		50	»

Ecrins avec passe-partout peint, filet or.

La douzaine, pour 1/6 de plaque.		13	50
Id. 1/4 id..		17	»

COTON ET POUDRES A POLIR.

Coton extra-fin cardé et choisi, les 500 grammes.	2	75
Tripoli rose extra-fin, les 100 grammes.	1	»
Ponce extra-fine, les 100 grammes.	1	»
Rouge (Per-oxide de fer) extra-fin, les 100 grammes.	2	»
Pain de rouge.	2	50
Id. de tripoli.	2	»
Id. de ponce.	2	»

PRODUITS CHIMIQUES.

			fr.	c.
Iode, les 500 grammes	(avec flacon).		50	»
Brôme, les 500 grammes	id.		50	»
Id. les 20 grammes	id.		2	»
Chlorure d'iode, les 20 grammes	id.		2	40
Brômure d'iode, les 20 grammes	id.		2	40
Mercure distillé, les 500 grammes	id.		8	»
Id. les 100 grammes	id.		1	60

Les produits varient suivant le cours.

	fr.	c.
Hyposulfite de soude, les 500 grammes.	4	50
Sel d'or de Fordos et Gélis.	3	75
1 gramme de chlorure d'or solide et 4 grammes d'hyposulfite de soude cristallisé, pour obtenir un litre de solution de chlorure d'or.	5	50
1 gramme chlorure d'or solide.	5	»
Alcool absolu, les 125 grammes avec le flacon.	1	25
Eau distillée (le litre), sans le flacon.	»	50
Brômure d'Iode de M. de Valicourt, avec flacon.	2	»
Id. de M. Pattay, id.	2	»
Flacon de brômoforme préparé (MM. Choiselat et Ratel). 16, 20,	24	»
Flacon de substance sensible pour ioder (Choiselat et Ratel). 7, 8,	9	»
Pinceau en verre pour étendre la substance sensible.	1	»
Brômure de chaux (de M. Bingham).		
Ether brômé (de M. le Dr Clet)		»
Per-Brômure de carbone (de M. Hamard).		»
Brômoforme pur.		»

GALVANOPLASTIE.

	fr.	c.
Pile de Daniell avec conducteurs à vis et anode, grand modèle.	30	»
Pile de Daniell avec conducteurs à vis et anode, moyen modèle.	20	»
Pile de Daniell avec conducteurs à vis et anode, petit modèle.	14	»
Presse en cuivre pour la pile.	»	50
Tube poreux grand modèle.	2	»
Id. moyen modèle.	1	25
Id. petit modèle.	»	75
Sulfate de cuivre le kilo.	1	60
Plombagine, les 500 grammes.	2	»
Bismuth, id. id.	9	»
Stéarine, id. id.	2	»
Bain d'or ou cyanure d'or liquide, flacon de 1/2 litre.	15	»
Bain d'argent ou cyanure d'argent liquide, id.	3	50

PHOTOGRAPHIE SUR PAPIER.

———

	fr.	c.
A. Grand appareil en noyer, objectif à 2 verres achromatiques combinés, pour paysage, chambre noire avec base à charnière, 2 châssis à double glace, glace dépolie, boîte pour l'objectif, boîte d'emballage en chêne, à poignée et serrure	300	»
B. Le même avec engrenage à la chambre noire. . .	325	»
C. Pour 1/2 plaque avec engrenage à l'objectif. . . .	190	»
D. *Idem* 1/4 de plaque, *id.*	130	»
E. Grand appareil avec objectif à 3 verres achromatiques combinés pour portraits et paysages, chambre noire en noyer verni, à développement, charnières et coins en cuivre, engrenage (inventé par C. C.), 3 châssis à double glace, glace dépolie, boîte en noyer verni, garnie en peau, renfermant l'objectif, boîte d'emballage en chêne à poignée et serrure	450	»

CHASSIS SUPPLÉMENTAIRES,

A porte et double glace pour épreuves négatives.

	fr.	c.
Pour 1/4.	10	»
1/2.	12	»
grand modèle.	14	»

CHASSIS A DÉCALQUER,

Avec double glace et crémaillère en bois, 3 vis de pression à mentonnets en bronze. (Modèle C. C.)

	fr.	c.
Pour 1/4.	11	»
1/2.	14	»
grand modèle.	18	»

SUPPORTS POUR METTRE A L'ACIDE GALLIQUE.

Ces Supports se composent d'un Cadre en Bois, avec trois vis à caler en Laiton, et d'une Glace pour poser le papier.

	fr.	c.
Pour 1/4.	8	»
1/2.	11	»
grand modèle.	13	»

PIEDS.

Pied nouveau modèle à 6 branches, triangle en bronze.	50	»
Planchette en noyer, 2 vis et écrou en cuivre pour fixer l'appareil sur le pied.	14	»
Étui en cuir pour les baguettes dudit.	10	»
Id. avec sac pour la planchette.	15	»
Pied brisé très léger (nouveau modèle C. C.), avec vis, pour fixer la chambre noire.	20	»

MESURES GRADUÉES.

Mesure graduée de 500 grammes.	5	»
Id. de 50 id.	2	50
Id. de 1 à 8 id.	2	»

BASSINES EN PORCELAINE.

Pour 1/4.	4	»
1/2.	8	»
grand modèle.	10	»

PAPIERS.

Papier pour épreuves négatives (non préparé).

Pour 1/2, les 100 feuilles.	1	50
grand modèle, id.	2	»

Papier pour épreuves positives (non préparé).

Pour 1/2, les 100 feuilles.	4	»
grand modèle, id.	6	»

Papier buvard et à filtrer.

	fr.	c.
Papier buvard épais, la main.	»	75
Id. à filtrer, id.	»	60

ACCESSOIRES.

Moule à filtres (1).	4	»
Balances et poids. 8, 10, 15,	30	»
Bâtons en verre, la pièce.	»	15
Percaline jaune, le mètre.	1	15
Toile cirée , id.	2	»
Pains de cire vierge, la pièce.	»	35

PRODUITS CHIMIQUES.

Azotate (nitrate) d'argent cristallisé, les 50 grammes, avec flacon.				10	»
Acide gallique cristallisé, les 50 gram. avec flacon.				15	50
Iodure de potassium	id.	id.	id. . .	5	»
Brômure id.	id.	id.	id. . .	4	»
Hyposulfite de soude	id.	125	id. . .	1	20
Chlorure de sodium	id.	500	id. . .	1	50
Cyanure de potassium	id. (2)	20	id. . .	1	»
Cyanure jaune	id.	40	id. . .	»	75
Acide acétique cristallisable,		50	id. . .	1	50
Acétate de plomb.		20	id. . .	1	»

Collection (indiquée par M. de Valicourt) composée :

de 50 grammes		Azotate d'argent. . . .		
50	id.	Iodure de potassium. .		
50	id.	Brômure id. . . .		
20	id.	Acide gallique.		
50	id.	Acide acétique	. .	30 »
50	id.	Chlorure de sodium. .		
50	id.	Hyposulfite de soude .		
20	id.	Cyanure de potassium.		

(1) Ce petit instrument, inventé par **M. Carré**, pharmacien à **Bergerac**, est ce qu'il y a de plus commode pour la confection des filtres.

(2) Cette substance est très vénéneuse et demande beaucoup de précautions dans son emploi. *On peut d'ailleurs s'en dispenser* ou la remplacer par le cyanure jaune qui est infiniment moins dangereux.

FIN.